Kai Ehlers
Erotik des Informellen
edition 8

Biografisches

Kai Ehlers, Jahrgang 1944, aktiver Teilnehmer der 68er Bewegung, danach der Neuen Linken. Verschiedene Veröffentlichungen im Themenbereich Faschismus, Staat und Gesellschaft, insbesondere ›Innere Sicherheit‹/›Modell Deutschland‹. im Rahmen seiner Tätigkeit als Redakteur des ›ak‹ (Arbeiterkampf, später ›analyse&kritik‹) und der Leitung der ›Antifaschismus-, sowie der Anti-Repressions-Kommissionen‹ des ›Kommunistischen Bundes‹ (›ak‹-Gruppe, beziehungsweise ›KB-Nord‹) Seit 1983 ist Kai Ehlers als forschender Journalist in der Sowjetunion, danach Russland, später Mongolei und China unterwegs. Heute selbstständiger Buchautor, Presse- und Rundfunkpublizist, Vortragstätigkeit und Durchführung von Seminaren und Workshops. Der Schwerpunkt seiner Arbeit liegt auf den Wandlungen im nachsowjetischen, eurasischen Raum (über Russland hinaus: Mongolei, Zentralasien, China) und deren lokale und weltweite Folgen. Kai Ehlers engagiert sich für verschiedene Projekte des Ost-West-Dialogs und die Durchführung von Untersuchungs-Projekten in dem genannten Raum. Er veröffentlichte Lyrik und Prosa in Büchern, Zeitungen und Zeitschriften. Er ist zudem als Video-Dokumentarist tätig. Im Internet unterhält er eine Website unter dem Titel: ›Im Labyrinth des nachsowjetischen Wandels‹.
Adresse: www.kai-ehlers.de

Kai Ehlers

Erotik des Informellen

Impulse für eine andere Globalisierung
aus der russischen Welt
jenseits des Kapitalismus

Von der Not der Selbstversorgung
zur Tugend der Selbstorganisation

edition 8

Besuchen Sie uns im Internet. Informationen zu uns, unseren Büchern und AutorInnen sowie Rezensionen und Veranstaltungshinweise finden Sie unter www.edition8.ch.

Die Deutsche Bibliothek – CIP-Einheitsaufnahme: Ein Titeldatensatz für diese Publikation ist bei der Deutschen Bibliothek erhältlich.

April 2004, 1. Auflage. Copyright bei edition 8. Alle Rechte vorbehalten – Lektorat: Martin Dettwiler; Typografie, Umschlag: Heinz Scheidegger; Umschlagfoto: Kai Ehlers; Pre-Press-Produktion: TypoVision AG, Zürich; Druck und Bindung: freiburger graphische betriebe, Freiburg
Verlagsadresse: edition 8, Postfach 3522, 8021 Zürich, Tel. 044/271 80 22, Fax 044/273 03 02, E-mail: info@edition8.ch, Internet: www.edition8.ch
ISBN 3-85990-049-8

Inhaltsverzeichnis

Russland ging nur voran   9

Kapitel 1
**Was ist das Russische an Russland?
Geschichte und Aktualität des
russischen Korporativismus**   15

Wladimir Putins autoritäre Modernisierung   31

Pjotr Kropotkin – so aktuell wie nie zuvor   35

Kapitel 2
**In Russland ist das Ausserordentliche normal
– oder warum RussInnen trotz Dauerkrise noch
nicht verhungern**   39

GASPROM – Anatomie eines Giganten
Mit dem Kopf in der Globalisierung,
mit den Füssen im Garten   53

Modell Moskau: »Nado delitsja« – man muss teilen   60

Kapitel 3
**Alexander Nikulin über Familienwirtschaft, die
Symbiose von kollektiver Wirtschaft und Familien-
betrieb und die Notwendigkeit, eine wissenschaftliche
Erklärung für das ›Klauen‹ zu finden**   66

Aktiengesellschaft IRMEN – ein Beispiel
für einen Weg jenseits der Privatisierung?   82

Das Paradox der Privatisierung –
wie aus dem Feld der Garten wurde   89

Die Obschtschina im Blick der russischen Linken   96

Kapitel 4
**»Die Expansion hat sich erschöpft...«
Igor Tschubajs über die russische Idee**   102

Fünfmal Alexander Tschajanow   110

Transformation statt Expansion   116

Aber keinesfalls Dugin...   121

Kapitel 5
Bilanz: Puffer statt Profit – Synergie durch Symbiose von Industrie und Eigenversorgung 126

Neue Arbeitsteilung – von der Familie zur selbstgewählten Gemeinschaft 138

Kapitel 6
Globalisierung und Identität – von der Selbstversorgung zur Selbstorganisation 145

Ausblick: Brache, Feld und Garten – drei Beispiele für die Rückkehr der Natur in die Stadt 156

Die geistige Dimension: Pyramide, Labyrinth, Selbstorganisation 161

Exkurs: Globalisierung, Umverteilung, Alltägliches 163

Kapitel 7
Ortsbestimmung; Betrachtungen zur neuen Unordnung in unserer Welt 168

Nachlese – vom Informellen zum Kooperativen 175

Anhang
Glossar 185
Quellen, Bücher, Zeitschriften, Gespräche 189
Links 191
Namenregister 192

Ich danke allen russischen FreundInnen, GesprächspartnerInnen und Gastgebern, die es mir ermöglicht haben, die Seite ihres Lebens kennen zu lernen, die nicht von Statistiken erfasst wird.
Ich danke den vielen WEB-Pflegern und Pflegerinnen, die selbstlos die Welt mit Informationen zu dem entstehenden Netzwerk der Selbsthilfe versorgen.
Ich danke meinen Freunden Björn Radke und Martin Berendsohn, ohne die ich manches so geschrieben hätte, wie ich rede
und ich danke den beiden Schwestern Christa und Gisela Kowalewski für ihre Nachbarschaft.

Haben oder Sein

»Unsere einzige Hoffnung ist die energiespendende Kraft, die von einer neuen Vision ausgeht. Diese oder jene Reform vorzuschlagen, ohne das System von Grund auf zu erneuern, ist auf lange Sicht gesehen sinnlos, denn solchen Vorschlägen fehlt die mitreissende Kraft einer starken Motivation. Das ›utopische‹ Ziel ist realistischer als der ›Realismus‹ unserer heutigen Politiker. Die neue Gesellschaft und der neue Mensch werden nur Wirklichkeit werden, wenn die alten Motivationen – Profit und Macht – durch neue ersetzt werden: Sein, Teilen, Verstehen; wenn der Marktcharakter durch den produktiven, liebesfähigen Charakter abgelöst wird und an die Stelle der Kybernetischen Religion ein neuer, radikal-humanistischer Geist tritt.«

Erich Fromm: ›Haben oder Sein‹,
Schlusskapitel: Eine neue Wissenschaft vom Menschen

Lobgesang des Geldes...
und was man nicht kaufen kann

»Nachdem sich die Kapitalismuskritik in die soziologischen Bibliotheken zurückgezogen hat, können wir erkennen dass genau das, was die guten Seelen und heissen Herzen der modernen Geldwirtschaft vorwerfen, ihre eigentliche Kulturleistung ist. Geld entlastet die Gesellschaft von Menschlichkeiten wie Hass und Gewalt. Man kann leicht zeigen, dass sich Zivilität und Urbanität unserer Kultur der Geldwirtschaft verdanken. Wo Geld die Welt regiert, bleibt uns der Terror von nackter Faust und guter Gesinnung erspart... Doch gleichgültig, ob man das Geld als Mammon verteufelt oder als Lebenssinnersatz häuft – es ist unstrittig das prominenteste und faszinierendste aller Medien. Das hat schon oft zu der Vermutung geführt, die Wirtschaft beherrsche die ganze Welt. Das trifft aber nicht zu. Geld ist universal, aber eben auch nur spezifisch verwendbar – nämlich in der Wirtschaft. Es ist weder total noch absolut. Deshalb kann man nicht sagen, Geld sei, was die Welt im Innersten zusammenhält. Und das ist natürlich, zumindest für Romantiker, eine gute Nachricht. Man kann Messen lesen lassen, aber nicht das Seelenheil kaufen; man kann Forschung subventionieren, aber nicht Wahrheit kaufen.; man kann Bafög zahlen, aber keine Lernbereitschaft kaufen; man kann Politiker korrumpieren, aber nicht Macht kaufen. Und man kann Frauen kaufen, aber nicht Liebe.«

Auszug aus dem Kapitel ›Das Geld‹ auf Seite 88/89 in:
›Das konsumistische Manifest‹ von Norbert Bolz

Eigenes Material: Gespräche, Features, Themenhefte

Basis der Analyse bilden die Gespräche, die in Russland, der Mongolei und China seit 1983 geführt wurden. Alle Gespräche, einschliesslich der direkt zitierten, sind a) im Russischen Originalton, b) in Roh-Übersetzungen und c) in einer Reihe von Fällen auch in zeitschriftengerecht bearbeiteter Form für Interessierte einzusehen oder als Radio-Features zu hören. In einer Reihe ›Themenhefte‹ sind Gespräche, Features und Artikel anlässlich von Veranstaltungen und Seminaren auch zu Themenschwerpunkten zusammengestellt.

Themenhefte:
- zum nachsowjetischen Wandel
- zu Eurasiens Rolle in der Globalisierung und der Modernisierungskrise des Westens

Alle Hefte sind über den Autor beziehbar.
Jedes Heft: 5.– Euro; zuzüglich Porto im Post-Versand.
Betrag bitte auf das Konto: 1230/455980; BLZ: 200 505 50
Kai Ehlers, info@kai-ehlers.de, www.kai-ehlers.de
Tel: 040/64 789 791 Fax: 64 425 605 Mobil: 0172/2732482
2147 Hamburg, Rummelsburgerstr. 78

Bisher erschienen folgende Ausgaben:
1. Was ist das Russische an Russland? – Texte
2. Was ist das Russische an Russland? – Feature-Dokumentationen
3. Wie weit reicht der Balkan? – Texte gegen den Krieg
4. Wie weit reicht der Balkan? Tondokumentationen gegen den Krieg auf dem Balkan, in Tschetschenien und auf dem eurasischen Steppengürtel
5. Babuschkas Töchter – Texte zur Lage der Frauen in Russland
6. Babuschkas Töchter – Feature-Dokumentationen zur Lage der Frauen in Russland
7. Altai – Texte und Features rund um eine vergessene Region
8. Moskau – Mythos und Wirklichkeit
9. ›Priemstwo‹ – Akzeptanz. Russland auf dem Weg zu sich selbst. Gespräche über die ›russische Idee‹
10. Der amerikanische Krieg – Texte zur Modernisierungskrise des Westens und zur multipolaren Ordnung
11. China ante portas?
12. ›Modell Kasan‹ – Islam, Völkervielfalt, Föderalismus. Koexistenz statt Terror
13. ›Amerikanischer Friede. Einzige Weltmacht oder der Anfang vom Ende der amerikanischen Welt?‹

Russland ging nur voran

Wir leben im Umbruch. Die Zahl der Menschen auf unserem Planeten wächst, die Zahl der bezahlten Arbeitsplätze jedoch nicht. Der Verbrauch an Energie steigt, die natürlichen Ressourcen nehmen ab. Neue Kräfte haben sich entwickelt, die nach dem Ende der Systemteilung auf Beteiligung drängen, alte Werte verlieren ihre Gültigkeit, bisherige Utopien der sozialen Gerechtigkeit haben ihre Glaubwürdigkeit eingebüsst. Was Sozialismus hiess, wird privatisiert, Kapitalismus globalisiert, ohne eine ausreichende Antwort auf die neu entstehenden sozialen und kulturellen Probleme des 21. Jahrhunderts geben zu können. Mit dem Kampf gegen den internationalen Terrorismus und einem Kreuzzug für die westlichen Werte werden die ungelösten Probleme vielmehr zu einem Kampf der Kulturen polarisiert, der, wenn er nicht gestoppt wird, letztlich nur in einem Krieg aller gegen alle enden kann.

Wo finden wir in diesem Prozess der globalen Entgrenzung unseren neuen Ort, unsere neue Identität, unsere neuen wirtschaftlichen, sozialen und kulturellen Lebensentwürfe, die uns ein Überleben im 21. Jahrhundert ermöglichen? Vieles wurde dazu bereits zusammengetragen. Zuletzt waren es die Welt-Sozialforen in Porto Alegre und danach in Mumbai, die die vielfältigen Forderungen nach neuen Formen des Wirtschaftens und Lebens zusammenführten, die aus der globalen Krise erwachsen. Weitere Foren sind angekündigt. Die Schaltstellen der Globalisierung wie der Internationale Währungsfonds IWF, die Welthandelsorganisation WTO, die Treffen der G7, beziehungsweise G8 gleich ob in Davos (Schweiz) oder anderswo, müssen hinter Gittern durchgeführt werden oder sich den Kritikern öffnen. Eine breite Literatur entwickelt sich. Kaum gehört jedoch wird bisher die Stimme Russlands, genauer, werden die vielen Stimmen aus der nachsowjetischen Welt, die Zeugnis darüber ablegen, was aus dem Versuch geworden ist, den realen Sozialismus zu privatisieren und welche Lehren daraus zu ziehen sind.

Ohne Berücksichtigung dieser Erfahrungen muss die Suche nach Alternativen jedoch einäugig bleiben, eine Fortsetzung des Lagerdenkens, das den eisernen Vorhang noch nicht überwunden hat, denn so wahr es ist, dass die heutige Situation aus der Wiedervereinigung unserer in ›Kapitalismus‹ und ›Sozialismus‹ geteilten Welt hervorgegangen ist, so wahr ist es, dass die Suche nach dem weiteren Weg nicht an den Erfahrungen vorbeigehen kann, die mit dem Versuch gemacht wurden, die sozialistische Utopie, genauer, das, was davon übrig blieb, zu privatisieren. Die Ergebnisse dieses Versuchs sind auf den ersten Blick wenig attraktiv, sondern destruktiv, ja, chaotisch und bedrohlich, erscheinen als eine brutale Steigerung des Kapitalismus bis ins Mafiotische, alles andere als geeignet für die Suche nach Alternativen zur globalen Krise. Gerade aus diesen Erfahrungen jedoch wachsen Impulse für die zukünftige Entwicklung unserer globalen Gesellschaft – vorausgesetzt, man versteht die Pendelschläge historischer Entwicklungen zu lesen und sucht mit scharfen Augen und mit offenem Herzen. Zu dieser Suche sollen hier Anstösse gegeben werden.

***

An Russland ist ein paradoxer Prozess zu beobachten: Seit zwanzig Jahren leben die Menschen Russlands in einer Dauerkrise, die sich ihrerseits als Bestandteil der globalen Krise erweist. Wer heute an Russland denkt, denkt an schrumpfende Bevölkerungszahlen, sinkende Lebenserwartung, eine sich brutalisierende, sich in wenige superreiche Oligarchen und eine verarmende Mehrheit differenzierende Gesellschaft, denkt an nicht gezahlte Löhne, an zusammenbrechende Versorgungsstrukturen, an Mafia, Drogensucht, Aids, steigende Selbstmordraten, den staatlich provozierten Terrorismus in Tschetschenien. Neuerdings setzt Russland dazu an, den Ländern Afrikas, Asiens und Lateinamerikas den Rang als Billiglohnland abzulaufen – zumal die russischen Arbeitskräfte zugleich hoch- bis überqualifiziert sind.

Aus westlicher Sicht ist Russland auf das Niveau eines Entwicklungslands abgesunken, dessen Armut und chaotische innere Verfassung auch den westlichen Lebensstandard bedroht. So wurde Russland in der westlichen Wahrnehmung zum kranken Mann der Globalisierung, der mit grossem Misstrauen beobachtet wird. Aber je länger die russische Krise andauert, desto stärker treten die Kräfte hervor, mit denen die Menschen, die nicht zu den Krisengewinnern gehören, die Krise überleben. Es bilden sich Not- und Überlebensgemeinschaften, in denen man den Alltag unterhalb der Geldgrenze gemeinsam organisiert. Je mehr das alte, das sowjetische Russland schrumpft, desto mehr gewinnen die hervortretenden Überlebenskräfte an Bedeutung für den russischen Alltag.

In Russland zeigt sich exemplarisch, dass Geld, so sehr es jene, die es haben, befreit und ihnen internationale Mobilität verleiht, in einer hochindustrialisierten Gesellschaft nicht alles ist, dass Globalisierung, aller Brutalität zum Trotz, nicht einfach die gewachsene – lokale, regionale oder kulturelle – Identität verdrängen und ersetzen kann, sondern dass Mischformen zwischen ›Kapitalismus‹ und ›realem Sozialismus‹ entstehen. Es zeigt sich, dass der sich selbst verwertende Kapitalkreislauf nicht die einzige Möglichkeit und nicht der letzte Zweck des Lebens ist, auch wenn ein Land sich für den Weltmarkt geöffnet hat. Die Krise aktiviert zwar den Trend zu Egoismus, Selbstbereicherung und Skrupellosigkeit gegenüber sozialer Ungleichheit, aber sie provoziert als Gegenreaktion zugleich Elemente gegenseitiger Hilfe auf der Basis der Selbstversorgung.

Das sei immer und überall so in Zeiten der Not, winken westliche Analytiker ab, zum Beispiel in der Nachkriegszeit Deutschlands. Nichts Besonderes also. Im Zug der Überwindung seiner Krise werde Russland, wie jedes andere Land der Welt auch, den normalen kapitalistischen Weg gehen, einen anderen gebe es heute nicht. Aber sind die Überlebenskollektive, die man in Russland nach fünfzehn Jahren Privatisierung heute beobachten kann, möglicherweise nicht erst Ergebnis der Krise, sondern Voraussetzung ihrer Bewältigung? Wo liegt die Quelle der Kraft, welche die Menschen befähigt, diese Krise zu überstehen? Wann wird aus einer Notlösung eine Dauerlösung? Wie kommt es, dass die russischen Menschen trotz akuter Dauerkrise nicht verhungern? Muss man sich damit zufrieden geben, diese Frage durch Hinweise auf die unerklärbare ›russischen Seele‹ zu beantworten? Oder gibt es benennbare Bedingungen? Ist Russland ein Sonderfall oder ist seine Entwicklung auf andere Länder übertragbar?

Russland ist ein Sonderfall. Das frühe Moskowien, das zaristische Russland und dann die Sowjetunion sind den Sonderweg gegangen, die archaische Bauerngemeinschaft, russisch Obschtschina, zum Muster ihrer Staatsorganisation zu erheben. In der Sozialstruktur der Obschtschina vereinten sich Zentralismus und bäuerliche Urdemokratie zu einer Lebensweise, in der das Prinzip der gegenseitigen Hilfe nicht nur praktisch notwendig, sondern als Ergebnis einer langen Geschichte auch moralischer Konsens war. Nicht von ungefähr war es ein Russe, Fürst Pjotr Kropotkin, der das Prinzip der gegenseitigen Hilfe in der Natur und Gesellschaft theoretisch zu begründen versuchte. Die russische Sonderentwicklung ist selbstverständlich nicht einfach auf andere Länder zu übertragen: Im Westen wurde die Allmende fast vollkommen privatisiert. In den Clanwirtschaften östlicher Völker blieb das individuelle Element andererseits in der Regel unterentwickelt, Geister wie Kropotkin werden in Russland nach einem langen Umweg über den Westen jetzt wieder entdeckt.

Aber gerade wegen seines Sonderwegs hat Russlands Krise tiefe Auswirkungen auf die gesamte gegenwärtige Entwicklung. Erstens wurde Russland nach der Revolution von 1917 in einer atemberaubenden Beschleunigung gesellschaftlicher Entwicklung zum Inbegriff der Machbarkeit des wissenschaftlich-technischen Fortschritts, der nun vor den Augen der ganzen Welt in katastrophaler Weise an seine Grenzen stösst. Zweitens ist Russland auch nach dem Zerfall der Sowjetunion noch die grösste Landmacht des Globus. Drittens ist Russland das Herzland Eurasiens, das heisst, es ist der Impulsgeber für den Rhythmus in diesem Gebiet und damit ein entscheidender Faktor für die globale Entwicklung, fördernd wie auch hemmend. Und nicht zuletzt bringt die Einmündung der russischen Entwicklung in den Strom der Globalisierung die Dynamik des russischen Sonderwegs zwischen östlichen und westlichen Lebensformen, zwischen Zentralismus und Anarchismus, zwischen Kollektivismus und Individualismus, zwischen Sozialismus und Kapitalismus, die sich in der Geschichte und der Aktualität der russischen Gemeinschaftsstrukturen niederschlagen, als Impuls in die allgemeine globale Entwicklung ein.

Einige Aspekte dieses globalen Wandlungsprozesses sollen hier voran gestellt werden

Nachdem Russland lange als der kranke Mann des Globus galt, ist seit dem 11. September 2001 offenbar, dass auch der Westen, allen voran die USA, sich in der Krise befindet. Die russische wie die westliche Krise, insbesondere die der USA, sind Teil einer allgemeinen Krankheit der heutigen Industriegesellschaft, die sich im Übergang von expansiver zu intensiver Entwicklung befindet. Die USA reagieren allerdings diametral anders als vor ihr die UdSSR: Statt mit Perestroika und Transformation antworten sie mit ideologischen Verhärtungen und imperialen Ambitionen, welche die notwendige Intensivierung verschieben und gefährden.

Eine plurale Welt ist herangewachsen, die nach multipolarer Ordnung verlangt. Über den Ersten und den Zweiten Weltkrieg, sowie den Kalten Krieg vollzog sich die schrittweise Entkolonialisierung der von Europa und den USA beherrschten Welt. Heute wollen die ehemaligen Kolonien die Welt mitgestalten und sie haben die Basis dazu. Aus der bipolaren Welt geht keine monopolare hervor, wie die USA es sich wünschen, sondern eine plurale, auf Kooperation aufbauende. Die USA und ihre Verbündeten wollen diese Entwicklung nicht akzeptieren, sie rüsten zur präventiven Verteidigung ihrer augenblicklichen Vorherrschaft und gegenwärtigen Privilegien.

Der Druck der Globalisierung erzwingt aber neue sozialökonomische Strukturen, die aus der Not des Überlebens entstehen. Sie bewegen sich nicht mehr im Entweder-Oder von ›sozialistisch *oder* kapitalistisch‹, von freiem Markt *oder* Dirigismus, individueller *oder* kollektiver Produktion, Natur *oder* Technik, Stadt *oder* Land. Vielmehr zeigt eine Symbiose von Industrie und Selbstversorgung, von kollektiver und privater Produktion, von Technik und Natur, von Stadt und Land, die es in Ansätzen schon immer gab, nunmehr Anzeichen, sich zum übergreifenden Modus Vivendi zu entwickeln.

Eine Ethik ökologischer Verbundenheit entwickelt sich

unter der absterbenden Haut der kriselnden Industriegesellschaft, die über Freiheit und Gleichheit hinaus die Verwirklichung von gegenseitiger Hilfe fordert, das ist die bisher vernachlässigte Brüderlichkeit. Fortschritt ist in diesem neuen Denken nicht mehr nur technischer Fortschritt, Nutzen nicht mehr nur persönlicher Nutzen, Effektivität nicht mehr nur Selbstverwertung von Kapital. Fortschritt, Nutzen und Effektivität werden in dem neu wachsenden Verständnis an der Fähigkeit gemessen, die Verbindung zwischen Gemeinschaft und dem einzelnen Menschen, zwischen der menschlichen Gesellschaft und anderen Lebewesen der Erde, zwischen der Erde und dem Universum zu erhalten, zu pflegen und immer wieder neu zu gestalten.

Mentale Ebenen dieser Entwicklung sind: Die Krise der Pyramide als Modell von Gesellschaft, die Erinnerung an das Labyrinth, die Selbstorganisation in der Gemeinschaft. Bilder sind: Der Garten, der in die Stadt zurückkehrt, die Jurte mit Sonnenkollektor, der Fremde als geehrter Gast. Der wesentliche Schritt liegt in der Überwindung des dualistischen Denkens und dem Übergang zu einem Weltverständnis, in dem Chaos und Ordnung nicht mehr als statische Gegensätze verstanden werden, sondern als ineinander übergehende und sich beständig erneuernde Zustände von Wechselwirkungen, deren höchste Erscheinungsform das Leben ist.

Diese Aspekte bilden die Basis für die folgenden Gespräche und Essays.

Kai Ehlers

Kapitel 1

Was ist das Russische an Russland? Geschichte und Aktualität des russischen Korporativismus

Bedingungen und Geschichte

Russland ist – entgegen weitverbreiteter Vorstellungen – nicht Europa. Es ist der Raum zwischen Asien und Europa. Es ist aus den grossen Völkerbewegungen entstanden, die im Lauf der Geschichte vom Osten des eurasiatischen Raums nach Westen und vom Westen nach Osten, zwischen Pazifik und Atlantik hin und her fluteten. Das waren die Hunnen kurz nach der Zeitenwende bis zum Höhepunkt ihres Sturms unter Attila im fünften Jahrhundert, das waren die Mongolen im dreizehnten, vierzehnten und fünfzehnten Jahrhundert, danach noch einmal die Türken. In der Gegenbewegung, immer wieder von Westen nach Osten, der Deutschritterorden, die Russen selbst, Napoleon, zuletzt Hitler.

Russland war die Vielvölkerordnung, die sich aus diesen Völkerbewegungen herausbildete. Das russische Imperium entstand in der europäischen, christlichen Gegenbewegung zum mongolischen Weltreich, im Zuge einer Kolonisation, die den mongolischen Einfluss Schritt für Schritt – hier kämpfend, dort in geschickter Bündnispolitik – nach Osten zurückdrängte, dabei aber die Raumordnung der Mongolen, ihre Herrschafts- und zu geringeren Teilen auch ihre Sozialstruktur, insbesondere deren nomadische Elemente, als Eigenes adaptierte, transformierte, integrierte.

Im Jahrhunderte dauernden Mit- und Gegeneinander, in wechselnden Bündnissen, Kriegen, Revolten und Kämpfen ging vor allem die mongolische Gefolgschaftsordnung auf das russische Imperium über. Das bedeutet im Wesen: Völker, Stämme, auch Fürsten ordnen sich der Zentralgewalt unter, welcher sie den Zehnten als Tribut zahlen und Heeresfolge leisten. Im übrigen können sie nach ihren eigenen Traditionen und Gesetzen unter eigener Führung leben. So wie vorher der

Gross-Chan, wurde der Moskauer Gross-Fürst, später der Selbstherrscher aller Reussen, der Zar, zur Klammer, welche die vielen verschiedenen Völker, Kulturen und Länder des eurasiatischen Raums mit eisernem Griff verband, während die Menschen in den Weiten des Landes ihren Alltag nach eigenen Vorstellungen lebten.

Russland ist auch klimatisch nicht Europa. Russland erstreckt sich über sieben Zeit-, dazu von Norden nach Süden über nahezu sämtliche Klimazonen, vom Polargebiet bis zur Hitzewüste, in denen die unterschiedlichsten Bedingungen für Ackerbau, Viehzucht und menschliche Lebensführung bestehen. Darunter bilden solche, wie wir sie aus Europa kennen, den kleinsten Teil. Entsprechend unterscheiden sich die Wirtschaftsräume Russlands voneinander. Das alte Moskau hat es nie geschafft, diese ungleichzeitigen Entwicklungen zu egalisieren. Erst der Sowjetunion gelang es, die unterschiedlichen Entwicklungen über eine gewisse Zeit und in einem beschränkten Mass zu vereinheitlichen. Das hat gewaltige Entwicklungskräfte freigemacht; genau daran ist die Union allerdings auch, nachdem sie ihre Schuldigkeit als Anschubmotor getan hatte und sich zur Bremse wandelte, auseinandergebrochen.

Unter all diesen Bedingungen entwickelte sich die besondere Struktur des russischen Imperiums, geografisch, ökosozial, mental: Das Zentrum als politische Klammer – vor Ort die korporative, nach aussen autoritäre, in sich nahezu basisdemokratische Einheit. Diese Einheit war das Volk, das Fürstentum, der Stamm, die Kultur- oder Religionsgemeinschaft, die Stadt und schliesslich das Dorf, alles in vielfacher Weise einander überlagernd. Im Dualismus von Zar und Dorf – oder an Stelle des Zaren: Kirche, Gutsherren – fand diese Grundordnung schliesslich ihre institutionelle, staatstragende Grundform.

Die Dorfgemeinschaft war die Verwaltungseinheit des Zarismus, sie hatte entsprechend der Anzahl der in ihr gemeldeten ›Seelen‹ Steuern und junge Männer für den Kriegsdienst abzuführen. Im übrigen war sie für ihre wirtschaftliche Entwicklung und ihre inneren Verhältnisse selbst verantwortlich. Nach aussen wurde die Gemeinschaft durch den Dorfältesten vertreten. Dessen Entscheidungen waren, war er einmal gewählt, widerspruchslos hinzunehmen; nach innen genoss das Dorf Selbstverwaltung. Innerhalb der Gemeinschaften wurden Entscheidungen, wir würden heute sagen, basisdemokratisch auf Grundlage einer gemeinschaftlichen Eigentumsordnung in einer Mischung aus Konsens- und Mehrheitsprinzip getroffen. Die wichtigste Einrichtung war die regelmässig für jede Generation neu in öffentlicher Versammlung vorgenommene Umverteilung des Gemeineigentums. Dabei wurde das Land nach Zahl der Köpfe an die einzelnen Familien des Ortes zur zeitlich begrenzten Nutzung übergeben. Auch dies vollzog sich in öffentlicher Versammlung und durch Zuruf. Später ging aus der Tradition der Dorfgemeinschaften auch noch das Artel hervor, eine den westlichen Gilden vergleichbare Arbeitsorganisation, in der zunächst die Bauern, danach auch städtische Arbeitskräfte gemeinsam ihre Arbeitskraft anboten. Anders als im Westen blieben die Artels jedoch ihrem dörflichen Ursprung sehr eng verbunden. Die Vermischung ist so stark, dass die Begriffe ›Obschtschina‹ und ›Artel‹ im heutigen Sprachgebrauch oft nicht klar voneinander unterschieden werden. Pjotr Kropotkin hat hierzu sehr erhellende Ausführungen gemacht (siehe Exkurs Seite 35).

In dieser Herrschaftsform, der Verbindung von absoluter Selbstherrschaft mit selbstverwalteter Dorfgemeinschaft auf Basis gegenseitiger Hilfe, fanden sich die Grundzüge der mongolischen Tribut- und Gefolgschaftsordnung wieder, einschliesslich der Jurten- beziehungsweise Hordendemokratie, angewandt auf eine sesshafte Dorfkultur. Charakteristikum der mongolischen Ordnung war ja ebenfalls: langes basisdemokratisches Palaver, Entscheidungen in einer Mischung aus Konsens- und Mehrheitsprinzip, nach der Entscheidung aber unbedingter Gehorsam gegenüber dem gewählten Führer.

Diese Form der Herrschaft war für die Moskauer Zaren äusserst bequem, garantierte sie ihr doch den direkten Zugriff auf Finanzen und Truppen – ohne dass sie sich um die Entwicklung vor Ort weiter kümmern musste. Die Dörfer hatten umgekehrt die Gewissheit, unter dem Schutz des Zaren zu stehen, ohne nach fremden Traditionen und Gesetzen leben zu müssen. So war beiden Seiten gedient: dem Zentralismus und der Demokratie, ja, Anarchie im Sinn selbstbestimmter, von unmittelbarer Herrschaft abgeschirmter Räume. In dieser Doppelstruktur entwickelte sich das russische Imperium.

Es hatte damit einen Weg eingeschlagen, der sich klar von den Entwicklungslinien im westlichen Europa, aber auch in Asien unterschied, wo die gemeineigentumverhaftete, selbstverwaltete Bauerngemeinde schon früh in den feudalen Strukturen der Lebens-Ordnungen verschwand. In Russland dagegen wurde die Bauerngemeinde zur Grundzelle gesellschaftlichen Seins, zur Grundeinheit staatlicher Verwaltung, ja, insofern die mit dem Zaren verbundene Kirche die ›Obschtschina‹ als gottgewollt absegnete, zur ethischen Grundeinheit. Aber nicht nur das: Festgeschrieben durch Verordnungen aus dem 15. Jahrhundert, war dem Bauern verboten, sein Dorf zu verlassen. Zur gleichen Zeit, als im Westen die Leibeigenschaft tendenziell überwunden wurde, geriet die Landbevölkerung Russlands in einen sozialen Status, für den es im Westen nicht einmal einen Begriff gibt: Die Bauern wurden selbstverwaltete Leibeigene, Hörige, Sklaven, ›Seelen‹, die nach Willkür des Zaren oder seiner Stellvertreter verschenkt, verkauft oder bis aufs Blut ausgesaugt und gepeinigt wurden – dies alles aber, während sie zugleich unter basisdemokratischen, urkommunistischen Verhältnissen der Selbstverwaltung und gegenseitiger Hilfe miteinander lebten. Dies brachte unter anderem solche Paradoxien hervor wie den so genannten ›Obrok‹-Bauern. Ein solcher Bauer war eigener Unternehmer im Dorf und doch Leibeigener. Manche dieser leibeigenen Dörfler wurden bei der auch in Russland allmählich einsetzenden Industrialisierung später sogar zu reichen Dorffabrikanten, die ihrerseits Mitbewohner und -bewohnerinnen des Dorfs als hörige Arbeiter und Arbeiterinnen beschäftigten.

Modernisierungsschübe

So bequem die duale Grundstruktur Zar–Dorf, Zentrum–Region für den Moskauer Hof auch war, barg sie doch einen Widerspruch, der immer wieder zu Entwicklungsstörungen führte: Da er für die innere Entwicklung der Dörfer nicht verantwortlich war, neigte der Zar, neigten Adel und Kirche zu deren rücksichtsloser Ausbeutung, ja, bei der Rekrutierung von jungen Männern für das Heer oft im wörtlichsten Sinn zur Ausblutung. Die Ignoranz gegenüber den Bedürfnissen des Dorflebens führte immer wieder – sich tendenziell steigernd – zu gefährlicher Verelendung der Landbevölkerung. Hungerkatastrophen, Krisen und Revolten auf dem Land waren die Folgen. Immer wieder versuchten Dörfer, ganze Regionen, die oft auch mit Volksgruppen identisch waren, sich von der Zentralgewalt loszumachen. Aber niemals kam es dabei zu Revolutionen, welche die Grundkonstellation der Herrschaft, die Verbindung von Zentrum und lokaler Gemeinschaft nämlich, in Frage gestellt hätten. Die radikalsten Revolten wie der Aufstand des Stenka Rasin 1670 oder der des Jemeljan Pugatschow 1773–1775 kamen nicht über die Perspektive hinaus, an die Stelle eines unfähigen Zaren einen fähigeren setzen zu wollen.

Auch mit Reformen von oben gelang es nicht, die Verbindung aufzubrechen, obwohl dies – beginnend mit Peter I. nach den verheerenden Revolten des Stenka Rasin – immer wieder und immer öfter versucht wurde. Eine ganze Kette von Modernisierungsschüben zeugt von diesen Ansätzen.

Peter I., der so genannte Grosse, versuchte das Problem von der urbanen Seite aus mit Gewalt zu lösen. Er importierte bürgerliches westliches Know How, implantierte eine nach westlichen Standards produzierende Kriegsindustrie, ging in frontale Konfrontation mit den Traditionen verschlafener Selbstgenügsamkeit in der herrschenden Schicht, rekrutierte junge Männer aus den Dörfern für langandauernde Eroberungskriege. Den Grundkonflikt zwischen Zar und Dorf aber erkannte er noch nicht, zumindest packte er ihn nicht an. Er nutzte die bestehenden Beziehungen von Zar und Dorf vielmehr dafür, den ersten Industriellen zu ermöglichen, ganze Dörfer zu kaufen, um deren Bewohner in Fabriken als Leibeigene arbeiten zu lassen.

Mitte des 19. Jahrhunderts erkannte Zar Alexander II., dass die Leibeigenschaft der Bauern, damals 80% der Bevölkerung Russlands, sich zum unüberwindlichen Hemmnis für die Modernisierung des Landes entwickelt hatte. 1861 erklärte er die Bauern daher zu freien Bürgern. Damit war die Einheit von Zar und Dorfgemeinschaft von oben gekündigt. Jeder Bauer sollte fortan eine eigene juristische Person sein, selbst verantwortlich für sein eigenes Leben. So wollte Alexander II. einerseits Arbeitskräfte für die explodierende industrielle Entwicklung Russlands freisetzen, andererseits einen kräftigen Stand privat wirtschaftender Bauern schaffen.

Es kam aber anders: Indem Alexander die Dorfgemeinschaften zu den Organisatoren der Landverteilung machte, welche mit der Befreiung verbunden war, geschah das Unerwartete: Die Bauern, die vorher die Dörfer verlassen hatten, um Arbeit in den Fabriken zu suchen, strömten in die Dörfer zurück, um bei der Landverteilung berücksichtigt zu werden. Die Dorfgemeinschaften, statt aufgelöst zu werden, wurden in diesem Prozess zur bestimmenden Kraft. Nur war der Zar, war der Adel, war die Kirche von nun an der Pflicht zur Fürsorge, die sie vorher wenigstens formal für ihre ›Seelen‹ noch gehabt hatten, gänzlich entledigt. Im Ergebnis setzten sich die Dorfgemeinschaft als organisierende Kraft und in ihr einige Grossbauern durch, während die Dorfarmen noch mehr verelendeten als zuvor – nur jetzt ohne jeglichen Schutz.

1907 machte Pjotr Stolypin, Minister des Zaren Nikolaus II., den nächsten Versuch, das Problem der Dorfgemeinschaften in einer, wie er meinte, fortschrittlichen Weise zu lösen. Er entzog den Dörfern das Recht der Selbstverwaltung, untersagte gemeineigentumbezogenes Wirtschaften und verfügte die Auflösung der Dorfgemeinschaften. Auch bei ihm war der Grundgedanke: Die Armen des Dorfes sollten als Arbeiter in die Industrie abwandern, die übrigen Dörfler sich zu einem Stand privat produzierender Mittel- und Grossbauern entwickeln, der imstande wäre, mit der Ausfuhr seiner Produkte die Kosten für die entstehende Industrie zu tragen.

Stolypin stiess auf den entschiedenen Widerstand der Bauernschaft, den er mit Gewalt zu brechen suchte. Er wurde 1911 Opfer eines Attentats. Die Reform blieb stecken. Bis heute streiten sich die Gelehrten, ob sie stecken blieb, weil der Krieg sich ankündigte oder ob der Krieg, was die russische Seite betrifft, ein Produkt der unlösbaren Widersprüche war, in die Zarentum und Bauernschaft miteinander geraten waren.

Nicht strittig ist, dass die Beziehung zwischen den Bauern und dem Zaren wesentlicher Impuls für Ausbruch und Verlauf der Revolutionen von 1917 war. Damals lebten 80% der russischen Bevölkerung auf dem Land. Schon die Februarrevolution stand unter dem Versprechen einer Landreform. Als es im Sommer 1917 zu neuen Landverteilungen kommen sollte, warfen die Bauernsöhne in den Schützengräben die Gewehre fort, um in ihre angestammten Dorfgemeinden zurückzukehren, denn nur so konnten sie sicher sein, bei der Landverteilung nicht übergangen zu werden. Lenin konnte die derart aufgebrachten Bauern für sich gewinnen, indem er jedem nicht nur Frieden, sondern auch ein Stück Land versprach, selbst wenn der nicht Mitglied einer Dorfgemeinschaft war. So gewann Lenin die Arbeiter- und Soldatenräte, die faktisch Arbeiter- und Bauernräte waren.

Entschieden aber wurde die Frage auch von Lenin nicht: Im ›Dekret über den Boden‹, das die Revolutionsregierung als eine ihrer ersten Verordnungen erliess, wird das Gemeineigentum nach Art der Bauerngemeinschaft zum Grundprinzip des neuen Sowjetstaats erklärt. Nach ihm wurden hinfort auch die Betriebsgemeinschaften organisiert; gleichzeitig aber kehrten die Bauernsöhne unter dem Versprechen zurück, ein eigenes Stück Land zur privaten Nutzung zugeteilt zu bekommen. Damit war der Konflikt zwischen privater Nutzung und gemeineigentümlicher Ordnung, zwischen Selbstverwaltung und Zentralismus aufgeschoben, aber nicht aufgehoben, ja, seine Zuspitzung war geradezu programmiert.

Den nächsten Versuch der Lösung dieses Konflikts unternahm Josef Stalin, als sich nach der Neuen Ökonomischen Politik (NEP), mit der Lenin die Phase des Kriegskommunismus abschloss, innerhalb der Dorfgemeinschaften wieder eine reiche Privatbauernschaft herausgebildet hatte ähnlich wie zu Zeiten Stolypins. Sie, die Kulaken, bestimmten das Geschehen in den Dorfgemeinschaften. Als sie sich weigerten, die Abgaben für die von der Partei beschlossene Industrialisierungskampagne zu erbringen, mobilisierte Stalin die Dorfarmut gegen sie. Dies geschah wiederum in der Absicht, der Arbeiterschaft neue Kräfte zuzuführen, aus den Resten der Dorfarmut und den Mittelbauern ein kräftiges Mittelbauerntum zu schaffen. Und wieder geschah das Unerwartete: Nachdem die Kulaken und mit ihnen viele, die als solche nur denunziert worden waren, in einer gewalttätigen Kampagne zu Millionen getötet, vertrieben oder deportiert waren, blieben die Dörfer, ihrer aktivsten Kräfte beraubt, in elendem Zustand zurück. Die Not zwang die Verbleibenden, sich zu Gemeinschaften zusammenzuschliessen, die von der Regierung schliesslich als Kolchosen und Sowchosen legalisiert wurden. Stalin tat das, indem er die freiwilligen Zusammenschlüsse zu kollektiven Wirtschaften (Kolchos = kollektive Wirtschaft) staatlicher Lenkung unterstellte und die übrige, noch individuell betriebene Landwirtschaft von Staats wegen in Sowchosen (Sowchos = sowjetische Wirtschaft) zusammenfasste. So wurde aus einer Kampagne, die mit dem Ziel der Auflösung der Dorfgemeinschaften begonnen worden war, deren endgültige Erhebung zur Grundeinheit des sowjetischen Staats; die Dualität von Zar und Dorf, von Zentrum und korporativer Einheit vor Ort, die mit der Abschaffung des Zarentums 1917 ins Ungleichgewicht gekommen war, reproduzierte sich in der Form von Partei und Kolchose, beziehungsweise Sowchose. Diese Struktur blieb – mit kleineren Schwankungen – verbindlich bis zum Einsetzen der Perestroika.

Das sowjetische Modell vor Perestroika

Wie sahen diese Strukturen praktisch aus? Auf dem Land war es die Kolchose oder Sowchose. Der Unterschied zwischen beiden war in den 1980er Jahren nahezu nivelliert; er bestand nur noch darin, dass Direktoren der Sowchosen von der Partei eingesetzt, Direktoren von Kolchosen nach ihrer Wahl durch die Dorfgemeinschaft von der Partei nur bestätigt wurden.

In der Industrie, in der Wissenschaft oder im Dienstleistungsbereich war die Betriebsgemeinschaft nach denselben Prinzipien organisiert.

Ländliche wie städtische Kollektive bildeten Pyramiden, die Produktion, Alltag, Freizeit und Politik in ihren Spitzen zusammenführten. In ihnen war betriebliches und ausserbetriebliches Leben in einer von der Basis der Arbeit her aufgebauten Pyramide organisiert, an deren Spitze die Führung aus Partei, Gewerkschaft und Betriebsleitung stand.

Eine solche Pyramide konnte identisch mit einer ganzen Stadt sein, auch einem Stadtviertel, in dem ein Betrieb zwanzig-, dreissigtausend Menschen umfasste. Es waren einzelne, manchmal auch mehrere Dörfer gemeinsam, die eine Kolchose bildeten, manchmal ganze Distrikte.

Alle diese Einheiten waren nach dem Prinzip der Dorfgemeinschaften organisiert: Autoritäre Unterordnung nach aussen, Selbstbestimmung und Prinzip der gegenseitigen Hilfe nach innen, Wirtschaften auf Gemeineigentumsbasis.

Der Staat ist ein Netz solcher Pyramiden, besser vielleicht, eine Grosspyramide, die aus vielen solcher kleiner Pyramiden besteht. Innerhalb der jeweiligen Pyramiden wird getauscht, ausserhalb, zwischen ihnen wird gehandelt. Innerhalb wird Arbeit in materiellen Werten vergütet, in Nahrungsmitteln, in sozialen Dienstleistungen wie Kindergartenplätzen, Schulunterricht, Altenbetreuung und so weiter, in Versorgung der Betriebsgemeinschaft mit der lebenswichtigen Infrastruktur wie Wohnungen, Strassen, Verkehrsmitteln, Gas, Wasser, Elektrizität, in Angeboten zur Erholung, zur medizinischen Versorgung, zur Altersversorgung bis hin zur Friedhofspflege. Für Produkte, die von ausserhalb bezogen werden, wird Geld gebraucht. Aber selbst hier werden Produkte anderer Gemeinschaften oft im Tausch gegen die eigenen erworben und dann innerhalb der eigenen Gruppe als materielle Vergütung weitergereicht. Auch dem Staat, als der Gesamtheit aller Kollektive, steht die einzelne Gemeinschaft nicht in einer Geld-, sondern ebenfalls in einer Tauschbeziehung gegenüber. Es werden eigene Produkte gegen Sach- und Dienstleistungen abgegeben, die der Staat garantiert.

Das ist die alte Tributordnung mongolischer Herkunft in moderner Form. Ein voller Geldkreislauf, vergleichbar dem des westlichen Geld-Ware-Geld-Umlaufs, bei dem der Austausch zwischen Individuen ausschliesslich, jedenfalls hauptsächlich über den offenen Markt stattfindet, ist nicht entwickelt. Hier ist es das Individuum, dort ist es die Gruppe, die im Austausch steht: Geld hat in diesem Verbund korporativer Gemeinschaften keine grundlegende und keine ausschliessende, es hat nur eine ergänzende Funktion. Individuen begegnen sich nicht als einzelne Käufer auf dem Markt, sondern als Mitglied einer Gemeinschaft, deren Interesse sie realisieren. Anders wäre es heute nicht möglich, dass eine Bevölkerung, der seit Jahren kein Lohn, keine Pension, keine Sozialversicherungen mehr gezahlt werden, nicht verhungert.

Diese Ordnung, in der russischen Geschichte spontan entwickelt, von der sowjetischen auf die Ebene eines prinzipiellen gesellschaftlichen Modells gehoben, hat sich in die Wirklichkeit des russischen, genereller gesagt, eurasischen Raums zwischen Pazifik und Atlantik, zwischen Nordpol und den Hitzewüsten im Süden eingeschrieben. Sie hat geografische Gliederungen, wirtschaftliche Einheiten, soziale Strukturen, psychische Reaktionsmuster und Denkweisen entstehen lassen, die nicht aufgelöst werden können, ohne eine allgemeine Desintegration zu riskieren. Wenn sie dagegen als Voraussetzungen für Veränderungen akzeptiert werden, liegt gerade in diesen Strukturen die Chance, eine lebensfähige Ordnung hervorzubringen, die über das bisherige Entweder-Oder von privater oder gemeineigentümlicher, zentralistischer oder anarchischer, kapitalistischer oder sozialistischer Lebensweise hinausgeht.

Aktuelle Reformversuche – gescheiterte Entkollektivierung

Der neueste Ansatz zur Modernisierung, den wir seit Ende der 1970er Jahre in Russland erleben, wiederholt allerdings die historischen Fehler. Michail Gorbatschow ging noch einen vorsichtigen, seine Kritiker sagen, unentschlossenen Weg. Boris Jelzin und insbesondere sein erster Premier Jegor Gaidar setzten dagegen auf Beschleunigung und Konfrontation. Die von ihnen eingeleitete Schocktherapie, war im Kern nichts anderes als eine Nötigungs-Kampagne zur Entkollektivierung, mit der sie die korporativen Strukturen endgültig aufzulösen beabsichtigten.

Das Programm der Privatisierung, mit dem die Regierung Gaidars Ende 1991 antrat, legte fest, dass die Betriebskollektive bei der Umwandlung der Staatsbetriebe in Aktiengesellschaften unter keinen Umständen Aktienmehrheiten erwerben dürften. In der kollektiven Organisation der Betriebe, sowohl der Land- als auch der Industriebetriebe wie auch in denen des Dienstleistungssektors und der Wissenschaft, sahen die Reformer von 1991, ganz in der Tradition Stolypins und in Übereinstimmung mit ihren Beratern aus Harvard und vom Internationalen Währungsfonds IWF die Ursache der sowjetischen Krise, ja, wie sie es formulierten, das Grundübel russischer Rückständigkeit. Nur wenn die Herrschaft der Kollektive gebrochen werde, sei die Krise zu überwinden und eine Modernisierung zu erreichen.

Mit Betriebskollektiven war die Einheit von Betriebsleitung und Belegschaft gemeint. Ihr gemeinsamer Anteil an Aktien sollte unter allen Umständen unter 50% gehalten werden, um zu vermeiden, dass die Betriebskollektive weiter die Geschicke des Landes bestimmen könnten. An die Stelle der bisherigen korporativen Organisation der Gesellschaft auf Betriebsbasis sollte ein modernes demokratisches Staatswesen treten, eins in dem nicht nur die Gewalten geteilt, sondern vor allem auch Produktion und gesellschaftliches Leben voneinander geschieden und statt dessen durch einen Geldkreislauf miteinander verbunden werden, wie man es aus dem Westen kennt. Dafür sollte die Abgabeordnung durch eine Lohn- und Steuerordnung ersetzt werden, welche die Kommunen in den Stand setzen sollte, die infrastrukturellen, sozialen und kulturellen Aufgaben zu übernehmen, die bis dahin die Betriebe getragen hatten. Die arbeitende Bevölkerung sollte durch die Umwandlung der Vergütungs- in eine Lohnstruktur in die Lage versetzt werden, sich auf dem Markt mit den nötigen Mitteln zum Leben zu versorgen, angefangen bei der Versorgung mit Wohnraum, Gas, Wasser bis hin zur Freizeit und Kultur. So ist es in den Expertisen des IWF zur Sowjetunion aus den Jahren 1988–1989 nachzulesen (siehe Literaturangaben), so steht es, fast wörtlich übernommen, in den Programmen, mit denen die neue russische Regierung Ende 1991 antrat.

Auch diesmal kam es anders als erwartet: Tatsächlich in Privathand überführt wurden nur die Gemeinschaftsvermögen, welche schnellen Gewinn versprachen: Rohstoffverarbeitende Betriebe, Rohstoffe selbst, Handelsunternehmen, Banken. Hier wuchsen in atemberaubender Geschwindigkeit jene Finanzimperien heran, die als Eigentum von ›Oligarchen‹ bekannt wurden. Die Mehrheit nicht so profitabler Betriebe dagegen ging entweder direkt in den Besitz und in die Regie von Betriebskollektiven über, die damit die Grundlage ihrer eigenen Existenz retteten oder dümpelt bis heute in unentschiedenen Mehrheitsverhältnissen vor sich hin, die keine effektiven Entscheidungen zulassen. Die beabsichtigte Entflechtung von Staat und Unternehmertum, Unternehmertum und Belegschaften, Arbeit und Leben, Produktion und Konsumption, oben und unten, fand nur teilweise statt: Den Betrieben wurden die Rechte, wie auch die Mittel entzogen, den Versorgungskreislauf innerhalb der korporativen Einheit aufrechtzuerhalten. Ab sofort galt der Anspruch, dass nicht mehr die Betriebe, sondern die Kommunen, die Regionalverwaltungen oder das nationale Budget für Strassenbau, Wasserversorgung, für soziale und medizinische Versorgung, für Bildung und Kultur zu sorgen hätten. Aber die Kommunen bekamen weder die nötigen Mittel, noch reichte ihre organisatorische, personelle und intellektuelle Kapazität, um die alten Funktionen zu übernehmen, ganz zu schweigen davon, neue zu entwickeln.

Klarster Ausdruck dieser Situation wurde die neurussische Volksweisheit: »Der Staat zahlt keinen Lohn – und wir zahlen keine Steuern.« Das hiess eben, es gab keinen funktionierenden Geldkreislauf. Russland war auf das Stadium des Naturaltausches zurückgesunken. Was aber vor der Privatisierung Ausdruck eines funktionierenden Systems war, das wurde jetzt Ausdruck des Zerfalls. Ergebnis der versuchten Entkollektivierung war eine wirtschaftliche, rechtliche, staatliche, vor allem anderen aber soziale und auch moralische Desintegration, die an die Grenzen der Vernichtung russischer Existenz und Identität führte.

Aus dieser Situation erwuchs der Drang nach sozialer Restauration im Land. Betriebskollektive verstehen sich, ähnlich wie in vergleichbaren historischen Situationen, als Notgemeinschaften, die das Überleben ihres Dorfs, ihrer Stadt, ihres Betriebs, ihres Instituts organisieren. Dazu suchen sie die Hilfe örtlicher Bürokraten. Die korporativen Einheiten, die Gegenstand der Angriffe der Reformer waren, erweisen sich auf diese Weise als spontane Elemente des Überlebens, als letzter Rettungsanker eines Dorfs, eines Betriebs, einer ganzen Stadt. Schon lange ist auch keine Rede mehr davon, dass Betriebskollektive die Betriebe nicht führen dürften. Solche Erscheinungen breiteten sich im Land aus, während der nach westlichen Vorstellungen modernisierte Sektor von Spekulations-, Korruptions- und Finanzkrisen geschüttelt wurde. Was nützte der schnelle Kauf eines Betriebs, wenn seine Belegschaft, darüber hinaus auch noch die potentielle Arbeiterschaft im Einzugsbereich des Standorts oder der Umgebung des Betriebs sozial soweit desintegriert war, dass keinerlei Arbeitsmotivation mehr bestand? Nach zehn Jahren Jelzinscher Privatisierung war klar: Eine Restauration der sozialen Beziehungen war unvermeidlich geworden. Die Frage war nur, wie würde sie aussehen, autoritär, mit Gewalt von oben implantiert oder in einem demokratischen Prozess von unten entwickelt?

Verschiedene Auswege?

Wie Stalagmiten und Stalagtiten einer Tropfsteinhöhle wachsen die Bedürfnisse nach lebensfähigen Gemeinschaftsstrukturen von unten und die nach lenkungsfähigen Strukturen von oben aufeinander zu: Betriebsgemeinschaften bilden Notkollektive, die Betriebe notdürftig aufrechterhalten, Bürgervertretungen bilden sich heraus, Interessengruppen, die Verantwortlichkeiten von Betrieben einklagen, welche durch die Privatisierung ausser Kurs geraten sind. Von oben wird die Restauration gewerkschaftlicher Strukturen initiiert, werden ganze Branchengewerkschaften neu gegründet, mindestens gefördert oder finanziert. Seit Ende der 1990er Jahre ist von einem so genannten ›Tertiären Sektor‹ die Rede. Er erwächst aus den Initiativen und Aktivitäten von Selbsthilfe- und Interessengruppen der unterschiedlichsten Art, die von staatlicher Seite zusammengeführt, ideell gefördert, und wo es geht, auch finanziert werden. Es bilden sich örtliche Krisen- und Planungsstäbe, die sich aus Vertreterinnen und Vertretern der örtlichen oder regionalen Verwaltungen, der Betriebe, unabhängiger Experten und Interessengruppen aller Art zusammensetzen. Sie versuchen eine gemeinsame Planung unter staatlicher Führung einzuleiten. Es bilden sich lokale und regionale Märkte, die mit Moskau in Konkurrenz um die Aussenhandelsbeziehungen treten und für deren horizontale Vernetzung miteinander neue Wege gefunden werden müssen.

Dieser Prozess ist nur sehr schwer in bestimmten Formen zu beschreiben. Er verläuft sehr diffus und äusserst ungleichmässig, ja, widersprüchlich, scheinbar ziellos, destruktiv oder gar katastrophisch. Aufs Ganze gesehen aber geht es um eine neue Verbindung von persönlicher Initiative und Gemeinschaftsbindung, die aus der Transformation der bestehenden Verhältnisse allein schon deswegen hervorgeht, weil die Menschen überleben wollen.

Die Entwicklung ist doppeldeutig wie die Strukturen selbst. Sie enthält rückwärtsgewandte Elemente, die bis ins Faschistoide hinüberweisen. Diese Elemente resultieren aus dem autoritären Zentralismus. Sie enthält ebenso Impulse zu Demokratie und sozialer Solidarität. Sie erwachsen aus den Elementen der Selbstbestimmung und gegenseitigen Hilfe. Analytiker wie Boris Kagarlitzki in Moskau oder Oleg Woronin in Irkutsk, beides ehemalige Reformlinke, heute parteilose Intellektuelle, der eine radikaler Linker, der andere sozialdemokratisch orientiert, erkennen diesen Prozess. Kagarlitzki spricht von einer Restauration der Obschtschina-Tradition. Er meint damit die Wiedererstarkung der aus der Geschichte der Bauern- und Industriegemeinschaft kommenden Tradition kollektiven Lebens und Arbeitens auf neuer, demokratischer, das heisst auch privatwirtschaftlicher Basis. Woronin spricht von sozialer Restauration einer durch Stalin deklassierten Gesellschaft, die ihre sozialen Schichtungen und deren wirtschaftliche und politische Beziehungen erst wiederfinden müsse. Rechte Mystiker erheben die Obschtschina zur gottgewollten Grundlage für die Überlegenheit des russischen Wesens.

Hauptkraft der gegenwärtigen Entwicklung aber sind die aus zehn Jahren mühseliger Transformation gewonnenen bitteren Erkenntnisse bei der politischen Führung wie auch in der Bevölkerung selbst, dass an den bestehenden Strukturen angeknüpft werden muss, also Zentralismus und korporativer Bau des Landes als Ausgangspunkt für eine Föderalisierung und Demokratisierung des Landes akzeptiert und genutzt werden müssen, ob man will oder nicht, statt sie zu zerschlagen. Dazu kommt die Bereitschaft, diese Erkenntnisse in Kooperation von ›oben‹ und ›unten‹ praktisch umzusetzen und dabei Spreu vom Weizen zu trennen. Wladimir Putin ist heute der Mann, der diesen Versuch macht, nachdem andere – unter anderem Juri Luschkow in Moskau und Alexander Lebed, ihm darin schon zu Jelzins Zeiten vorangegangen waren.

Was in Moskau unter Luschkow entstand, ist ein staatlich regulierter, korporativ-paternalistischer Staatskapitalismus mit gewählten Leitungen und Direktoren, in dem die wenigen unabhängigen Kleinunternehmer sich nach der staatlich vorgegebenen Decke strecken müssen, wenn sie überleben wollen. Das betrifft auch ausländische Firmen. Entgegen jedem Anschein ist das keine Marktwirtschaft westlichen Zuschnitts, sondern Verwaltungskapitalismus nach russischer, das heisst eben, korporativer Art. Lebed demonstrierte bis zu seinem plötzlichen Tod im Frühjahr 2002 dasselbe Modell in Krasnojarsk. Was da entsteht, ist eine kollektive Privatisierung, staatlich gefördert und reguliert. Man bemüht sich, die noch bestehenden kollektiven Arbeits- und Versorgungsstrukturen der Betriebe als Basis für Mitbeteiligung und Mitbestimmung zu nutzen und auch die Versorgungsstrukturen zu erhalten.

Die Wege, die Lebed ebenso wie Luschkow zur Erreichung dieser Ziele einschlugen, waren vor allem anderen: Eine Ordnungskampagne gegen Korruption und Mafia, für eine ›Diktatur des Gesetzes‹, wie Lebed es formulierte. Zweitens: Eine sichtbare Entrümpelung der Bürokratie. Drittens: Kleinarbeit vor Ort, in den Betrieben, Institutionen, Kommunen, auf dem Land. Eine offene Konfrontation mit der Mafia hat es weder bei Luschkow noch bei Lebed gegeben, ebenso wenig eine wirksame Entrümpelung der Bürokratie. Lebed differenzierte vielmehr in Verbrecher, in eine Grauzone der Illegalität und in Kleingewerbetreibende, die durch eine falsche Steuerpolitik illegalisiert würden. Die von ihm ins Auge gefassten Massnahmen waren dementsprechend: Todesstrafe für Verbrecher,

Einbeziehung der Grauzone in staatliche Verantwortung, Entkriminalisierung der kleinen Steuerzahler durch eine Neuregelung der Steuerpolitik.

Putin hat diese Programme Luschkows und Lebeds übernommen. Seit seinem Amtsantritt 2000 entwickelt er auf dieser Linie die Politik einer autoritären Modernisierung Russlands, die er durch eine Verbindung von ›kollektivistischer Tradition‹, auf die er sich ausdrücklich bezieht, und westorientierter Modernisierung sowie durch eine Besinnung auf Russlands Position als eurasisches Herzland erreichen will.

Wladimir Putins autoritäre Modernisierung

Putin trat ohne Programm an. Er erklärte lediglich, eine Modernisierung Russlands könne nicht einfach in der Übernahme westlicher Modelle bestehen, sondern müsse an den gewachsenen Strukturen Russlands ansetzen. Nur ein starker Staat könne Markt und kollektive Traditionen Russlands im Vielvölkerraum zwischen Asien und Europa zusammenführen. Auf dieser Linie wuchs Putin eine siebzigprozentige Zustimmung zu, die ihm eine relative Stabilisierung des Landes ermöglichte. Der Kitt, der die unterschiedlichen Interessen verband, war sein Versprechen, die Rebellion der Tschetschenen gegen diesen Konsens in Kürze niederzuschlagen.

Unter dem Stichwort der ›Diktatur des Gesetzes‹ hat Putin eine Flut von Massnahmen und Gesetzen verabschieden lassen, die das Land wieder flott machen sollten. Als Erstes ernannte er sieben Administratoren, welche die russischen Regionen als Bevollmächtigte des Präsidenten quer zu allen vorhandenen Verwaltungsstrukturen kontrollieren. Danach folgten Steuerreform, Gerichtsreform, Ablösung des alten sowjetischen Arbeitsrechts, Verabschiedung der immer wieder verschobenen Reformen im Agrarbereich, Verordnungen zur Entmonopolisierung, Beschleunigung der lange geplanten Heeresreform. Alle Vorlagen, die Putins Stab vorlegte, wurden von einer willigen Duma beschlossen. Widerstand gab es kaum. Zwar grummelten die Militärs, denen Putins offene Flanke gegenüber der NATO und den USA, insbesondere in Zentralasien nicht gefiel. Auch die Modernisierung der russischen Armee, sprich deren Verkleinerung und Umwandlung in eine hochtechnisierte Berufsarmee, geht vielen an das, was sie für ihre nationale Substanz halten. Alternativen wurden jedoch von niemandem vorgebracht.

Ähnliches gilt für die russischen Unternehmer: Die ärgsten Privatisierungs-Gewinnler, Wladimir Gussinski, Boris Beresowski und weitere Günstlinge Jelzins mussten sich aus der Öffentlichkeit zurückziehen, andere, nicht weniger in der Tradition des Geldzarentums organisiert wie die so Gemassregelten, arrangierten sich mit der neuen Macht – und die

Macht mit ihnen. Im russischen Verband der Unternehmer MARP wurde die Politik des neuen Präsidenten ausdrücklich begrüsst: Nach gut zehnjährigem Probelauf war der Jelzinsche Liberalismus, der von einer Selbstregulierung des Marktes ausging, für Russlands Direktoren absolut out: Von Putin erhoffte man sich den festen Rahmen, den man für das Einwerben ausländischer Investoren brauchte. Eine neue Nomenklatura aus Bürokratie und Oligarchie festigte sich, die Russlands Wirtschaft seitdem im eisernen Griff hält, eine oligarchische Büroklatur könnte man sie nennen. Optimisten sprechen von Stabilität: Das Land nimmt heute keine Kredite mehr vom Internationalen Währungsfonds entgegen, es ging daran, seine Auslandschulden zu begleichen. Aussenpolitisch ist es in den Kreis der Grossmächte zurückgekehrt, wurde Mitglied des NATO-Kooperationsrats und Partner der USA in der weltweiten Anti-Terror-Allianz.

In der zweiten Amtshälfte seiner Präsidentschaft kündigte Putin weitere Schritte an: Ein Anti-Korruptionsgesetz, Massnahmen zur Zollvereinheitlichung, neue Standardisierungs- und Urkundenrechte, Steuergesetze für den Kleinhandel und – vor allem – den Vollzug der unter Jelzin oft angekündigten, aber immer wieder im Nichts verlaufenen Dezentralisierung der in Russland so genannten ›natürlichen Monopole‹ wie der Stromversorgung, der Eisenbahn, der Wasserversorgung.

Diese Reform der ›natürlichen Monopole‹ wäre gleichbedeutend mit einer zweiten Welle der Privatisierung. Sie würde bedeuten, dass der Bezug von Strom, Gas, Wasser und anderen Versorgungs-Leistungen, die bisher trotz aller Marktreformen noch als betriebliche oder kommunale Vergütung über die Netze der kollektiven Versorgung bezogen werden, in Zukunft privat und für die Betriebe nach marktwirtschaftlichen Preisen abzurechnen wären. Diese Massnahmen kämen nicht nur einer radikalen kommunalen Verwaltungsreform gleich, ihre Verwirklichung würde einen grundlegenden technischen und logistischen Umbau aller Versorgungsnetze Russlands von kollektiver auf individuelle Zulieferung und vor allem auf individuelle Rechnungslegung im ganzen Land erfordern. Dieser Umbau müsste selbst die Nachbarn Russlands mit einbeziehen. Bisherige Netze müssten aufgelöst, neu organisiert, repariert, Millionen von Zählern, Schaltern, Verteilern installiert, neue Zulieferwege und die dazugehörigen Verwaltungsstellen überhaupt erst geschaffen und – was vielleicht noch wichtiger ist – die Einstellung der Menschen und soziale Einrichtungen geändert werden. Ein gigantisches Unterfangen!

Hier werden die Grenzen der Putinschen Modernisierung erkennbar: Schon die Einführung einer allgemeinen Lohn- und Einkommensteuer von dreizehn Prozent war angesichts einer Bevölkerung, die kaum Lohn nach Hause trägt, eine Aufforderung zum organisierten Betrug, bei dem Unternehmer und Lohnabhängige sich nach dem Prinzip der doppelten Buchführung stillschweigend die Hand reichen: Lohnsteuern und Versicherung werden nur auf den offiziell deklarierten Teil des Lohnes gezahlt, der sich in der Regel im Bereich des Existenzminimums, häufig sogar darunter bewegt. Das tatsächliche Einkommen liegt oft weit darüber, wird aber weder vom Lohnempfänger versteuert, noch zahlen die Betriebe dafür die notwendigen Abgaben an die Steuer- und Sozialkassen. Neben dem legalen Arbeitsmarkt existiert so ein illegaler, neben dem offenen Markt, ein verdeckter, neben dem offiziellen Budget ein inoffizielles, neben der ›Diktatur des Gesetzes‹ die alte, klassische Beziehungswirtschaft, die schon zu Sowjetzeiten und davor bestand. Reale Wirtschaft wird dieser Sektor im Gegensatz zu der von den staatlichen Statistiken erfassten genannt.

Steuerreform und Reform der Sozialversicherung, wenn konsequent durchgesetzt, sollen nach dem Willen der Reformer dazu führen, dass die bisherigen betrieblichen und kommunalen Versorgungsfunktionen von staatlichen Fonds übernommen werden. Tatsächlich führt die Aufspaltung in deklarierte und nicht deklarierte Entlohnung, in legalen und illegalen Markt, in offizielles und inoffizielles Budget der einzelnen Familien wie der Kommunen und des Staats dazu, dass die Wirtschaft zwar – irgendwie und sichtbar – funktioniert, die staatlichen Kassen und Sozialfonds aber dennoch zahlungsunfähig sind, weil nur Bruchteile des Gelds, das im Umlauf ist, durch sie hindurchfliessen. In der Konsequenz werden die Menschen trotz gesetzlich bestehenden Versorgungsanspruchs für jede soziale und sonstige Dienstleistung privat zur Kasse gebeten, bleibt die Erneuerung der nötigen kommunalen Infrastrukturen aus. Das überlebt nur, im privaten wie im kommunalen Bereich, wer graue oder schwarze Kassen anzapfen kann.

Für das Alter schliesslich bleibt, da der Rentenanspruch selbstverständlich nach dem offiziell deklarierten und nicht nach dem realen Lohn berechnet wird, als Versicherung letztlich nur die Familie oder irgend ein halbwegs funktionierendes Kollektiv. Hier offenbart sich der verborgene Sinn von Wladimir Putins Rückgriff auf die traditionellen russischen Strukturen. Mehr noch: Unter dem Mantel der Putinschen Modernisierung ist Russland wieder in seiner klassischen Doppelstruktur von scharf zentralisierter formaler und realer, also informeller Wirtschafts- und Lebensweise angekommen. Das ist der eigentliche Inhalt der Putinschen Stabilisierung. Eine Privatisierung der ›natürlichen Monopole‹ müsste diese Struktur zerreissen; sie käme einem Totalangriff auf die gewachsenen Realitäten der russischen Gesellschaft gleich. Solange aber die Weltmarkt-Preise für Öl und andere natürliche Reichtümer Russlands, also Gas, Wald, Edelmetalle, dem Land so hohe Deviseneinnahmen bescheren wie zur Zeit, so dass dadurch der Sockel der Lohn- und Rentenzahlungen gesichert ist, besteht keine Notwendigkeit für einen solchen Gewaltakt. Sollten die Preise fallen, sind es gerade diese informellen Strukturen der so genannten realen Wirtschaft, welche die Krise auffangen können. In diesem Zustand kann Russland lange leben.

Pjotr Kropotkin – so aktuell wie nie zuvor

Fürst Kropotkin – Anarchist und Staatstheoretiker, oft zitiert, noch öfter als Kritiker von Charles Darwin missverstanden. Er wollte mit seiner Kampfschrift ›Gegenseitige Hilfe im Tier und Menschenreich‹, veröffentlicht am Vorabend des Ersten Weltkriegs, einer einseitigen Auslegung der Darwinschen Evolutionstheorie entgegentreten, welche die von Darwin beobachtete Auswahl des Stärkeren allein im Kampf ums Dasein begründet sah. Der Fürst bezweifelte keineswegs den Darwinschen Ansatz von der Auslese des Stärkeren – nur war sein Verständnis von Stärke ein anderes als das der westlichen Darwinisten seiner Zeit, welche die Konkurrenz zum Leitprinzip aller Entwicklung erklärten. Kropotkin setzte einen ›Trieb zur gegenseitigen Hilfe‹ dagegen, der ebenso zur Auswahl des Stärkeren beitrage wie Kampf und Konkurrenz. Kropotkin zeichnete diese Spur der gegenseitigen Unterstützung durch alle Stadien der Evolution bis in die Formen menschlichen Zusammenlebens nach. Er verstand sich dabei als Internationalist, seine Theorie als Naturgesetz. Als Anarchist setzte er die Emanzipation des Individuums vor jeglichen Gemeinschaftszwang, als Internationalist erhob er sich über nationale Besonderheiten – und doch war er nicht irgendeiner, er war ein russischer Fürst, das bedeutet, er war geprägt durch die Geschichte der russischen Gemeinschaftsstrukturen, in denen sich Kollektiv und Individuum, Zentralismus und Anarchismus in besonderer Weise miteinander verbanden. Dies gibt seinen Ausführungen trotz einiger Überzeichnungen die Kraft des Tatsächlichen, die ihre Wurzeln in der russischen Geschichte hat. Damit setzte er Russland ein besonderes Denkmal. Heute, fast ein Jahrhundert später, nach zwei Weltkriegen, mitten im Prozess einer globalen Neuordnung, bekommen die Sätze, mit denen Kropotkin sein Kapitel ›Gegenseitige Hilfe in unserer Zeit‹ einleitete, geradezu programmatischen Charakter (Seite 208):

»Der Trieb des Menschen zu gegenseitiger Hilfe hat einen so uralten Ursprung und ist so tief mit der ganzen vergangenen Entwicklung der Menschenrasse verbunden, dass er von dem Menschengeschlecht bis in unsere Zeit trotz aller Wechselfälle der Geschichte bewahrt worden ist. Er hat sich hauptsächlich in den Perioden des Friedens und Wohlstandes ausgebildet; aber selbst als die schlimmsten Schicksalsschläge über die Menschen gekommen waren – als ganze Länder von den Kriegen verwüstet worden waren und ganze Bevölkerungen vom Elend dezimiert waren oder unter dem Joch der Tyrannei stöhnten – auch da lebte diese Tendenz in den Dörfern und unter den ärmeren Klassen in den Städten weiter; sie hielt sie noch immer zusammen, und im Lauf der Zeit wirkte sie sogar auf die herrschenden, kämpfenden und zerstörenden Minderheiten zurück, die sie als sentimentalen Unsinn aufgegeben hatten. Und immer, wenn die Menschheit eine neue soziale Organisation auszuarbeiten hatte, die einer neuen Entwicklungsstufe sich anpassen sollte, nahm ihr konstruktiver Geist die Elemente und den grossen Zug zu dem neuen Aufschwung aus dieser selben ewig lebendigen Tendenz. Neue ökonomische und soziale Einrichtungen, insofern sie eine Schöpfung der Massen waren, neue ethische Systeme und neue Religionen, sie sind alle von derselben Quelle ausgegangen, und der ethische Fortschritt unseres Geschlechtes erscheint im grossen und ganzen betrachtet als die allmähliche Ausdehnung der Prinzipien gegenseitiger Hilfe vom Stamm aus zu immer umfassenderen Gebilden, so dass sie schliesslich eines Tages die ganze Menschheit umfassen, ohne Unterschied der Glaubensbekenntnisse, Sprachen und Rassen.«

Beachtung verdient auch die Passage desselben Kapitels, in der Kropotkin sich auf die besonderen russischen Verhältnisse bezieht (Seiten 248 bis 250):

»Die Bedeutung der Genossenschaften in England, Holland und Dänemark ist bekannt, und in Deutschland sind die Genossenschaften bereits ein wichtiger Faktor des industriellen Lebens. Russland ist es indessen, das vielleicht die beste Möglichkeit gibt, die Genossenschaft von den verschiedensten Seiten kennen zu lernen. In Russland ist sie ein natürliches Gewächs, eine Erbschaft aus dem Mittelalter, und während eine formell errichtete Kooperativgesellschaft mit vielen gesetzlichen Schwierigkeiten und dem Argwohn der Behörden zu tun hätte, bildet die formlose Genossenschaft – der Artel – den eigentlichen Inhalt des russischen Bauernlebens. Die Geschichte der Erschaffung Russlands und der Kolonisation Sibiriens ist eine Geschichte der Jagd- und Gewerbe-Artels oder Gilden, denen eine genossenschaftliche Dorfgemeinde folgte, und zur Zeit finden wir den Artel überall; in jeder Gruppe von zehn bis fünfzig Bauern, die aus demselben Dorf kommen, um in einer Fabrik zu arbeiten, in allen Baugewerken, unter Fischern und Jägern, unter Sträflingen auf ihrem Wege nach und in Sibirien, unter Eisenbahngepäckträgern, Börsenboten, Zollhausarbeitern, überall in den Dorfindustrien, die sieben Millionen Menschen Beschäftigung geben – von Kopf zu Fuss in der Welt der Arbeit, dauernd und zeitweise, zu Produktion und Konsum unter den verschiedensten Umständen. Bis zum heutigen Tag gehören viele Fischereiplätze an den Zuflüssen des Kaspischen Meeres sehr grossen Artels, der Uralfluss gehört der Gesamtheit der Uralkosaken, die die Fischereiplätze – vielleicht die reichsten der Welt – ohne irgendwelche Einmischung der Behörden unter die einzelnen Dörfer verteilen und zu bestimmten Zeiten neu verteilen. Die Fischerei wird im Ural, der Wolga und auf allen Seen Nordrusslands in Artels betrieben. Ausser dieser dauernden Organisation gibt es nun noch die einfach zahllosen vorübergehenden Artels, die sich zu jedem bestimmten Zweck bilden. Wenn zehn oder zwanzig Bauern aus einem Dorf in eine grosse Stadt kommen, um als Weber, Zimmerer, Maurer, Schiffbauer usw. zu arbeiten, gründen sie immer ein Artel. Sie mieten Räume, stellen eine Köchin an (oft ist es die Frau von einem der Arbeiter), wählen einen Ältesten und nehmen ihre Mahlzeiten gemeinsam ein, wobei jeder dem Artel zahlt, was für Essen und Wohnung auf ihn kommt. Ein Trupp Gefangener auf seinem Weg nach Sibirien macht es immer so, und ihr erwählter Ältester ist der offiziell anerkannte Vermittler zwischen den Sträflingen und dem militärischen Vorgesetzten des Zuges. In den Zuchthäusern haben sie dieselbe Organisation. Die Gepäckträger, die Boten an der Börse, die Arbeiter im Zollamt, die Dienstleute in den Grossstädten, die in corpore für jedes Mitglied verantwortlich sind, geniessen einen solchen Ruf, dass jeder Betrag in Geld oder in Banknoten dem Artelmitglied von den Kaufleuten anvertraut wird. In den Baugewerken werden Artels von zehn bis zweihundert Mitgliedern gebildet; und die vernünftigen Baumeister und Eisenbahnunternehmer haben immer lieber mit einem Artel zu tun als mit einzelnen eingestellten Arbeitern. Die letzten Versuche des Kriegsministeriums, direkt mit den Produktiv-Artels in Beziehungen zu treten, die sich zu dem bestimmten Zweck in den Hausindustrien gebildet haben, und ihnen Stiefel und alle Arten Messing- und Eisenwaren in Auftrag zu geben, werden als sehr zufriedenstellend geschildert, und die Verpachtung eines Eisenwerkes, das der Krone gehört (Votkinsk), an einen Arbeiter-Artel, die vor sieben oder acht Jahren stattfand, war ein entscheidender Erfolg. Wir können also in Russland sehen, wie die alte mittelalterliche Einrichtung, die (in ihren formlosen Erscheinungen) vom Staat nicht gestört worden ist, bis in die Gegenwart völlig lebendig geblieben ist, und je nach den Erfordernissen der modernen Industrie und des modernen Handels die mannigfaltigsten Formen annimmt.«

Man mag Kropotkin für einen russischen Fürsten mit einem langen Bart halten; mit Sicherheit sind auch nicht alle seine Beweisführungen wissenschaftlich ausreichend abgeleitet – zumindest eines ist aber klar: Er erinnert uns daran, dass die Medaille des industriellen Fortschritts bereits zu seiner Zeit noch eine andere Seite hatte. Die Erinnerung daran kann heute Impulse für die nachhaltige Korrektur von Einseitigkeiten liefern.

Kapitel 2

In Russland ist das Ausserordentliche normal – oder warum RussInnen trotz Dauerkrise noch nicht verhungern

Gespräch mit Theodor Schanin* über informelle Ökonomie und ›Gunstwirtschaft‹

An der Hochschule für Soziologie und Wirtschaft in Moskau, in deren Rahmen die Begründerin der heutigen russischen Soziologie und ehemalige Beraterin von Michail Gorbatschow, Tatjana Saslawskaja, arbeitet, wird nicht nur gelehrt, sondern auch soziologische und wirtschaftliche Feldforschung betrieben. Die Forschung konzentriert sich auf die empirische Untersuchung der heutigen Formen und Funktionsweisen nachsowjetischer Wirtschaft in dem Bemühen, die besonderen Strukturen dieser Wirtschaftsweisen herauszuarbeiten. In der Tradition von Frau Saslawskaja die schon zu Beginn der Perestroika von einer ›Beziehungswirtschaft‹, und in Zusammenarbeit mit ihr hat Theodor Schanin ein Lehr- und Forschungsinstitut aufgebaut, dessen MitarbeiterInnen und StudentInnen vor Ort in Regionen, Städten und Dörfern recherchieren. Der ›informelle‹ oder wie sie es genauer nennen, der ›extrapolare‹, also ausserhalb festgelegter Polaritäten liegende Charakter der Wirtschaft, die sich in Russland heute zwischen Kapitalismus und Sowjetismus, zwischen Liberalismus und Dirigismus entwickelt, steht dabei im Zentrum ihres Interesses.

Das folgende Gespräch fand im September 2000 in der Hochschule in Moskau statt. Weitere Gespräche folgten in den Jahren darauf.

Herr Schanin, Sie haben soeben das Buch ›Informelle Ökonomie in Russland‹ veröffentlicht. Was ist ›informelle Wirtschaft?‹

* Theodor Schanin ist Professor der Ökonomie und Rektor der ›Moskauer Hochschule der Sozial- und Wirtschaftswissenschaft‹ und Dozent an der Universität von Manchester.

In den letzten Jahrzehnten wurde deutlich, dass es Formen der Wirtschaft gibt, die nicht kapitalistisch, aber auch nicht vorkapitalistisch sind, ebenso wenig sozialistisch oder staatsdirigistisch. Diese Problematik wurde zuerst im Trikont bemerkt, um genau zu sein, in Ghana und bald wurde klar, dass es ähnliche Wirtschaftsformen nicht nur in Ghana, nicht nur in ganz Afrika, sondern in allen Ländern Afrikas, Asiens und Lateinamerikas gibt. Italienische Forscher fanden solche Verhältnisse schliesslich auch in der Wirtschaft Italiens. Das Konzept und die Tatsache von informeller Wirtschaft, oder wie man diese Formen immer nennen will, ist entscheidend für jedes Verstehen, wie reale Wirtschaft überall in der Welt funktioniert.

Reale Wirtschaft? Ist damit dasselbe gemeint wie ›informelle Wirtschaft‹?
›Real‹ ist auf jeden Fall besser als alle diese Modelle der Ökonomen. Der Unterschied zwischen realer Wirtschaft und der Wirtschaft der Ökonomen besteht darin, dass es viele Tatsachen im wirtschaftlichen Leben der Menschen gibt, die ausserhalb der Parameter der Ökonomen liegen, selbst wenn einige vereinzelte Ökonomen sich dessen bewusst sind und sich auf dieses Feld begeben. Ich glaube, dass die Werkzeuge üblicherweise einfach unzureichend sind, denn es gibt im Bereich der Wirtschaft einige Dinge, die nicht rein ökonomisch sind. Wirtschaft ist immer auch eine soziale und kulturelle Sache. Ein normaler Ökonom ist aber nicht ausgebildet, damit umzugehen.

Wie sind Sie selbst auf die ›informelle Ökonomie‹ gestossen? Haben Sie die in Russland gefunden?
Nein, ich habe viele Jahre als Ökonom zum Trikont gearbeitet. Ich habe die meisten meiner Bücher über Bauern, Bauerngesellschaften et cetera geschrieben. Ich wurde natürlich beeinflusst durch das russische Beispiel, hauptsächlich durch die Studien vom Anfang des zwanzigsten Jahrhunderts in Russland, obwohl viel davon vernichtet wurde und die Menschen, welche die Studien durchführten, getötet wurden. Meine Kenntnis der russischen Besonderheiten hat mir selbstver-

ständlich geholfen. Trotzdem sind die fundamentalen Untersuchungen, die ich gemacht habe, nicht russische Bauernstudien, sondern die bäuerlichen Wirtschaften in der ›Dritten Welt‹. An ihnen wurde mir zunächst klar, dass diese Wirtschaftsformen nicht einfach zurückgebliebene Form sind, die verschwinden. Durch meine Bauernstudien kam ich zu der Erkenntnis, dass sich die sozial-wirtschaftlichen Besonderheiten, die sich in der Bauernschaft zeigen, auch in industrialisierten Welten wiederholen und dass Theoretiker der Bauernfrage wie mein Landsmann Tschajanow auch für nichtbäuerliche Gesellschaften wichtig sind, nicht unbedingt für die ganze Gesellschaft, aber sehr wohl für Aspekte von ihr, für bestimmte Gruppen und so weiter. Diese Erkenntnis hat mich von den Bauernstudien zu den Studien der informellen Wirtschaft geführt – in der Welt und in Russland.

Was ist ›reale Wirtschaft‹ in Russland?
Man muss mit einem Paradoxon beginnen; das Paradox liegt in der sozialen und wirtschaftlichen Existenz der Mehrheit Russlands: Nach den meisten offiziellen Statistiken ist die Produktion innerhalb von zehn Jahren um mehr als die Hälfte gesunken. In der Landwirtschaft ist es sogar noch schlimmer. Der Niedergang ging einher mit einer Polarisierung: Die Reichen wurden reicher, die Armen ärmer. Unter solchen Bedingungen müsste theoretisch gesehen die Hälfte der russischen Bevölkerung hungern, die Versorgung in den meisten russischen Provinzen müsste zerstört sein, die Kinder müssten barfuss laufen, ohne Schulunterricht sein et cetera. Wenn Sie aber hinkommen – nicht nach Moskau, das ist eine Insel – sondern in die Provinzen, da sehen Sie: Es funktioniert das soziale System; die Schulen arbeiten, sie arbeiten mit unterbezahlten oder ganz unbezahlten Lehrern, aber sie arbeiten; die Polizei operiert, sie operiert nicht gut und sie ist korrupt, aber sie arbeitet; alle Dienste funktionieren und es gibt keine Anzeichen von Hunger – und Hunger ist nun einmal eins der wenigen Dinge, die extrem schwierig zu verstecken sind. Es ist klar, dass man in jeder Gesellschaft einen gewissen Prozentsatz von marginalisierten Menschen findet, Paupers. In den Strassen von New York kann jeder, der Augen hat, sie sehen. Diese

Armen sind ein Problem, aber Fakt ist, dass diese russische Gesellschaft nach dem, was wir durch offizielle Statistiken wissen, in einem viel schlechteren sozial-wirtschaftlichen Zustand sein müsste, als sie es tatsächlich ist. Die einzige Erklärung dafür ist, dass es da eine Komponente gibt, die in unserer Analyse fehlt. Diese Komponente ist das, was als informelle Wirtschaft definiert wurde.

Bitte erklären Sie mir genauer, was Sie darunter verstehen.
Das ist eine Wirtschaft, die nach anderen Prinzipien arbeitet als die kapitalistische und auch als die Staatswirtschaft, eine Wirtschaft, deren Ziel eher im Überleben besteht als in der Akkumulation von Kapital, eher in der Maximierung des Nutzens der Arbeit, als in der Maximierung von Profit. Es ist ein System, in dem der formelle Aspekt, die legale Struktur, eine weitaus geringere Rolle spielt als Verwandtschaft oder ethnische Beziehungen. Es ist ein System, in dem die Durchsetzung von Verträgen, die in normalen kapitalistischen Ländern durch Gesetz, Gerichte und Polizei vollzogen wird, ganz anders vor sich geht, etwa über Loyalitäten innerhalb der Familie, über Gefühle der Verantwortung gegenüber der ethnischen Gemeinschaft: »Ein Asari benimmt sich nicht so!« oder so ähnlich. Die ganze Logik des Funktionierens ist eine andere.

Nehmen Sie allein diese Aspekte, dann haben Sie schon eine Wirtschaft, die nicht im Hauptstrom der Wirtschaft Deutschlands, Englands, Frankreichs oder auch Russlands steht. Sie liegt irgendwie ausserhalb des Hauptstroms, den wir sehen. Das erklärt teilweise, warum uns die Statistiken erzählen, dass die Menschen vor Hunger sterben müssten, während die Wirklichkeit ganz anders ist. Da gibt es etwas, das sich vor den analytischen Werkzeugen verbirgt. Es verbirgt sich bis zum Punkt des Verschwindens, es ist teilweise schwarze Wirtschaft, es ist eine Wirtschaft, die sich den Steuern entzieht, oder auch graue Wirtschaft, von der man nicht recht weiss, ob sie steuerlich erfasst werden sollte oder nicht. Dies alles aber ist nur ein Aspekt. Ein zweiter Aspekt ist noch bezeichnender, nämlich: Er ist verborgen, weil die Leute nicht die richtigen Fragen stellen, und der beste Weg, Dinge nicht zu erkennen, ist nun einmal, gar nicht erst nach ihnen Ausschau zu halten, analytisch verstanden.

Ihre Kollegin, Frau Saslawskaja, hat in einem ihrer Bücher, das Anfang der 1990er Jahre in Deutschland unter dem Titel ›Die Gorbatschow-Strategie‹ erschienen ist, eine Definition der Art gegeben, dass es sich bei der russischen, damals noch sowjetischen Wirtschaft um etwas Undefinierbares handle, was man am besten mit dem Wort ›Beziehungswirtschaft‹ umschreiben könne, Tenor: Ich gebe, du gibst, ich merke mir das. Man hat ein moralisches Konto, sozusagen. Ist es das?
Ja, genau.

Wie kam es dazu? Wo liegen die Ursprünge dafür?
Zunächst glaube ich nicht, dass die Formulierung »es kam von etwas« sehr nützlich ist. Hinter dieser Frage steht doch die Vorstellung, dass es eine Krise gegeben hat, für die irgendjemand, Gorbatschow, Jelzin oder wer immer verantwortlich ist, und dass sich die Formen der informellen Wirtschaft als Ergebnis dieser Krise entwickelt haben. Das ist nicht so. Tatsächlich existierte informelle Wirtschaft schon in der Sowjetunion und davor schon in Russland. Sie hatte unterschiedliche Namen und sie hatte unterschiedliche Formen. Jeder Russe kennt ›Blat‹, Beziehungen. Es gab ein russisches Sprichwort, sehr wichtig: ›Blat wische Sownarkoma‹, Beziehungen stehen über dem obersten Rat der Volkskommissare. Die alltägliche Macht auf dem Land ist ›Blat‹, hiess das, nicht der ›Sownarkom‹. ›Blat‹ ist der informelle Weg, wirtschaftliche Probleme ausserhalb der offiziellen Wege zu lösen. Das ist eine Sache, welche die sowjetische Regierung niemals akzeptiert hat: Ohne ›Blat‹ wäre sie kollabiert, denn ›Blat‹ hat in der Tat sehr viele Probleme gelöst, so wie informelle Wirtschaft sehr viele Probleme löst. Es ist wichtig zu begreifen, dass informelle Wirtschaft nicht einfach irgendeine grauenhafte Situation ist, in der die Menschen sich befinden. Es ist eine Methode, ein ganzer Satz von Methoden, ein ganzes System von Methoden, dringende Probleme zu lösen, um das Leben für Menschen erträglich zu machen, die andernfalls verhungern würden.

Was ist die Natur von ›Blat‹?
Wirtschaftliche Gefälligkeit. Man tauscht nicht Waren, was immer eine Art Markt ist, oder Geld, man tauscht Gefälligkeiten: Ich bin Kartenverkäufer im Theater. Ich bin Dir gefällig, Karten zu bekommen, Du hilfst mir, meine Tochter in die Universität zu hieven, in die sie gehen möchte. Es ist oft sehr viel komplizierter, es ist natürlich nicht nur gegenseitige Gefälligkeit zwischen zwei Menschen, es ist oft ein System von gegenseitiger Gefälligkeit zwischen Dutzenden von Menschen, von denen jeder irgendetwas an jeden gibt. Es wäre aber auch nicht richtig, dies als Markt der Gefälligkeiten zu bezeichnen, denn Markt ist ein Vorgang, bei dem es ein Äquivalent gibt, über das man Dinge austauscht, also Geld. So ist es aber nicht; hier handelt es sich um einen nicht-äquivalenten Austausch, denn Du selbst bestimmst, was äquivalent ist. Du selbst sagst: Eine Karte für einen Platz in der Universität. Es gibt keine Gelddefinition davon; du weisst nicht, ob es korrekt ist. Es spielt keine Rolle, ob der Tausch gleichwertig im Sinne von Geld ist – man tut dir einen Gefallen, du tust einen Gefallen, man tauscht Gefälligkeiten. So läuft das. Die ganze Gesellschaft ist so unterwegs. Es gab sogar eine spezielle Bezeichnung: ›Tolkatsch‹ – deutsch vielleicht: Schieber – für den Menschen, der ›Blat‹ benutzte, um die Fabrik zum arbeiten zu bringen. Die russische Industrie würde ohne das noch viel tiefer sinken als sie es tut. Das ist reale Wirtschaft, das war nirgendwo in der Verfassung geschrieben, aber es gab nicht einen Direktor, der effektiv gewesen wäre, ohne dieses System zu benutzen, denn es gab überhaupt keinen anderen Weg.

Das war so in der Sowjetzeit! Heut ist es unterschiedlich. Ein grosser Anteil des ›Blat‹ hat sich in Geldaustausch verwandelt; an die Stelle von ›Blat‹ ist Bestechung getreten. So bringen unterschiedliche Systeme unterschiedliche Formen der informellen Wirtschaft hervor. Aber informelle Wirtschaft wurde nicht durch die russische Krise geschaffen und wird nicht verschwinden, wenn sie zu Ende ist.

Ich verstehe es so, dass diese Art der Wirtschaft Ausdruck einer anderen Geschichte, einer anderen Gesellschaft ist.
Nur zum Teil. Tatsächlich finden wir viele ähnliche Typen von

Wirtschaften in Ländern mit sehr unterschiedlicher Entwicklungsgeschichte. Wenn man aber Ghana etwa mit dem Russland von heute und mit Italien vergleicht, dann sind die Unterschiede doch so tief, dass die Vergleichbarkeit nicht im Ursprung liegt, sondern in der Funktion. Im Übrigen, das muss ich hier deutlich sagen, ziehe ich es vor, das Ganze nicht ›informelle Wirtschaft‹ zu nennen. Die Schwierigkeit mit dieser Definition ist, dass sie eine Dualität zwischen Staatswirtschaft und informeller Wirtschaft schafft. Es gibt aber noch eine andere Wirtschaft, die kapitalistische, und das Problem besteht in der Beziehung zwischen drei wirtschaftlichen Modellen, nicht nur zwischen zweien und, insofern sich die Definition ›formell‹ und ›informell‹ nur im Bereich von staatlich und nicht-staatlich bewegt, ist sie unzureichend, um den Reichtum der Realität zu erfassen.

Ihr Begriff ist also ›reale Wirtschaft‹?
Nein, mein Begriff ist ›extrapolare Wirtschaft‹. Ich sage es so: Die meisten Wirtschaftsweisen, die wir kennen, basieren auf zwei Modellen; das eine ist das der kapitalistischen Wirtschaft des Markts. Wir kennen dieses Modell sehr gut, denn das ist es, was wir an unseren wirtschaftlichen Fakultäten überall auf der Welt unterrichten. Das zweite Modell ist die Staatswirtschaft. Das kennen wir weniger, aber wir kennen es doch immerhin. Die Erfahrung der Sowjetunion hat uns einiges darüber gelehrt. Im England von heute, das weit entfernt ist vom Kommunismus, ist ein ziemlicher Teil der Wirtschaft von dieser Art. Ziele, Profite, Umsetzung des Willens sind andere, auf der ganzen Linie ist es eine andere Wirtschaft. Das sind die beiden Modelle und in der ganzen Welt neigt man dazu zu sagen, es ist entweder so oder so oder irgendeine Mischung dazwischen und man kann alle Länder der Welt entlang einer solchen Skala auflisten, so dass man also eine Skala zwischen zwei logischen Extremen hat, die klare Modelle sind. Gibt es irgendwo eine Krise einer hauptsächlich marktorientierten Wirtschaft, dann stützt der Staat, läuft eine Staatswirtschaft nicht, dann geht es anders herum. Zur Zeit leben wir in einer Phase, in der die Krise der Staatswirtschaft eine Wirtschaft des freien Markts fördert, aber in einer ganzen Reihe von Län-

dern kann man bereits eine Rückbewegung beobachten. So hat man Pole und Pendel als ein Modell. Das ist alles, was wir in unserem Verständnis von Wirtschaft haben. Mein Punkt ist, dass der grösste Teil der realen Wirtschaft wirklicher Menschen ausserhalb dieser Pole, ausserhalb dieses Pendels und ausserhalb dieser Skalen verläuft. Die reale Wirtschaft passt nicht in dieses Modell. Und weil es nicht in dieses Modell passt, sehen die Menschen es nicht.

Es geht also um Methoden jenseits der bekannten Modelle. Kann man sie dennoch definieren?
Es ist eine eigene Wirtschaftsweise wie der Kapitalismus, wie der Sozialismus oder wie Staatswirtschaft oder wie Feudalismus. Es ist eine eigene Wirtschaftsweise, aber es ist nicht so eine Art der Wirtschaft, dass man sagen könnte: dies ist eine expolare Gesellschaft. Es ist eine Art der Wirtschaft, die symbiotisch verbunden ist. Aufs Ganze gesehen sind reale Wirtschaft und Modell immer verschieden. Die wirkliche Wirtschaft ist eine Mischung von Modellen. Es ist aber auch nicht eine einfache, zufällige Mischung, es ist eine symbiotische Mischung, eine Art Überlebensmethode. Die Tatsache der symbiotischen Beziehung ist vermutlich zentral für unser Verstehen.

Was mich in Russland am meisten überrascht hat, war die Erkenntnis, dass in der sowjetischen, ebenso wie in der früheren, aber auch in der heutigen russischen Gesellschaft, nur ein kleiner Teil der Wirtschaftsbeziehungen über Geld abläuft.
Nur ein kleiner Teil läuft voll über Geld, alles andere läuft nur teilweise über Geld. Richtig. Die Beziehungen sind informell, zum Teil sogar illegal, aber das Wesen der Sache ist natürlich nicht, dass sie illegal, sondern dass sie in einer anderen Weise organisiert sind. Es ist ja nicht so, dass die Menschen tun, was ihnen grad einfällt. Ihre Beziehungen sind sehr gut organisiert. Sie bilden eine Struktur, es ist ein System! Aber das System arbeitet anders. Und es ist kein System, das morgen verschwunden sein wird, weil die Menschen reich geworden sind. Sie werden reich sein, aber das System besteht weiter.

Kann man beschreiben, wie das System arbeitet? Gibt es Gesetze?
Wissen Sie, in alter Zeit gab es die Tendenz sowjetischer Marxisten, nicht unbedingt der westlichen Marxisten, ein generelles Gesetz des Kapitalismus festzuschreiben: unbegrenzte Akkumulation, und auch ein generelles Gesetz des Sozialismus. Die Erfahrung zeigt, dass das Zeitverschwendung ist. Es gibt einige nützliche Details, aber aufs Ganze gesehen ist es Zeitverschwendung. Das sind Modelle, aber Modelle sind nur wichtig, wenn man begreift, dass sie Modelle sind, die zudem begrenzte Gültigkeit haben. Frühkapitalismus ist nicht der Kapitalismus von heute. Der Versuch, eine generelle Gesetzmässigkeit informeller Wirtschaftsweise zu finden, ist noch nutzloser. Wenn kapitalistische Wirtschaftsweise heute immerhin beinahe global verbreitet ist und sich daher eine gewisse Übereinstimmung mit den einzelnen Kapitalismen in den Ländern herstellt, ohne dass das ganz gelingt, wenn das System der Staatswirtschaft heute nahezu global ist, zumindest für industrielle Gesellschaften, und die Menschen voneinander sehr streng lernen, wie man einen Staat führt, so ist informelle Wirtschaftsweise doch viel, viel differenzierter, viel weniger definiert durch Universitäten, in denen Wirtschaftswissenschaften studiert werden oder durch Schulen für fortgeschrittene Machtträger, in denen Menschen lernen, wie man einen Staat führen muss. Dadurch wird informelle Wirtschaft nicht weniger wichtig, aber sie wird dadurch weniger erkennbar.

Welche Rolle spielt Ihrer Ansicht nach der kulturelle Faktor für die informelle, beziehungsweise expolare Wirtschaftsweise?
Das hängt davon ab, was man unter Kultur versteht. Wenn Kultur in den Werten besteht, nach denen Menschen leben, dann spielt sie selbstverständlich eine sehr grosse Rolle, denn viel davon, wie Dinge umgesetzt, wie sie durchgesetzt werden, wird durch die kulturellen Gegebenheiten bestimmt, welche die Eltern ihren Kindern beibringen.

Es ist die Art der Beziehung, die ausschlaggebend ist...

Ja, es ist die Beziehung, die durch Werte definiert ist, durch Konzeptionen von Ästhetik, von Eigentum, durch die Art wie verschiedene Gruppen von Menschen in demselben Raum zusammenleben, wie sie gemeinsam zu handeln beginnen – das ist eben Kultur. Die jeweilige Art des Wirtschaftens wird durch kulturelle Muster verstärkt. Selbst wenn ähnliche Probleme existieren und wenn vergleichbare Anstrengungen unternommen werden, nimmt die expolare Wirtschaftsweise in verschiedenen Ländern verschiedene Formen an. In einer Gesellschaft, die streng familienbezogen ist, in der die Familie also einen extrem hohen Wert besitzt, läuft es so, in Gesellschaften die sehr viel individualistischer sind, läuft es anders. In Russland gibt es ethnische Gruppen, nicht slawische Russen, die nach Familien-Prinzipien organisiert sind. Wenn jemand dazukommt, der da nicht hineinpasst, also kein Verwandter ist, dann wird er zum Verwandten gemacht: Entweder man heiratet ihn oder er wird zum Verwandten definiert: »Er ist wie ein Neffe für mich«, sagen die Menschen. »Er ist wie ein Bruder für mich.« Was tun sie? Sie nehmen ihr kulturelles Modell und packen die Dinge dort hinein. Das hilft ihnen, ihre informellen Beziehungen zu definieren.

Russlands Geschichte ist geprägt durch besondere Gemeinschaftsstrukturen, die von der russischen Dorfgemeinschaft der zaristischen Gesellschaft, russisch: Obschtschina, zu Sowchosen, Kolchosen und Betriebsgemeinschaften der Sowjetzeit führten. Welche Rolle spielen diese Strukturen Ihrer Ansicht nach für die von Ihnen beschriebenen expolaren Verhältnisse in Russland heute?
Die Konzeption der Obschtschina differiert sehr stark und sie bedeutet Unterschiedliches für unterschiedliche Leute. Man muss erst einmal definieren, was das ist. Wenn man von der Obschtschina spricht, die es im 19. Jahrhundert in Russland gab, dann war sie ein System, das gut für die Bauern war, indem es sie in einer Situation, in der es extrem schwierig war, ohne die Hilfe des Nachbarn zu überleben gegen hohe Risiken der Landwirtschaft schützte. Auf der anderen Seite hatte die Obschtschina die Funktion für die Regierung, ihre Macht ohne allzu grosse bürokratische Strukturen auszuweiten. Oh-

ne jemanden vor Ort haben zu müssen, reichte es aus, dem Dorf den Befehl zu geben, Rekruten für die Armee zu stellen oder Steuern zu zahlen. Man brauchte keinen Beamten zu schicken. Das machten alles die Bauern selbst. Die Elite wiederum konnte das Dorf verlassen und unterwegs sein. So war die Obschtschina in zweierlei Hinsicht effektiv: Sie diente den Bedürfnissen der Bauern und sie diente den Bedürfnissen der Regierung. Auf diese Weise schaffte sie Stabilität. Diese Realität war wichtig.

Eine gemeinschaftsbildende Doppelfunktion über Jahrhunderte von den Moskauer Zaren bis...
Ja, sie war so stabil, weil beide Seiten, Bauern und Hof, an ihrer Existenz interessiert waren; sie kam aber in die Krise, weil einige sie verlassen wollten, andere nicht. Stolypin, Ministerpräsident des Zaren Anfang des letzten Jahrhunderts, wollte sie auflösen, weil er fürchtete, dass sie ein Instrument für die revolutionäre Aktion werden könnte, was sie in den Jahren 1905, 1906, 1907 auch tatsächlich wurde. Die Stabilität der Obschtschina, ihre Kraft, ihre tiefen Wurzeln erwiesen sich im Bürgerkrieg 1917; da kehrten alle Obschtschinas ins Leben zurück, auch die, welche unter Stolypin aufgelöst worden waren. 1920 gründeten die Bauern selbst wieder Obschtschinas, Kolchosen, Kollektivwirtschaften. Die waren mehr als bloss staatliche Institutionen: Die Bauern gaben dem System der Obschtschina die Präferenz vor anderen Arten zu leben. Dann aber wurden diese Formen zerstört. Heute benutzen die Russen das Wort Obschtschina in der Bedeutung von Gemeinde. Wenn Obschtschina nur Gemeinde heisst, dann ist jedes Dorf eine Obschtschina, wenn es das Instrument von gegenseitiger Unterstützung und gemeinsamem Besitz von Land und der immer wieder vorgenommenen Neuaufteilung von Land nach dem Prinzip der Gerechtigkeit bezeichnen soll, was es vor ihrer Verstaatlichung durch Stalin war, dann existiert sie nicht mehr.

Aber es gibt doch auch heute starke Tendenzen, die Tradition der Obschtschina zu beleben.
Ja, es gibt keinen Zweifel, dass sie in einigen Gebieten noch

lebt. Meine eigenen Studien in Kuban zeigen, dass die Kommunen in den dortigen kosakischen Regionen sehr stark sind und starken Einfluss auf ihre Mitglieder nehmen. Sie existieren in der Form der lokalen Kolchosen, also der kollektiven Bauernwirtschaften. Das ist die Form, welche die Obschtschina gegenwärtig annimmt. Das nennt sich meist nicht Kolchose, sondern Aktiengesellschaft, Gesellschaft mit beschränkter Haftung oder Genossenschaftsdorf. Es macht keinen Unterschied, es ist exakt dasselbe. So etwas entwickelt sich teils wegen der Krise, teils wegen der demografischen Situation, dass nur noch alte Leute im Dorf sind. Als Einheit der gegenseitigen Hilfe ist die Obschtschina jedoch gestorben.

Ist die extrapolare Ökonomie in Russland Ausdruck der besonderen Geschichte Russlands? Zur Obschtschina kommt ja auch noch die extreme ethnische, kulturelle und geografische Vielfalt?
Nein, das denke ich nicht, dafür kenne ich die Länder Afrikas, Asiens und Lateinamerikas zu gut, um das zu akzeptieren. In Brasilien zum Beispiel ist es genau so. Es sind die typischen Elemente extrapolarer Wirtschaft, wie sie auch in anderen Ländern auftreten. Es ist das, was in die bestehenden Logiken von Kapitalismus und Staatswirtschaft nicht passt; das hat seine eigene Logik. Es ist vermutlich die Logik der Familienwirtschaft, die Logik des Überlebens, und darin liegt das, was es vergleichbar macht.

Eine andere Art der Globalisierung?
Ja, ich glaube, dass Globalisierung gleichbedeutend mit mehr und mehr informellen Wirtschaftsräumen ist. Zweifellos gibt es ein Wachstum globaler Verbindungen; ebenso zweifellos bringt dieser Prozess aber auch Nachteile für mehr als die Hälfte der Menschheit. Die informellen Wirtschaften sind kein Produkt der Globalisierung, aber die Globalisierung fördert sie, weil sie Polarisierungen zwischen Arm und Reich beschleunigt. Informelle Wirtschaftsräume entstehen wie Inseln im Prozess der Globalisierung! Die Zahl dieser Inseln nimmt zu und wird weiter zunehmen. Der einzige Weg, um das Anwachsen dieser Inseln zu verringern, die ausgeschlossen sind

vom allgemeinen Wohlstand, besteht darin, die Globalisierung zu stoppen, allerdings nicht durch Widerstand der Armen. Die Armen haben zwar allen Grund zu kämpfen, weil die Globalisierung sie ärmer macht, aber ihre Fähigkeit zu kämpfen, ist begrenzt. Die Globalisierer sind zwar in der Minderzahl, aber sie haben die Macht, die Armee, die Polizei. Widerstand kommt eher aus der Globalisierung selbst, die ihre eigenen Krisenabläufe hat.

Herr Schanin, wenn Sie in Russland so sprechen – hört Ihnen die Regierung Ihres Landes dann zu? Hören Ihnen westliche Ohren zu?
Ganz klar: Die russische Regierung hört nicht zu, genauer, sie hört in einer sehr merkwürdigen Weise zu: In den letzten beiden Jahren ist das Gespräch über informelle Wirtschaft angewachsen, zum Teil auf Grund meiner Bemühungen. Die Mitglieder der Regierung, die zuerst reagierten, sagten: »Ah! Bravo! Wunderbar! Da können wir ja eine weitere Gruppe von Leuten mit Steuern belegen.« Für sie ist die Entdeckung der extrapolaren Wirtschaft nur ein neues Feld, auf dem sie Steuern eintreiben können. Wenn das so ist, brauchen wir keine Ratschläge zu geben; das können sie allein machen. Das bedeutet, die Reaktion auf unsere Erkenntnisse ist negativ für die Mehrheit der Menschen; es ist die klassische Antwort von Bürokraten, die abgekoppelt sind von den Interessen der Mehrheit. Soweit es die lokale Elite betrifft, so ist sie nicht interessiert an extrapolaren Mechanismen, sondern an der Maximierung von Profit, wie die meisten wirtschaftlichen Leitfiguren, nur ein bisschen ambitionierter. Stört sie die extrapolare Wirtschaftsweise? Nein, denn sie schafft die Menschen beiseite, die nicht gebraucht werden: Lasst sie zur Hölle gehen, sagt man sich, gut dass sie aus dem Weg sind.
Der Internationale Währungsfonds, hauptsächlicher ausländischer Ratgeber für die russische Regierung, ist an diesem Thema nicht interessiert. Vollauf beschäftigt, kapitalistische Strukturen in Russland zu etablieren, könnten sie sich nicht weniger um die extrapolaren Strukturen des Landes kümmern als sie es tun. Was die Menschen betrifft, die tatsächlich unter diesen Entwicklungen leiden, so sind sie beschäftigt, ihr

Überleben zu organisieren – und sie sind keine Forscher. Die, die allmählich anfangen zu reagieren, sind Forscher. Sie merken, dass nicht alles, was sie zu dem Thema bisher gesagt haben, einen Sinn macht. Sie reagieren langsam, aber sie reagieren. Das ist in Ordnung für mich. Ich arbeite nicht für die Regierung. Wenn die Regierung zuhören wollte, könnte ich ihr eine Botschaft geben, aber wenn sie nicht will, muss ich mich nicht auf dem Markt verkaufen. Ich glaube, dass Wissen einen eigenen Wert hat, der nicht durch Einkommen, Profit, Zustimmung des Staats oder Regierungsaufgaben aufgewertet werden muss. Wenn ich das nicht glauben würde, würde ich nicht hier arbeiten. Wenn ich glauben würde, dass für die Welt das wichtig ist, was die Regierung entscheidet und was das Business anstrebt, dann würde ich Politiker werden oder ein Geschäftsmann. Stattdessen wurde ich Wissenschafter.

GASPROM – Anatomie eines Giganten
Mit dem Kopf in der Globalisierung, mit den Füssen im Garten

Bei der Frage, worum es in Russland zukünftig gehen soll, Markt oder Nicht-Markt, wenn Markt, dann wie Markt, stösst man auf eiserne Strukturen. Sie heissen ›GASPROM‹, ›RAOEUS‹, ›MGS‹. Das sind die Kürzel für die in Russland so genannten ›natürlichen Monopole‹, Gasversorgung, Energiewirtschaft, Eisenbahn. GASPROM, übersetzt: der Gas-Gewinnungs-Komplex, ist der Gigant unter diesen Giganten. Er kontrolliert 35% des Weltgasaufkommens. Ein Drittel des westeuropäischen, vor allem des deutschen Gasverbrauchs, wird über GASPROM gedeckt. GASPROM – das sind mehr als 10'000 Bohrstellen, mehr als 14'000 Kilometer wichtige Pipelines. Bei GASPROM arbeiten gegen 370'000 Menschen.

Nicht nur Russland, auch die Länder der ehemaligen Sowjetunion hängen an den Röhren von GASPROM. Über ein Drittel des russischen Staatsbudgets wird von GASPROM getragen. Bei GASPROM werden die höchsten Löhne Russlands gezahlt. Zu GASPROM gehören ausserdem Bau- und Montageunternehmen, Forschungsinstitute, weiterverarbeitende Betriebe, Banken, eine eigene Fluggesellschaft und enge Partner im ÖL-Geschäft wie LUKOIL und andere. Wichtigste Auslandspartner wie die Royal Dutch Shell, Ruhrgas und Wintershall in Deutschland, Total und Petronas im Iran, ENI in der Türkei und Gas de France sind zugleich Teilhaber. Zu GASPROM gehört auch die ›Media-Most‹ mit dem Fernsehsender NTW und das Verlagshaus ›7 dneij‹.

GASPROM repräsentiert die natürlichen Reichtümer Russlands, in GASPROMs Struktur ist die Struktur des Landes eingeschrieben. Aus der ›Hauptverwaltung Gasindustrie‹ der fünfziger Jahre der sowjetischen Zeit wurde zehn Jahre später ein eigenes Ministerium, das im Zug der Gorbatschowschen Modernisierungen 1989 in den halbstaatlichen Konzern GASPROM überging. Dessen Chef Viktor Tschernomyrdin war von 1992 bis zur Krise 1998 Ministerpräsident unter Jelzin.

Nach Angaben des russischen Aussenministeriums stiegen ausländische Investitionen im Jahr 2000 um 28,4%, kletterten die Aktiva von GASPROM im Jahr 2001 um 11,4%; das Eigenkapital stieg fast um die Hälfte. GASPROM-Geschäfte mit der Ukraine, mit westeuropäischen Partnern, die Inbetriebnahme einer neuen kaukasischen Pipeline zum Endhafen Noworossinsk am Schwarzen Meer lassen erkennen, dass der Aufwärtstrend bei GASPROM anhält. Ein Führungswechsel bei GASPROM, der den der Korruption verdächtigten Nachfolger Tschernomyrdins, Rem Wecherew, durch einen Vertrauten Putins ersetzte, liess die Aktien des Giganten auf dem internationalen Markt um mehr als fünf Prozent hochschnellen. Seitdem hält sich der Kurs.

So liesse sich die Liste der Superlative fortsetzen. Entscheidend aber ist: GASPROMs Bilanz ist Russlands Bilanz. Andererseits ist die neue Stabilität Russlands nicht Ausdruck einer effektiveren, weil jetzt privatkapitalistisch orientierten Industrieproduktion, sondern vor allem einer effektiveren Nutzung der natürlichen Reichtümer des Landes. Mehr noch, GASPROM – zusammen mit den anderen so genannt ›natürlichen Monopolen‹ – ist eines der stärksten strukturellen Bollwerke gegen weitere Privatisierungen in Russland. Vergleichbare Bedeutung hat nur noch die Frage von Grund und Boden. Beide Bereiche stossen an die Grenze der gewachsenen historischen Strukturen.

Schon Jelzins Privatisierungspläne scheiterten an GASPROM. Im Bankenkrach von 1998 brach zwar das Spekulationskapital zusammen, der Rohstoffgigant dagegen ging gestärkt aus der Krise hervor. Spekulanten gehen, GASPROM bleibt bestehen, kommentierte der Volksmund. Welchen Stellenwert die ›natürlichen Monopole‹, allen voran GASPROM einnehmen, wird bei den Kommunisten deutlich, die in den ›natürlichen Monopolen‹ den Garant für Russlands Zusammenhalt sehen und jeglichen weiteren Privatisierungsversuchen den entschiedenen Kampf angesagt haben. Wladimir Putin, allem voran an einer Stabilisierung Russlands interessiert, erteilte nach seinem Amtsantritt allen Spekulationen über mögliche Aufteilungen des Konzerns öffentlich eine klare Absage.

Warum das alles so ist, wird deutlich, wenn man sich den Zahlungsverkehr zwischen GASPROM und seinen Kunden anschaut: Die Schulden der GASPROM-Kunden sind in den Jahren seiner Existenz beständig gestiegen. Schuldner sind private Haushalte ebenso wie Unternehmen oder öffentliche Stellen, hauptsächlich russische Kunden, aber auch solche aus dem von Moskau so definierten ›nahen Ausland‹. 1998 waren es noch 79 Milliarden Rubel; damit war fast ein Drittel des Jahresverbrauchs nicht bezahlt; 1999 waren es bereits 109 Milliarden. GASPROM ist seinerseits mit gewaltigen Steuerschulden im Rückstand; mit 250 Milliarden Rubel Steuerschulden, das ist die Hälfte des jährlichen Staatsbudgets, war GASPROM zu Beginn der Putinschen Amtszeit der grösste Schuldner der russischen Regierung. Zwar wurden diese Zahlen nach der Steuerreform ein wenig bereinigt, aber ein Ende dieses Schuldengeflechts ist nicht abzusehen, insofern und solange eine tatsächliche Entflechtung der privaten von den betrieblichen und dieser wiederum von den öffentlichen Lieferwegen nicht gegeben ist. Dies aber ist praktisch nicht möglich, wenn Russland die Infrastruktur seiner Dörfer, Städte und Industrieanlagen beibehält, in denen private, öffentliche und betriebliche Versorgung ohne besondere Verteiler über ein und dasselbe Netz erfolgen. Dass ein Umbau dieser Strukturen innerhalb einer Generation nicht möglich ist, liegt auf der Hand. Ob er darüber hinaus effektiv oder gar wünschenswert ist, bleibt offen. Eine Sperrung der Gas-Lieferungen, erklärt die GASPROM-Leitung daher konsequent, sei keine Lösung des Schuldenproblems. Es müssten ›andere Wege‹ gefunden werden. Worin diese anderen Lösungen bestehen, oder ob alles beim Alten bleibt, lassen die Verlautbarungen von GASPROM ebenso unbeantwortet wie die der Kommunisten oder Putins.

Spätestens hier wird offenbar, dass die Strukturen dieses Konzerns, allen marktwirtschaftlichen Reformen zum Trotz, mit klassischen marktwirtschaftlichen Kategorien allein nicht erfassbar sind. Wie kann ein solches Mammut überleben, dessen Leistungen zu einem Drittel nicht bezahlt werden, und sich dabei noch entwickeln? Wer dieses Geheimnis ergründen will, ist auf eigenes Nachforschen angewiesen. Auf diesem

Weg findet man sich dann allerdings sehr schnell und sehr tief im Herzen der russischen Wirklichkeit: Laut Privatisierungs-Gesetz sollte der staatliche Anteil an GASPROM 40% nicht übersteigen. Nach Angaben des russischen Aussenministeriums von Mitte 2001 sieht die Kapitalstruktur von GASPROM so aus: Staatsbesitz 36,39%; GASPROM-Töchter (einschliesslich 4,6% ausländischer Aktien) 10%; GASPROM-Manager 4,76%; Ruhrgas 4%; Gerosgas, russische Tochter der Ruhrgas 0,5%; russische natürliche Personen 21%; ausländische juristische Personen 6,9%; sonstige juristische russische Personen 15%; weitere 1,45% verteilen sich auf ausländische Inhaber.

Das schaut aus wie ein marktwirtschaftlich strukturierter Konzern; tatsächlich aber, so André Kolganow, reformsozialistisch orientierter Ökonom an der Moskauer staatlichen Universität, hat der Konzern eine Verwaltungsstruktur, die ihn faktisch in einen Staatsbetrieb verwandelt: »Per Statut ist die Verwaltung der staatlichen Aktien der Leitung von GASPROM unterstellt, das heisst also, sie führt Aufsicht über sich selbst; sie ist nicht staatlich und doch gleichzeitig ganz und gar staatlich – ein Staat im Staate, ein ganzes Imperium, das im alten sowjetischen Stil geführt wird.«

Ungeachtet dieser traditionellen Strukturen, so Kolganow weiter, sei GASPROM allerdings in hohem Masse an den marktwirtschaftlichen Reformen interessiert, insofern sie dem Konzern freie Hand für den Verkauf von Gas ins Ausland gäben und damit die Möglichkeit, seine Einnahmen zu erhöhten. Deshalb pflege GASPROM beste Beziehungen zur Politik, was dem Konzern in den Augen der Bevölkerung den Geruch einer ›Futterkrippe für Funktionäre‹ eingetragen habe. Gleichzeitig könne sich GASPROM auf Grund seiner hohen Einnahmen den sozialen Kompromiss mit seinen Arbeitern und Angestellten leisten. Die von oben Anfang 2000 vollzogene Gründung einer eigenen Gewerkschaft sei Ausdruck davon. GASPROM ist nach Kolganows Meinung daher nicht nur ein Staat im Staate, sondern darüber hinaus eine privilegierte Gesellschaft in der Gesellschaft, man könne auch sagen, eine Marktwirtschaft im traditionellen Gewand.

»GASPROM ist das Beispiel dafür«, beschreibt Kagarlitzki,

ein weiterer bekannter Analytiker aus der ehemaligen Perestroika-Bewegung, diese widersprüchliche Tatsache, »wie nicht-kapitalistische Strukturen zum Kapitalismus streben. GASPROM organisiert die Beziehungen seiner Werktätigen auf seine Weise, ganze Regionen sind rein von GASPROM aufgebaut. Dieser ganze sowjetische paternalistische Korporativismus ist nicht auf Marktbeziehungen begründet, nicht auf dem freien Lohnarbeiter, sondern funktioniert durch ganz andere Beziehungen der Unterordnung, der Verwaltung. Auf der anderen Seite aber ist GASPROM eine total kapitalistische Korporation, weil er schon auf dem internationalen Markt arbeitet, sich am Kapitalexport beteiligt. Es ist durchaus möglich«, so Kagarlitzki, »dass die Erfolge der Korporation auf dem internationalen Markt geringer wären, wenn GASPROM im inneren kapitalistischer wäre.«

»Der Kampf um GASPROM«, so sieht es Alexander Prochanow, wortgewaltiger Propagandist des sich selbst so bezeichnenden patriotischen und imperialen Lagers, »ist der Kampf um den Staat.« GASPROM ist ein staatliches Monopol. Es ist eine der formgebenden Strukturen, an denen das Land hängt. Die Struktur ist ganz sicher für den Staat nützlich. In ihr gewinnt man riesige Gelder. GASPROM bringt die Haupteinnahmen in die Staatskasse. In den schrecklichen letzten Jahren hat GASPROM die Industrie durch unentgeltliche Lieferungen am Leben erhalten. Wenn das nicht gewesen wäre, wären die Industrie und die Landwirtschaft total zusammengebrochen. GASPROM hat zugleich sehr viele Verbindungen zum privaten Geschäft. Das bereichert natürlich nicht das Land, sondern die Geschäftsleute, solche wie Wjecherew und Tschernomyrdin, den früheren Premier. Das ist grässlich. GASPROM arbeitet leider nicht zu hundert Prozent produktiv, sondern nur zu sechzig – und vierzig Prozent gehen zur Seite. Aber über GASPROM verwirklicht sich die Geopolitik Russlands. GASPROM reicht in die Ukraine, nach Weissrussland, es beliefert das ganze umliegende Territorium. Es wirkt sich auf die geopolitischen Potenzen Russlands aus. Deshalb richten sich auf GASPROM zur Zeit Angriffe: Allzu lecker sind die Teile! Man will sie aufteilen, will sie privatisieren, einige dem Westen, den US-Amerikanern übergeben, andere an Beresowski.* Deshalb ist der Kampf um GASPROM wieder einmal der Kampf der liberalen, antirussischen, antistaatlichen Prinzipien gegen die staatstragenden, reichsorientierten, zentralistischen Prinzipien. Wer siegt, das werden wir sehen.«

Korporativismus, das ist das Stichwort, unter dem sich die Bewertungen der nicht-kapitalistischen Struktur GASPROMs von links wie von rechts treffen. Mit Korporativismus sind die Strukturen des sowjetischen Lebens gemeint, die sich aus der Verstaatlichung und Industrialisierung der traditionellen russischen Bauerngemeinde, der Obschtschina und den daraus hervorgegangenen Artels ergeben.

Die vielfältigen Unternehmen von GASPROM sind fest in diesen gewachsenen Strukturen verankert: Einen Insider-Blick auf die russischen GASPROM-Betriebe, gibt ein leitender Mitarbeiter des Giganten, Sergej Sergejew.** Sergej arbeitet in einem Moskauer Tochterunternehmen der Korporation. Er möchte seinen tatsächlichen Namen und seine Funktion nicht öffentlich genannt wissen, weil er daraus Nachteile für seine Position befürchtet. Auch Sergej knüpft an der Schuldenfrage an. Im ersten Schritt macht er noch die Reformer der Jelzin-Ära verantwortlich. Sie hätten, meint Sergej, durch ihre Politik eine anarchische Situation geschaffen, in der niemand niemanden entsprechend geltender Gesetze bezahle, in der stattdessen alles – bis hin zu den Steuern – nur noch Sache von Verhandlungen und Beziehungen sei: »Verrechnungen«, so Sergej, »laufen über Wechsel, über gegenseitige Verschuldung, über einfachen Warenaustausch oder auch über primitivsten Austausch von Privilegien, also etwa: Wir veranlassen den Leiter dieser oder jener Branche loyal gegenüber der Administration zu sein und sie berechnet uns weniger Steuern.«

Im nächsten Schritt stösst Sergej jedoch in prinzipiellere Bereiche vor: In den unteren Schichten der Bevölkerung, so Sergej, überlebe man heute, wie schon traditionell immer wieder in Russland, vielfach nur auf Grund dessen, was von dem english-russischen Ökonomen Schanin die ›extrapolare

---

* Boris Beresowski, bekanntester Oligarch Russlands während der Regierungszeit Boris Jelzins und dessen engster Vertrauter unter Russlands neuen Reichen
** Richtiger Name ist dem Autor bekannt

Ökonomie› genannt werde. Obwohl GASPROM ein transnationaler Konzern sei, der den internationalen Gesetzen des Kapitalmarkts unterliege, sei er mit seinen verschiedensten Unternehmen im Lande doch Teil dieser informellen Struktur, der er sich anpassen müsse. Gleichzeitig schöpfe er genau daraus auch seine Reserven, Finanzkrisen zu überleben, denn diese informellen Strukturen seien wirtschaftlich ausserordentlich dehnbar, selbst über Jahre hinaus.

Damit hat Sergej die allgemeinste Charakteristik von GASPROM gegeben: GASPROM existiert halb nach den Gesetzen des globalisierten Markts und halb nach den Tauschgesetzen der traditionellen russischen Gemeinschaftsstrukturen: Obschtschina, Artel, Sowchose, Kolchose, Betriebskollektiv. Bindeglied zwischen kapitalistischer und nichtkapitalistischer Welt zu sein – das ist die soziale und wirtschaftliche Wirklichkeit von GASPROM. So steht GASPROM beispielhaft für ganz Russland: Mit dem Kopf in der Globalisierung, mit den Füssen in der russischen Datscha. Dieser Zusammenhang wäre nur mit Gewalt aufzutrennen – das ist offensichtlich. Das gilt nicht nur für GASPROM, sondern auch für andere russische Grossbetriebe.

Modell Moskau
›Nado delitsja‹ – man muss teilen

Moskau blüht – das ist unübersehbar. Aber kann Moskau ein Modell für Russland sein? Moskau besitzt einzigartige wirtschaftliche Bedingungen, die sich nirgendwo in anderen russischen Regionen wiederholen mit Ausnahme der Regionen, die grosse Einkünfte aus Öl- und Gas-Förderung erzielen. »Moskau ist ein eigenes Thema«, so André Kolganow, der bereits erwähnte Dozent der Ökonomie an der Moskauer staatlichen Universität. »Moskau ist eine der reichsten Regionen Russlands. Das durchschnittliche Niveau der Einkommen liegt hier höher als irgendwo anders in Russland. Im Vergleich zu anderen russischen Städten verfügt Moskau über ein hohes Budget, weil hier der grösste Teil der Finanz- und Handelsgesellschaften konzentriert ist. Firmen, auch wenn sie im gesamten Territorium Russlands wirken, sind in der Regel in Moskau registriert und zahlen dort die Steuern. Das gilt auch für siebzig Prozent der Banken. Selbst GASPROM, der monopolistische Riese des Landes mit Gliedern in allen Regionen, zahlte noch mindestens bis zu der unter Präsident Putin beschlossenen Steuerreform seine Steuern, wenn er zahlte, allein in die Moskauer Kasse.«

In der Megapolis, wie Moskaus Intellektuelle ihre Stadt heut gern nennen*, in der nicht nur überdurchschnittlich verdient wird, sondern wo fast zehn Prozent der russischen Bevölkerung lebt, besteht eine hohe Konsumnachfrage. Auf dieser Basis konnte sich in Moskau seit Anfang der 1990er Jahre, mehr als in anderen russischen Städten, ein mittleres Business entwickeln, das diese Bedürfnisse bedient.

Sehr viele Arten der Dienstleistung sind in Moskau zur Versorgung der Bevölkerung entstanden – vor allem im Handel, aber auch im Tourismus, auf dem Gebiet der Renovierung von Wohnungen, von Datschen, im Automobilservice und in anderen Bereichen. Bis zum Bankenkrach im August 1998 hat

* Gespräch mit Wjatscheslaw Nikonnow, Präsident des ›Fonds für Politik‹ in Moskau im Februar 2000 und August 2001

sich auch die Zahl der auf dem Finanzmarkt Beschäftigten ständig erhöht, danach ist diese Kurve abgeflacht. Aufs Ganze gesehen ist in Moskau das mittlere Business bis heute nicht so entwickelt wie in Westeuropa oder in den USA, aber doch deutlich weiter als in anderen Region Russlands: Ungefähr ein Drittel des mittleren Business der russischen Föderation befindet sich in Moskau – und zahlt dort seine Steuern.

Aber Moskau unterscheidet sich nicht nur durch seine Standortbedingungen. In Moskau existieren heute tatsächlich etwas andere wirtschaftliche Strukturen als in den übrigen Regionen Russlands. Das hat seinen Grund vor allem darin, dass Bürgermeister Luschkow von Boris Jelzin die Möglichkeit erhielt, die Privatisierung in besonderer Weise durchzuführen: Jelzin brauchte Unterstützung, Luschkow gab sie ihm. In der Folge hat der Moskauer Bürgermeister, anders als Anatolij Tschubajs und sein Kommando im übrigen Land, die Privatisierung des städtischen Eigentums stark gebremst; ausserdem veranlasste er, dass das Moskauer städtische Eigentum nur für reale Marktpreise verkauft werden konnte. Während im übrigen Land das Eigentum zu extrem niedrigen Preisen verschleudert wurde, hat Moskau aus der Privatisierung über mehrere Jahre hindurch mehr an Einkünften erzielt als das ganze Russland zusammen. »Moskau«, so konnte man es zu Wahlzeiten 1999/2000 aus des Bürgermeisters eigener Partei ›Vaterland‹ hören, »ist heute eine von zehn der neunundachtzig so genannten Subjekte der russischen Föderation, das keine Subventionen aus dem föderalen Haushalt bezieht, sondern umgekehrt erhebliche Summen dorthin einzahlt. Nicht nur das, Moskau betätige sich zudem als Investor in strukturschwachen Regionen.«*

Eine weitere Einnahmequelle erschloss Moskaus Bürgermeister durch die Ankurbelung des Bauwesens. »Dabei bemühte er sich«, so Kolganow »den Bau unentgeltlicher Wohnungen oder von Wohnungen, die zu ermässigten Preisen angeboten werden, dadurch zu finanzieren, dass geschäftliche Immobilien zu überhöhten Preisen verkauft wurden. 1992–1993 konnte er auf diese Weise durch den Bau einer Ge-

---

* Gespräch mit Wladimir Martynow im Pressezentrum von ›Vaterland‹, Moskau 1999

schäftseinheit zwei unentgeltliche Wohnungen finanzieren, so hoch waren die Preise für die geschäftlichen Immobilien. Die Situation änderte sich allerdings. Inzwischen ist der erste Bedarf an teuren Immobilien gedeckt und viele der so finanzierten Wohnungen stehen leer.«

Bis zum grossen ›Krach‹ von 1998 hatte Moskau, so konnte man es seinerzeit in den Verlautbarungen der Organisation ›Vaterland‹, Bürgermeister Luschkows damaliger politischer Hausmacht, hören, zwölf Milliarden Investitionen an sich gezogen. Wirtschaftsfachleute und Soziologen, gleich aus welchem Lager, bestätigten diese Zahl. Von Jahr zu Jahr war die Höhe der Investitionen gewachsen, die nach Russland kamen und in Moskau blieben. Nach dem Krach von 1998 schrumpfte der Investitionsfluss auch in Moskau; danach stieg er wieder um so rascher an: Das absolute Mass an Investitionen fiel, der Anteil Moskaus dagegen stieg.*

Auf dieser Grundlage konnte sich in Moskau entwickeln, was man dort das System der Luschkower Patronage nennt: Der Bürgermeister hat die Möglichkeit, den Einwohnern Moskaus zusätzliche soziale Garantien zu geben. Im Gegensatz zu den Regionen wurden in Moskau schon lange die Pensionen ausbezahlt, als die alten Menschen anderer Regionen noch auf Putin hofften. In Moskau werden nahezu alle sozialen Leistungen finanziert, die per Gesetz vorgesehen sind; in anderen Regionen fehlen die Gelder dafür. Kriegsveteranen, Familien mit vielen Kindern – sie werden alle in Moskau unterstützt.

Mehr noch: Bürgermeister Luschkow hat mit den Moskauer freien Gewerkschaften ein Bündnis für Arbeit geschlossen; er ergriff diverse Massnahmen zur Absicherung der Lohnabhängigen. Mehrere Grossunternehmen, allen voran die Automobilfabrik SIL, ebenso wie die Autofabrik Komsomol Lenins verwandelte er faktisch in staatliches Eigentum. Er kaufte sie von vorhergehenden Eigentümern, die nicht in der Lage waren, die Betriebe in Gang zu halten, und bemüht sich, die Existenz dieser Betriebe zu sichern. Er stellte ihnen finanzielle Hilfe zur Verfügung. Er versorgte sie mit Aufträ-

* Gespräche mit Michail Nagaitzew, Präsident der ›Moskauer freien Gewerkschaften‹ im November 1999 und Februar 2000

gen. Er initiierte eine riesige Marketingkampagne, um ihren Absatz zu verbreitern. Im Wahlkampf Ende der 1990er Jahre schaffte er es sogar, deren leitende Funktionäre in seine politische Organisation ›Vaterland‹ einzubinden. Das hat die Arbeitsplätze erhalten, wie man im neunundzwanzigsten Stock der ›Moskauer freien Gewerkschaften‹ hören und in deren Zeitung ›Solidarnost‹ lesen konnte. Es hat die Lage der Unternehmen allerdings nicht so verbessert, dass sie selbstständig existieren könnten und nach wie vor fehlt das Geld für die notwendigen Modernisierungen.

Im Grunde ist der Niedergang der Produktion in Moskau nicht anders als in anderen Regionen – er hat nur nicht dieselben schweren sozialen Folgen wie dort. In anderen Regionen verursachte der Stillstand eines Giganten ein grosses Anwachsen der Arbeitslosigkeit und die Menschen hatten keine Möglichkeit, eine andere Arbeit zu finden. In Moskau war die Möglichkeit eine Arbeit zu finden weitaus grösser. So ist die Arbeitslosigkeit in Moskau heute nicht so hoch wie im Landesdurchschnitt, denn der Teil der Bevölkerung, der seine Arbeit in der Produktion verlor, konnte sein Auskommen in dem wachsenden Handels- und Dienstleistungsbereich finden. Das gilt sogar für die Menschen, die 1998 ihre Stellungen bei den Banken und im Finanzwesen verloren.

Moskau bemüht sich heute um wirtschaftliche Beziehungen mit anderen Regionen. Luschkow unterstützt solche regionalen Betriebe aus der Moskauer Kasse, die irgendwie mit der Stadt zusammenhängen. Um etwa die Autofabrik SIL zu versorgen, investiert Moskau bei Unternehmen, die SIL ergänzende Teile liefern. Bis 1998 konsumierte Moskau mehr Importwaren als irgendeine andere Region Russlands. Nach dem Bankenkrach von August 1998 orientierte Moskaus Bürgermeister auf den heimischen Markt und darauf, den Anteil ausländischer Waren einzuschränken, um die heimische Produktion zu stärken.

Luschkow führt ein hartes Regime, aber es ist nicht dirigistisch, sondern korporativ: »Er gab den Banken die Möglichkeit«, so Kolganow, »Gelder des Moskauer Budgets zu halten; das gibt ihm die Möglichkeit, auf die Politik dieser Banken Einfluss zu nehmen. Das waren mit Sicherheit die

Mos-busynessbank, die Gutabank, die Moskauer Bank und noch einige andere, die nicht genauer anzugeben sind, weil es Informationen dazu nur aus zweiter oder dritter Hand gibt. Die Stadt hält ausserdem Aktienanteile an den Banken. So kontrolliert Luschkow nicht allein den politischen Kurs, sondern auch direkt die Wirtschaft der Banken. Andere grosse Korporationen kontrolliert er über dieses Banksystem, ausserdem durch städtische Aufträge und städtische Regulierung des Wohnungsmarkts. Von der Moskauer Regierung hängt es ab, wem es gelingt Räume, dieses oder jenes Objekt zu mieten, ob ihm ein günstiger Kauf gelingt. Baugenehmigungen, Bauausführungen, Lizenzvergaben, das alles liegt in der Hand der Stadtverwaltung.«

So hat Bürgermeister Luschkow es geschafft, Einfluss auf die Politik vieler Geschäftsleute zu nehmen und ein Minimum an korporativer Unternehmensdisziplin zu erzwingen: »Ich hatte die Gelegenheit«, so Kolganow »das Moskauer Budget über eine ganze Reihe von Jahren zu studieren. Insofern ich eine Expertise zum Moskauer Budget anfertige, – unbezahlt, übrigens – kann ich versichern, dass Luschkow von Jahr zu Jahr die Kontrolle über die Finanzströme Moskaus verstärkt, dass es ihm gelungen ist, die Effektivität der Steuerbehörden zu erhöhen, dass es ihm gelungen ist, den Eingang der Geldmenge des Moskauer Budgets durch die Ausbeutung des städtischen Eigentums zu erhöhen. In den allerersten Jahren nach der Reform, 1991–1992 konnte man noch bemerken, dass ein beträchtlicher Teil der Einnahmen aus staatlichem Vermögen in dunklen Kanälen verschwand, vornehmlich in den Taschen der Beamten verschiedener Ebenen, versteht sich. Ich glaube nicht, dass die Beamten ihre Einkünfte inzwischen ganz verloren haben«, so Kolganow sarkastisch, »aber einen beträchtlichen Teil davon konnte Luschkow inzwischen ins Budget lenken.«

Auch Moskau ist ohne Korruption nicht denkbar. Aber seinem Bürgermeister Luschkow ist es gelungen, so Kolganow, sie auf das Mass einzugrenzen, das sie zur Zeit Breschnjews hatte, das heisst, so Kolganow: »Bestechungsgelder kann man nehmen, aber in Grenzen. Ein unterer Beamter darf sich nicht zu weit vorwagen. Geht er zu weit, wird der über ihm stehende Beamte ihn stoppen, bis dahin, dass man ihn notfalls aus dem System wirft. Auch bei Luschkow gibt es Korruption, aber sie folgt Regeln. Der frühere Berater des Präsidenten für wirtschaftliche Fragen, Michael Lifschitz, hat eine Wendung gefunden für diese Art des gezügelten Business: ›Nado delitsja‹, sagte er, man muss teilen. Luschkow hat diese Losung für Moskau realisiert: Hier ›teilt‹ das Busyness! Das heisst, der Geschäftsmann bezahlt natürlich nicht alle Steuern, die gefordert werden, aber er zahlt ziemlich viel. Und Luschkow selbst konzentriert zwar die Finanzmittel der Stadt in seinen Händen, aber er benutzt einen Teil, um die sozialen Spannungen der Stadt zu mildern. Das heisst, er teilt auch.«

Damit ist das ›Modell Moskau‹ im Ansatz beschrieben. Einige seiner Elemente, abgesehen von den speziellen Standortbedingungen, erwiesen sich beispielhaft für die durch die Privatisierung entstandene urbane Struktur und wurden von anderen Städten imitiert, so die Verbindung zwischen traditionellem korporativen Paternalismus und Legitimation durch Wahlen, die Unterstützung der heimischen Produktion, die Einmischung der örtlichen Macht in die Lösung sozialer Fragen, die Mobilisierung von Mitteln für den Wohn- und Büroraum und schliesslich, aber nicht zuletzt, die Förderung der Datschenwirtschaft rund um die Stadt, die mehr als der Hälfte der Bevölkerung als Basis für die Grundversorgung der Familien dient.

Kapitel 3

Alexander Nikulin über Familienwirtschaft, die Symbiose von kollektiver Wirtschaft und Familienbetrieb und die Notwendigkeit, eine wissenschaftliche Erklärung für das ›Klauen‹ zu finden

Alexander Nikulin ist Absolvent der Moskauer Hochschule für Wirtschaft und Soziales. Seit 1993 hielt er sich im Auftrag der Hochschule wiederholt zu empirischen Forschungen im Gebiet von Nischninowgorod und Saratow sowie im Kreis Krasnodarsk im Süden Mittelrusslands auf. Für die Forschungsaufträge der Hochschule gilt die Regel, dass die Forschenden erst mehrere Monate an dem Ort ihrer Studien verbringen müssen, bevor sie mit den Befragungen beginnen dürfen. Ergebnis dieser Methode sind Forschungsberichte, die sich nicht in erster Linie auf örtliche oder landesweite Statistiken stützen, sondern auf exemplarische Fallstudien aus der direkten Beobachtung über lange Zeiträume, die zu einer qualitativen, nicht quantitativen Bewertung der Untersuchungsobjekte führt. Der Vergleich mit den offiziellen Statistiken dient lediglich einer Gegenkontrolle. Von einem solchen Aufenthalt zurückgekehrt, berichtet Nikulin bereitwillig über die soeben gemachten neuen Erfahrungen. Das folgende Gespräch wurde im Sommer 2001 in der Hochschule geführt.*

Herr Nikulin, welche Formen der Agrarwirtschaft beginnen sich nach fünfzehn Jahren der Privatisierung heute herauszubilden?
Wir haben im Krasnodarsker Gebiet über zwölf Monate budget-orientierte Untersuchungen von siebzehn Wirtschaften durchgeführt. Ausserdem führten wir eine grosse Anzahl Interviews, arbeiteten mit den örtlichen Statistiken, machten Interviews mit Dorfbewohnern. Ich sollte sagen: Das sind

---

* In russischer Sprache liegen Alexander Nikulins Erfahrungen inzwischen auch als Buch vor (siehe Literaturanhang)

Langzeitstudien. In diesen Dörfern arbeiten wir bereits 1995 und 1996 und haben auch damals Familienbudgets studiert. Jetzt haben wir diese Untersuchungen wiederholt, um die Dynamik, die Veränderungen im Familienbudget in diesen fünf Jahren zu vergleichen. Die Daten sind sehr interessant. Es gibt da einen alten russischen Witz. Er ist schon 200 Jahre alt. Er stammt aus der Zeit, als ein in Paris lebender Dichterfreund des Historikers Karamsin diesen bat, ihm zu schreiben, was in Russland vorgehe. Karamsin antwortete: »Das ist sehr einfach: Man klaut«. In der Regel ist diese Sicht unter Russen bis heute sehr populär. Niemand denkt allerdings im konkreten, im empirischen Sinn, darüber nach, was das bedeutet. Unsere Aufgabe bestand nun darin, empirisch genau zu beschreiben, in welchem Masse das ›Klauen‹ stattfindet, wie geklaut wird, wie dieser ganze Prozess abläuft. Und ich muss sagen, wenn nach unseren Unterlagen eine dörfliche Familie in Kuban von 600 oder 1000 Rubeln leben soll, das sind ungefähr 30 Dollar, dann beträgt das reale Einkommen, das aus der Kombination des Familieneinkommens mit dem der Kolchose zusammenkommt, zwischen 200 und 300 Dollar. Aber das sind so genannte nicht-formelle Einkünfte, die üblicherweise nicht aufgedeckt werden. Uns gelang es, sie dokumentarisch zu belegen. Die Wissenschaft fordert ja Beweise – wir können diese Beweise klar erbringen. Daraus ergibt sich ein vollkommen anderes Bild: Es gibt in Russland einen äusserst aktuellen Disput darüber, was besser sei im Bereich der Landwirtschaft – kleine oder grosse Betriebe, also private, familiäre, bäuerliche Wirtschaft oder Kolchosen und Sowchosen. Unsere Untersuchungen zeigen, dass in Wirklichkeit in der bäuerlichen Sphäre eine Symbiose zwischen dem Kleinen und dem Grossen besteht, es gibt ein gewisses Konglomerat von familiärer Wirtschaft und Grossstrukturen. Unsere Aufgabe bestand darin, die reale Funktion dieser Modelle zu beschreiben. Wie unsere Erfahrungen zeigen, führt die alleinige Ausrichtung auf das Kleine ebenso wie die alleinige Ausrichtung auf das Grosse zur Krise und Degradierung. Als das Wichtigste stellt sich die harmonische Koexistenz des Kleinen und des Grossen in Russland heraus, und es geschieht häufig in den merkwürdigsten Formen des naturalen Austauschs: Man zahlt seinen

Kolchosmitglieder nichts, dafür nutzen die Kolchosmitglieder illegal die Ressourcen. Dadurch erhält und reproduziert sich das ganze System und fährt fort zu funktionieren. Die Aufgabe besteht darin, die Balance zwischen dem einen und dem anderen zu halten: Wenn die Kolchosmitglieder zu viel klauen, dann geht die agrarische Produktionspotenz der Kolchose zugrunde, und sie können nirgendwoher Ressourcen nehmen; dann kehren sie zur Naturalwirtschaft zurück. Das ist schlecht. Wenn sie überhaupt nicht schaffen etwas zu nehmen, dann verelenden die Familien. Diese sehr interessante Balance zu erkunden war unsere Aufgabe.

Es existiert also auch im landwirtschaftlichen Bereich so etwas wie eine informelle Wirtschaft – und sie wird am Leben erhalten durch Klauerei, durch Diebstahl. Ist es das, was Sie sagen wollen?
Nun, das hängt natürlich davon ab, was man unter Diebstahl versteht. Wir haben uns bemüht, uns von diesem Terminus zu lösen, weil der so genannte Diebstahl auf den Kolchosen aufs Ganze gesehen eher einen positiven als einen negativen Sinn hat. Wenn die russische Bevölkerung in diesem Sinne nicht klauen würde, dann würde sie einfach vor Hunger sterben. Sagen wir, es vollzieht sich ein gegenseitiger Diebstahl: Die Kolchose raubt die Bauern aus, indem sie nicht bezahlt. Das ist ja auch Diebstahl, wenn mehrere Monate kein Lohn gezahlt wird. Das Problem zeigt sich darin, dass sich in diesem gegenseitigen Diebstahl die Reproduktion des Systems vollzieht, seine Entwicklung, manchmal sogar in positiver Weise, dass darin also auch eine ganze Reihe positiver Aspekte liegen. Wir versuchen den Begriff des Diebstahls zu ersetzen durch ›nichtformelle Einkünfte‹, weil Diebstahl negative ethische Bewertungen enthält. Man kann dies aber kaum ethisch bewerten. Ein Kolchosnik, den ich darauf ansprach, dass die Gebote fordern ›Du sollst nicht stehlen‹ antwortete mir: »Damals hat es ja auch keine Kolchosen gegeben.«

Klar, dass ›Klauen‹ ein schlechter Terminus für das ist, was da vorgeht. Aber was ist dann der eigentliche Inhalt dieses Stehlens?

Ich würde sagen, es ist ein informelles Verfahren, die Balance zwischen Familienwirtschaft und grossen industriellen Strukturen herzustellen. Was mich besonders erstaunte, als ich versuchte, Analogien in der Landwirtschaft des Westens zu finden, war, dass es dort nicht einmal vergleichbare Termini zu denen gibt, die wir in unserer Landwirtschaft haben, zum Beispiel: LPCHA (›litschnoje podsobnoje choseistwo‹) – persönliche ergänzende Wirtschaft. Aber das ist faktisch der Familienhaushalt, die familiäre Wirtschaft, das ist die Datscha. Da gibt es verschiedene Formen der LPCHA. Oder zum Beispiel: APK (›agrarni promischlinij komplex‹) – Agrar-industrieller Komplex. LPCHA – das ist die kleine familiäre Wirtschaft, APK – das ist die grosse industrielle Struktur. Sie existieren überall miteinander in Wechselwirkung, das heisst, das ist ein einziger Zusammenhang. Theoretisch betrachtet man beides bedauerlicherweise getrennt, sogar in Russland. Es gibt Spezialisten für APK, für grosse Schweinekombinate, für grosse Milchfabriken und die achten absolut nicht auf die Familienwirtschaft; andererseits haben wir Spezialisten für LPCHA, für die persönliche unterstützende Wirtschaft, sie untersuchen, wie viel Kartoffeln, wie viel Tomaten die Menschen in ihren Gärten ziehen. Das macht es sehr schwer. Aber hier liegt ein Grundunterschied Russlands zu westlichen Ländern. Ich kann hier an die Erfahrungen Max Webers anknüpfen: Weber sagt, dass der heutige Kapitalismus dort beginnt, wo die Trennung der Familie vom Unternehmen beginnt: Familie das Eine, Unternehmen das Andere. In Russland sind sie bis heute miteinander verwachsen. Sie bilden einen gemeinsamen Komplex und in diesem zusammenhängenden Komplex gibt es einen gigantischen nicht-formellen Fluss des Austauschs von Ressourcen zwischen den Familien und den Betrieben, auch in der Industrie, nicht nur in der Landwirtschaft.

Soweit ich es verstehe, ist das nicht nur ein Ergebnis der Industrialisierung, das gab es schon davor. Man lebte schon in dieser Weise, als Alexander II. seinen Ukas zur Bauernbefreiung erliess.
Sie haben recht. Im Prinzip war dieses System typisch für feudale Verhältnisse, für Gutsherren. Da gibt es die Wirtschaft

des Gutsbesitzers und da gibt es die Wirtschaft der Bauern und zwischen ihnen findet ein vergleichbarer Austausch statt. Ja, das ist so. Natürlich hat sich das geändert, änderten sich viele Bedingungen, aber das patrimoniale Modell erhält sich in vieler Hinsicht. Was mich erstaunte: Abhängige Bauern bringen in ihren Witzen zum Ausdruck – das habe ich oft gehört – dass sie einverstanden wären, wenn der Kolchosvorsitzende den Status eines Gutsherren bekäme, vorausgesetzt, er würde dafür die Verantwortung für die Versorgung der bäuerlichen Gemeinschaft übernehmen. Und so könnte das System funktionieren. Es muss auch gesagt werden, dass in den neunziger Jahren die Kolchosen und Sowchosen in einem erstaunlichen Ausmass ihre Überlebensfähigkeit bewiesen haben. Ein Grund dafür ist, dass sich die Hoffnungen solcher Reformer wie Gaidar, welche die Entstehung einer Klasse von privaten Bauern erwarteten, ganz und gar nicht erfüllten und bis heute die Landwirtschaft Russlands von den Grossbetrieben abhängt.

Eine andere Sache ist, dass Kolchosen und Sowchosen heute umbenannt sind in Aktiengesellschaften. Das ist nicht wichtig. Die Menschen sagen wie früher: Das ist eine Kolchose und wir sind Kolchosniki wie früher und die Ordnung bei uns ist die einer Kolchose. Es ist erstaunlich, in welchem Masse sich das alte System reproduziert, ungeachtet der Aktien, Anteile, neuer Namen. Einer der Gründe dafür ist, dass die Kolchose einen mächtigen sozialen Schutz für die Landbevölkerung darstellt. Sie übernimmt die soziale Infrastruktur. Sehr viele juristische und wirtschaftliche Fragen entschied früher die Kolchose so wie einst die ›Obschtschina‹, die alte Bauerngemeinschaft. Der Mensch, der die Kolchose verlässt, sieht sich allein der rauhen postsowjetischen Welt ausgesetzt und er zieht die Kolchose vor. Die Kolchose ist oft die rationalere Form eines Betriebes im modernen Sinn des Wortes. Ich habe viele Kolchosen gesehen, die bankrott waren, die konnten ihren Mitgliedern keinen Rubel Lohn mehr bezahlen, aber selbst in diesen Kolchosen war es üblich, schwachen Mitgliedern der Gemeinschaft Hilfe zu leisten und das setzte sich auch fort, als man keinen Lohn zahlen konnte; dafür konnte man aber Mittel beisteuern zur Hochzeit, zum Begräbnis, zur

Einberufung des Sohns zur Armee, zur Reparatur des Hauses. Da gab es spezielle Verordnungen dafür. Und die Kolchose fuhr fort mit dieser Unterstützung ungeachtet der Tatsache, dass sie wirtschaftlich dazu nicht in der Lage war. Das ist auch eines der Paradoxe. Ich denke daher, dass der Hauptweg der Entwicklung und des Aufbaus für die Landwirtschaft im heutigen Russland die innere Reorganisation dieser Symbiose ist, der Symbiose des Kleinen mit dem Grossen. Und umso erfolgreicher entwickeln sich unter den heutigen Bedingungen die Betriebe, die sich bemühen, diese Symbiose zu fördern, diese organische Symbiose zwischen Familie und Betrieb.

Sie erinnern sich selbstverständlich, dass Gaidar und seine Leute meinten: »Das Schlimmste, was es bei uns gibt, ist der Kollektivismus, vor allem der agrarische Kollektivismus. Alles wird besser, wenn wir nur diesen Kollektivismus liquidieren.« Was hat sich tatsächlich ergeben?
In gewissem Sinn betrachte ich die Situation mit dem Kollektivimus als sehr traditionell und in gewissem Sinn liegen die Misserfolge der Perestroika in der Krise des russischen Kollektivismus begründet. Hierzu gab es, wenn ich mich recht erinnere, eine Prophezeiung Kropotkins, Sie kennen Kropotkin, den grossen anarchistischen Revolutionär. Er kam nach der Revolution zurück nach Russland, er kritisierte die Bolschewisten, Lenin. Es gibt einen Briefwechsel zwischen Lenin und Kropotkin. Auf mich hat folgender Text besonderen Eindruck gemacht, mit dem er sich an Lenin wandte. Das ist eine Prophezeiung Kropotkins. Er sagte: »Sie schaffen einen nichteffektiven Gesellschaftsaufbau, aber schliesslich, nach ein paar Generationen, wird dieser Bau untergehen. Doch das hauptsächliche Elend und die hauptsächliche Tragödie für die Gesellschaft und für die Menschheit liegt darin, dass Sie, indem sie einen kasernenartigen Staatskollektivismus aufbauen, die spontane Fähigkeit der Menschen zur gegenseitigen Hilfe und zum freien Kollektivismus zerstören. Die Menschen werden derart eingeschüchtert sein, sie werden ihren kasernenartigen Kollektivismus derart satt haben, dass dann, wenn Ihre Gesellschaft in ihre Bestandteile zerfällt, alle diese Menschen erschreckende Individualisten werden. Sie werden nicht mehr in

der Lage sein, sich miteinander zu verbinden.« Nach meiner Ansicht geschieht das heute in Russland. Wenn heute die Rede ist von der hehren russischen ›Obschtschinost‹, ›Sobornost‹, also der sozialen Gemeinschaft und der geistigen Gemeinschaft, dann kann ich als Forscher davon nichts sehen. Ich sehe nur, wenn ich mich umschaue, dass russische Menschen sich nicht verbinden können, nicht im Kollektiv, nicht in der Obschtschina, nicht in der Assoziation...

... sie haben es einfach satt?
Sie haben es verlernt, sie haben kein Vertrauen, sie haben Angst. Wenn einer zu ihnen sagt: Kommt, lasst uns ein Kollektiv aufbauen, dann heisst es sofort: Ah, das ist doch Sozialismus. Da wird uns wieder einer betrügen, wird uns wieder einer kommandieren wollen. In den neunziger Jahren liegt die Geburt eines anarchistischen Individualismus der russischen Menschen. Ich habe oft beobachtet, wie Assoziationen von Bauern gegründet wurden. Sie sind sofort wieder zerfallen. In der Regel riss der Bauer, der sie gründete, nach Kurzem als Chef die Ressourcen an sich, nahm alle aus und machte sich davon. Das fiel mir besonders auf in Gesprächen mit Kollegen in den USA oder Deutschland, die meinten, die Bauern dort seien viel besser in Kooperativen organisiert. Kooperativen sind hier bei uns in Russland dringend notwendig. Aber die Menschen sind nicht in der Lage sie aufzubauen eben deshalb, weil die vorangegangene totalitäre Gesellschaft sie einen freien kreativen Kollektivismus verlernen liess. Ich glaube allerdings, dass dieses Problem begrenzt ist, dass also nach einer gewissen Etappe die Entwicklung wieder in eine andere Richtung geht. Ich würde sogar sagen, dass Russland in den neunziger Jahren unter der Abwesenheit von Kollektivismus und nicht etwa unter zu viel Kollektivismus gelitten hat. Dieses Russland ist die allerprimitivste Form des blutsmässigen Kollektivismus, in dem es nur um meine engsten Freunde geht, meine Verwandten, und wir versuchen, mit diesen kleinen Einheiten die Krise zu überstehen. Aber wir sind nicht in der Lage, auf dem Lande eine Gemeinschaft der Selbstverwaltung aufzubauen, einen Kollektivbetrieb zu gründen. Sogar das fällt uns schwer. Das ist das Problem.

Ich selbst habe bereits mehrere Orte gesehen, wo Menschen inzwischen sagen: Wir haben versucht, diesen Weg – der Privatisierung – zu gehen, aber wir werden wieder eine Kolchose sein. Wie beurteilen Sie diese Bewegungen, wenn Sie aufs Ganze schauen?

Äusserst kompliziert und nicht einheitlich. Russland ist ein riesiges Land. Es gibt riesige natürliche und regionale Unterschiede in den landwirtschaftlichen Bedingungen des Landes. Zum Beispiel der Süden Russlands, vor allem Kuban, unterscheidet sich stark von den Nicht-Schwarz-Erde-Gebieten oder sogar von den Schwarz-Erde-Gebieten. Ich würde sagen, die Hauptgefahr für die russische Gesellschaft im Ganzen, für die Selbstorganisation örtlicher Gemeinschaften, besteht in unserem berüchtigten Bürokratismus. Ich würde sogar sagen: Wer die Wende der letzten zehn Jahre mehr oder weniger erfolgreich geschafft hat, das waren die russischen Bürokraten. Mich beunruhigt, dass Putin daran geht, diese Bürokratie wiederherzustellen und zu stärken, ohne im Kern irgendetwas zu ändern. Ich halte das für sehr gefährlich. Ungeachtet der Tatsache, dass Kuban einer der reichsten Bezirke ist, und dort eine der fähigsten Bevölkerungen lebt, – der Grad der Degradierung hängt ja sehr stark und in erster Linie von der Fähigkeit oder Unfähigkeit ab, die landwirtschaftlichen Arbeiten tatsächlich und effektiv zu organisieren und diese Fähigkeiten sind in Kuban gut entwickelt. Ungeachtet dessen aber gibt es auch dort eine gewaltige Schicht landwirtschaftlicher Beamter, welche die Situation kontrollieren und sich dort allerbestens fühlen.

Ich gebe Ihnen ein Beispiel. Kurz bevor ich abreiste, traf ich mich mit einem Lehrer aus der ›Stanitza‹, dem Dorf Novaja Deriwiankowskaja, Direktor der Schule, Landeskundiger, der die Geschichte des Heimatlandes lehrt. Das ist ungefähr zwanzig Kilometer von dem Ort, wo ich arbeitete. Der Lehrer war sehr beunruhigt. Er erzählte mir eine Geschichte, die sich dort zugetragen hat: Dort gab es eine heruntergekommene Sowchose, eine wirklich gottverlassene Ecke. In Kuban ist die Landbevölkerung sehr zahlreich. Üblicherweise besteht eine ›Stanitza‹ aus zwei Kolchosen. Dort gab es zwei Kolchosen, eine mehr oder weniger starke, eine andere zerfallen und unklar, was mit ihr werden sollte. Vor einem Jahr wurde dort ein neuer Vorstand gewählt. Und wie so oft in Russland, wo so viel von der Leitung, dem Hausherrn abhängt, schaffte er es, die Situation der Sowchose merklich zu verbessern. Der zentrale Punkt seiner Reform bestand darin, dass er eben genau diese symbiotische Beziehung zwischen den grossen Strukturen der Kolchose und den Interessen der Familie an privaten Wirtschaften beachtete. Ihm fiel es schwer, Lohn in Geld auszuzahlen, also ging er zu Zahlungen in Naturalien über – Korn und so weiter, das die Kolchosniki bekommen konnten. Merklich stieg der Stimulus für die Arbeit, die Margen für die Wirtschaftsleistung stiegen an, und die Leute spürten innerhalb eines Jahres, dass sie besser leben konnten. In derselben Zeit, wie das oft vorkommt in dieser Zeit bei Gebieten, die sich in einem verwahrlosten Zustand befunden haben, sammelten sich auf dem Gebiet dieser Sowchose ein paar private Bauern. Das sind die so genannten effektiven Bauern, also Chef-Bauern. Einer von ihnen war der Führer des Distrikts, der andere war der Staatsanwalt des Distrikts. Das heisst, formal sind sie Bauern, aber in Wirklichkeit muss diese arme Kolchose ihnen die Felder bestellen. Der neue Chef der Kolchose erklärte, dass sie die Felder nicht weiter für diese Chefs bearbeiten würden, sondern sich um ihre eigenen Felder kümmern wollten. Buchstäblich zwei Monate danach betrieben sie gegen den Leiter der Kolchose ein Strafverfahren wegen nicht gezahlter Steuern und erklärten, dass sie ihn vor Gericht bringen und ins Gefängnis setzen würden. Und hier geschah, was sonst nicht so häufig vorkommt: Die Leute solidarisierten sich massenweise mit ihrem Vorstand. Sie erklärten, dass sie ihren Vorstand nicht herausgeben würden, sie versammelten sich zu Demonstrationen im Distriktzentrum. Ich habe das leider nicht mehr mitbekommen können, weil ich fort musste. Aber das ist ein Beispiel von starken Orten. Örtliche ländliche Gemeinschaft und örtliche Bürokratie.

Es gibt da noch ein paar andere Fakten zu spontanen Protesten, zu spontanen Formen der Selbstorganisation aus meinen empirischen Untersuchungen: Das, was seit 1990 geschieht, hat die russische Bevölkerung total verwirrt. Es gibt keinen Widerstand: Man zahlt den Menschen keinen Lohn, man raubt sie aus, man verhöhnt sie, aber die Menschen ertragen das geduldig. Bei Gelegenheit einer kleinen Geschäftsreise in einem kleinen sibirischen Dorf wurde ich aber mit der Tatsache bekannt, dass dort 1995 zwei kleine Dörfer im Omsker Oblast versuchten, bewaffneten Widerstand gegen das Regime Jelzins zu leisten und sie bereiteten diesen bewaffneten Widerstand vor. Sie nahmen dann von ihrem Vorhaben Abstand, aber allein die Tatsache, dass sie es erst versuchten, ist schon ein interessanter Fakt.

Wenn ich Sie recht verstehe, dann bildet diese Symbiose zwischen Familienbetrieb und Grossbetrieb Ihrer Ansicht nach eine Alternative, einen Weg für die Zukunft?
Schwierig, schwierig; ich würde sagen: Eine mögliche Alternative oder (lacht) eine mögliche Möglichkeit. Ich wäre da sehr vorsichtig. Aber letztlich hat Russland in den Neunzigern seine Überlebensfähigkeit unter Beweis gestellt. Die am weitesten entwickelte Form, geradezu das Ideal dieser Symbiose im sozialistischen Lager hat ja seinerzeit Ungarn gezeigt, aber in Ungarn ist dieses System in der Zeit der Reformen vollkommen zerstört worden. Das zog eine gigantische Krise der ungarischen Landwirtschaft nach sich, aber jetzt herrscht dort meines Wissens einfach private Landwirtschaft. Dort wurde die Kombination zerstört. In Russland war sie nie bis zu diesem Mass entwickelt. Aber in Russland war immer die Rede davon, dass man diesen Weg gehen müsse und jetzt noch den neunzig Jahren erweist sie sich als erstaunlich überlebensfähig.

Welches sind zur Zeit die grössten Schwierigkeiten in den Dörfern?
(Stöhnt) Davon gibt es sehr viele. Für jede beliebige kleine ländliche Gemeinschaft ist der wichtigste Indikator für seine Überlebensfähigkeit der Zustand der Dorfschule. Wie war die Lage der Schulen in den Neunzigern? Früher waren sie staatlich, in den neunziger Jahren veränderte sich viel, das hing meist mit den Gehältern und Löhnen zusammen. Wenn man mich fragen würde, womit die Reform der Landwirtschaft beginnt, dann würde ich antworten: Man sollte es nicht glau-

ben, aber nicht mit der Wirtschaft, sondern mit der örtlichen Bildung, mit der örtlichen Schule. Warum? Weil die ländliche Gemeinschaft, wenn sie sich in der Krise befindet, wie eine kleine Burg nach und nach ihre Positionen aufgibt. Aber das letzte, was sie aufgibt, ist die Schule. Es wird vielleicht das Krankenhaus geschlossen, es wird vielleicht die Bibliothek geschlossen, das Haus der Kultur, es geht die Produktion zugrunde, aber wenn Sie die Schule schliessen, dann geht die ländliche Gemeinde zugrunde. Das kann man als Kernfrage verstehen, die Frage der Bildung kann auf die soziale und die wirtschaftliche Situation einwirken. Das scheint mir an vorderster Stelle zu stehen. Dann gibt es viele weitere Fragen, die zu dem rein wirtschaftlichen Komplex gehören, die Disparität der Preise zwischen landwirtschaftlichen und industriellen Waren und alles, was damit zusammenhängt.

Wie steht es zur Zeit mit der Bildung?
Das ist wieder erstaunlich, insofern man einerseits über eine gewisse Krise und Degradierung der russischen Bildung sprechen muss, andererseits sieht, welche Reserven in dieser Frage mobilisierbar sind. Das geht natürlich hauptsächlich zu Lasten der Familie und häufig der Kolchose. In dem Mass wie der Staat sich von seiner Verpflichtung zur Finanzierung der Bildung lossagt, haben Familien und Kolchosen Ressourcen mobilisiert, damit die Schulen weiter arbeiten können. Ich glaube, dass dadurch aufs Ganze gesehen die Bildung in Russland gerettet werden konnte. Aber das ist schon eine gesonderte Frage, was mit der Bildung geschieht. Die grösste Gefahr im Bereich der Bildung ist die Korruption, auch in der Medizin. Formal ist die Bildung und Medizin ja kostenlos, aber in der Realität muss man für die Schule zahlen, muss ›Wsatki‹, Geschenke geben, für die Aufnahme. Unsere Untersuchungen der Familienbudgets belegen, in welchem Masse die Familienkasse strapaziert wird, um den Kindern die Aufnahme in ein Institut zu ermöglichen und ihm dann fünf Jahre lang dessen Besuch zu ermöglichen. Das ist einfach erschütternd.

Die Beziehung zwischen den Dörfern und der Stadt – wie entwickelt sie sich?

Die Beziehung zwischen Dorf und Stadt ist in Russland sehr stark. Der Grund dafür ist, dass die Mehrheit der Stadtbewohner noch frühere Dorfbewohner der ersten oder zweiten Generation sind. Die stalinsche Zwangsindustrialisierung hat sie in die Stadt geworfen, aber nach ihrer Mentalität blieben sie Bauern. Das ist auch, was uns besonders interessiert hat: die engen Beziehungen der Blutsverwandschaft zwischen Bewohnern der Stadt und ihren Freunden auf den Dörfern. Üblicherweise zwei Mal im Jahr wird diese Verbindung real hergestellt. Auf den russischen Dörfern, auch in den Städten entstand eine Art Renaissance solcher Feste wie Ostern oder ›roditelski djen‹, der Elterntag. Dem Sinn nach sind das natürlich religiöse Feiertage, aber ich glaube nicht, dass sie starke religiöse Bedeutung haben. Ein besonderes Ansteigen der Religiosität haben wir in Russland nicht entdecken können. Sie haben eher eine soziale Bedeutung. Denn namentlich zu diesen Tagen bemühen sich die Menschen aus der Stadt in ihr Dorf zu fahren. Und wenn man dort über Ostern oder bei den Elterntagen auf dem Friedhof war, dann ist dort die halbe Stadt, und alle Menschen treffen sich dort, man macht Kontakte. Man stützt einander emotional und auf diesem Weg stellen sich auch sozio-ökonomische Verbindungen her, durch Pakete, Gegenstände, Geld, gegenseitige Hilfe. Also hier existiert auch dieser Naturaltausch zwischen Stadt und Dorf oder auch Datscha, auf die man hinausfährt. Diese Verbindungen sind sehr stark. Sie haben sich in den letzten Jahren paradoxerweise weiterentwickelt, als ein Teil der Bevölkerung, der früheren bäuerlichen Bevölkerung, durch die Reformen die Möglichkeit hatten, ein kleines Stückchen Land zu bekommen und das ganze Land sich dieser kleinen, persönlichen familiären Wirtschaft zuwandte, welche diese Symbiose zwischen Stadt und Land, zwischen Datschen und Wohnungen bildet. Es gibt gegenwärtig eine Blüte dieser Lebensweise in Russland. Erstens zeigen die Statistiken, dass Anfang der neunziger Jahre eine Welle der städtischen Bewohner aufs Land einsetze. Und ungefähr anderthalb bis zwei Prozent der städtischen Bevölkerung verschwand zurück aufs Dorf. Im Zuge der neunziger Jahre hat sich die Balance zwischen städtischer und ländlicher Bevölkerung ungefähr gehalten. Jetzt hat sich die städtische Bevölkerung wieder um etwa 0,5 Prozent erhöht, aber man kann eigentlich sagen, dass die Balance sich ungefähr gehalten hat. Dabei spielt wieder diese administrative Besonderheit Russlands eine Rolle, dass in diesem Bereich ständig zuviel Veränderungen und ständig zu hohe Registrierungen stattfinden, wenn grosse Dörfer offiziell in Städte umbenannt und die Dorfbewohner zu Stadtbewohnern werden. Oder umgekehrt, kleine Orte erklären sich zum Dorf und die Bewohner werden zu Landbevölkerung. Aufs Ganze würde ich sagen, dass ungefähr 55–60% der russischen Bevölkerung, nicht nur in Dörfern, sondern auch in Städten, zur Landbevölkerung gehören, denn auch in den kleinen Städten lebt man hauptsächlich von der Landwirtschaft. Dazu kommen noch die Datschniki in Moskau. Die Datscha meiner Eltern liegt im Distrikt Maschaisk. Erst kürzlich habe ich auf einer Karte gesehen, wie viele Datschen sich auf dem Gebiet des Maschaiski Distrikt befinden! Heute befinden sich im Maschaiski Distrikt, obwohl er einer der äussersten des Moskauer Oblast ist, mehr als hundert Kilometer von Moskau entfernt, ungefähr 200 Datschengelände. Ich habe mal ausgerechnet, wie viele Bewohner das ungefähr betrifft: Es ergibt sich, dass ungefähr 40% des Maschaiski Distrikts aus Datschniki besteht. Und ich würde sagen, typisch für den durchschnittlichen russischen Menschen wird eine Existenz auf der Grenze zwischen zwei Milieus. Ich will sagen, dass Russen ein wenig leben wie Nilpferde oder Zugvögel, die einen Teil der Zeit in der Stadt zubringen und einen Teil in dem anderen Milieu des Dorfes und das ist eine Methode des Überlebens, sowie die Tiere in vergleichbarer Weise auf der Grenze zwischen zwei Milieus leben und sich in der jeweils optimalen Variante aufhalten. Das Gleiche geschieht hier…

Sie nomadisieren gewissermassen…
Ja, das kann man so sagen zwischen Stadt und Dorf und zwischen Dorf und Stadt. Eine gigantische Wanderung findet da ständig statt. Darüber hinaus kann man sagen, dass das oft gemeinsam, als Obschtschina, als Gemeinschaft geschieht. Zum Beispiel werden einige Fabriken im Frühjahr vollkommen geschlossen, und ihre Arbeiter fahren hinaus, um ihre

Gärten zu bestellen. Sie setzen die Kartoffeln, machen alles fertig, dann kehren sie in die Fabrik zurück. Später fahren sie für zwei Wochen raus und holen die Ernte ein. Das geht so beinahe planmässig.

Wie gewohnt, wie üblich. Wie früher...
Nun, zu sowjetischen Zeiten war das zentralisiert, als die Fabrik arbeitete, aber eine bestimmte Abteilung der Bezirksorganisation musste hinaus auf die Felder. Jetzt gibt niemand solche Befehle, jetzt sagt die örtliche Leitung nur: Der Lohn ist gering, wir sind nicht in der Lage, die Menschen mit dem Lohn zu ernähren. Das heisst, sie müssen sich selbst erhalten durch ihre Gartenstücke. Deshalb schliessen wir die Fabrik, sollen sie selbst sehen, dass sie ihre Dinge geregelt kriegen und dann machen wir die Fabrik wieder auf. So läuft das heute. Unter den gegeben Bedingungen ist das effektiv.

Kann man in Prozenten sagen, wie gross der Teil der Bevölkerung ist, der auf diese Weise von der Familienwirtschaft lebt?
Unsere Statistiker sagen, und hier kann man ihnen einmal glauben, dass es bei uns vierzig Millionen persönliche unterstützende Wirtschaften gibt. Vierzig Millionen, das bedeutet, wenn bei einer Bevölkerung von 148 Millionen, auf jedem Landstückchen drei bis vier Menschen existieren, dann kann man grob sagen, zwei Drittel der Bevölkerung in dieser oder jener Form leben von dieser persönlichen Wirtschaft. Das ist entweder die Datscha oder der Garten der Kolchosniki in der ländlichen Bevölkerung. Das heisst, der grössere Teil der Bevölkerung lebt so, zwei Drittel sind es bestimmt. Überhaupt noch diese Zahlen: Ungefähr ein Drittel unserer Bevölkerung lebt in ländlichen Gebieten, auf dem Dorf, ungefähr ein Drittel in kleinen Städten und ungefähr ein Drittel in Grossstädten. Grossstadt – das sind Städte mit mehr als 100'000 Einwohnern; als mittlere Städte gelten solche von 50'000 bis 100'000, als kleine solche von weniger als 50'000 Einwohnern.

Moskau, St. Petersburg, Nischni Nowgorod – solche Städte, haben dort die meisten Menschen eine Datscha?

Unter Mehrheit verstehen wir mehr als 50%. – Ich kann Ihnen keine genauen Ziffern dazu sagen. Ich kann eins sagen: dass die meisten Menschen in kleineren Städten solche Landstückchen haben, in Moskau vielleicht keine 50%, sondern 40 oder 30%. Das könnte schon sein.

Glauben Sie, dass die russische Landwirtschaft Russland ernähren kann?
Zweifellos ja. Letztlich ernährt sie Russland. In vielen Produkten ist Russland vollkommen autark. Das Hauptproblem für die Landwirtschaft Russlands ist, wie ich sagte, die landwirtschaftliche Bürokratie. Meine Vorstellung für die scharfe Erhöhung der Produktivität der Landwirtschaft, die zweifellos bereits im Gange ist, besteht vor allem in einer Reorganisation des Beamtenapparats, seine Beschränkung und auf der anderen Seite die Reorganisation der örtlichen ländlichen Gemeinschaften, Selbstverwaltung plus Familienwirtschaft. Die ideale Variante wären Kooperativen, aber leider ist Kooperative für die russische Bevölkerung auch ein Schimpfwort geworden, weil unter Gorbatschow das, was damals Kooperative genannt wurde, in Wirklichkeit die ersten kleinen kapitalistischen Unternehmen waren. Deshalb ist das Wort Kooperative für die russische Bevölkerung gegenwärtig ein Synonym für Kapitalismus. Und den liebt man nicht sehr.

Ist das, was Sie sich vorstellen, ein Kollektiv?
Ich stelle mir für Russland aktuell das Modell Alexander Tschajanows vor. Tschajanow ist ein grosser russischer Agrarwissenschafter am Anfang des zwanzigsten Jahrhunderts, der die Theorie der ländlichen Kooperative ausgearbeitet hat. Diese Theorie ist eine Kombination, sagen wir, des Individuellen und des Kollektiven, wenn einzelne Persönlichkeiten in begrenzte kollektive Prozesse eingebunden sind, dabei in Prozesse, die man einschätzen kann, die man rationalisieren kann. Das ist also nicht einfach nur diese bekannte kollektive Obschtschina, Bauerngemeinde. Ich habe ein skeptisches Verhältnis zu dieser Idee. Ich kann diese Obschtschina, von der viele russische Nationalisten geschrieben haben, soziale und geistige Gemeinschaft, auf russisch Obschtschinost und So-

bornost, in der Realität nicht erkennen. Was ich in der Realität sehe, ist die äusserst produktive, äusserst perspektivreiche, effektive Kombination zwischen persönlichem Familiärem und grossem Kollektivem. Das ist tatsächlich so. Und in Abhängigkeit zur geografischen Lage, in Abhängigkeit vom wirtschaftlichen Entwicklungsstand kann es sehr viele unterschiedliche solcher Kombinationen geben. Sie bilden sich zur Zeit spontan und arbeiten in Russland. Es ist die Aufgabe von Wissenschaftlern, von Politikern, über sie nachzudenken, sie zu studieren und ihnen die Möglichkeit einer tatsächlichen rationalen Entwicklung zu geben. Das erscheint mir als ein sehr perspektivreicher Weg.

Aktiengesellschaft IRMEN – ein Beispiel für einen Weg jenseits der Privatisierung?

Im tiefen Sibirien, anderthalb Autostunden von der sibirischen Metropole Nowosibirsk nach Süden, liegt am Ufer des zum Obschen Meer gestauten Ob die Aktiengesellschaft IRMEN. Es ist eine AOST, Aktiengesellschaft geschlossenen Typs, deren Aktien nur von der Belegschaft selbst gekauft werden können Die AOST IRMEN gilt nicht nur als erfolgreichstes Agrarkombinat der Region von Nowosibirsk und eines der erfolgreichsten Russlands; sie gilt darüber hinaus als Musterbetrieb für einen erfolgreichen Weg zwischen früherem sozialistischen und heutigem marktwirtschaftlichen Management sowie neuen Formen der Kooperation zwischen Stadt und Land, agrarischer und industrieller Wirtschaft.

Die Aktiengesellschaft IRMEN ging aus der vormaligen Kolchose ›Bolschewik‹ hervor, die zu Sowjetzeiten ein Musterbetrieb war. Ihr Leiter Juri Fjodorowitsch Bugakow ist heute als guter Hausherr über Sibirien hinaus bekannt. Die Gemeinde IRMEN umfasst zirka 3500 Menschen in zwölf Dörfern, frühere Einzel-Kolchosen, auf einem Gebiet von 23'000 Hektar landwirtschaftlich genutzter Fläche und 18'000 Hektar Weideland.

»IRMEN ist nicht einfach ein landwirtschaftlicher Grossbetrieb«, erklärt Direktor Bugakow, »es ist ein Kombinat mit vielen verschiedenen Arbeitszweigen. Wir produzieren jeden Tag 46 Tonnen Milch. Wir verarbeiten sie hier bei uns. Wir haben eine schwedische Anlage zur Weiterverarbeitung der Milch. Wir stellen heute zwölf verschiedene Milchprodukte her – Yoghurt, Smjetana (eine Art Sahnequark, K.E.), Quark, Kefir, sogar Kumis (alkoholisierte Stutenmilch, K.E.). Wir verkaufen das in Nowosibirsk. Wir verarbeiten aber auch eine grosse Menge Fleisch. Wir stellen Mehl her und verkaufen es. Und um nichts wegzuwerfen halten wir auch noch wilde Tiere. Wir haben auch unsere eigene Ziegelei. Sie stellt sieben Millionen Ziegel im Jahr her. Wir bauen damit selbst und verkaufen obendrein zu günstigen Bedingungen in die Umgebung. Das heisst, alles was wir produzieren, verarbeiten wir auch selbst. Über die Weiterverarbeitung hinaus haben wir eine Produktion für den Eigenverbrauch und unsere Handelsabteilung. Wir unterhalten dreizehn Geschäfte – einen Laden hier vor Ort, einen im Bezirkszentrum Ordinsk und ein sehr gutes Geschäft in Nowosibirsk. In das Geschäft haben wir viel Geld investiert, es ist mächtig, schön, liegt mitten im Zentrum von Nowosibirsk, es ist ein Teil unserer Wirtschaft. Es heisst auch IRMEN, direkt am Zentralen Markt. So also ist es: Produktion, Weiterverarbeitung und Handel, das heisst, wir lösen alles selbst. Das ist ein Komplex.«*

So weit, so unspektakulär, könnte man meinen. Dies alles könnte auch die blosse Wiederholung der Sowjetstrukturen unter neuem Kommando sein, erkauft durch schwere Entbehrung der in IRMEN lebenden Menschen. So ist es aber nicht, im Gegenteil: Der Erfolg von IRMEN liegt nicht in harter Überausbeutung; das wird offensichtlich, wenn man das Hauptgelände betritt, wenn man mit den Menschen in den Betrieben der AO, mit den Bewohnern in den Dörfern spricht, selbst denen, die nur im Ort wohnen und nicht in der AO arbeiten. Wer IRMEN betritt, findet sich in einer wohlhabenden, selbstbestimmten, mit sich selbst im Reinen befindlichen, für Aussenstehende sichtlich attraktiven Produktions- und Lebens-Gemeinschaft. Das Geheimnis dieses Wohlstands liegt, wie man von Bugakow ebenso wie von den Beschäftigten der Betriebe sowie von den Anwohnern und Anwohnerinnen der Orte erfahren kann, in einer günstigen Kombination von wirtschaftlicher Interessiertheit, Tradition und Modernisierung, garantierter Privatheit bei gleichzeitiger paternalistischer Führung.

Die Organisation ist unmissverständlich: Das Kontrollpaket von 51% liegt in der Hand von Bugakow, die restlichen 49% sind auf fünfzig Mitaktionäre verteilt. Damit sind die Entscheidungsbefugnisse für den Zweifelsfall klar. Bugakow lässt sich seine Dividende jedoch nicht auszahlen; er hat einen Vertrag unterschrieben, dass die ihm zustehende Summe für die Modernisierung und den Ausbau der sozialen Infrastruktur von IRMEN eingesetzt wird. Die Mehrheit der übrigen Ak-

* Gespräch mit Juri Bugakow im Juli 2001

tienbesitzer folgen seinem Beispiel. Sie können das, weil das Lohnniveau in IRMEN vergleichsweise hoch liegt.

Perestroika, meint Bugakow, habe prinzipiell nicht viel verändert: Arbeiten müsse man immer noch. Die Umwandlung von IRMEN in eine AOST habe aber spürbar zu einer grösseren Interessiertheit der früheren Kolchosmitglieder an den Arbeitsergebnissen geführt – bei den einen als Besitzer von Aktien, denen seit Jahren steigende Dividenden ausgezahlt würden, bei den anderen als Bezieher von Löhnen, die sie in die Lage versetzen sich einen steigenden Lebensstandard zu leisten.

IRMEN, auf diese Feststellung legt Bugakow besonderen Wert, existiert ohne staatliche Subventionen und ohne Kredite; er dulde aber auch keine Bartergeschäfte*, wie sie sonst in weiten Teilen des Landes als Folge der Krise heute üblich seien. »Barter« so Bugakow, »macht auch den ehrlichsten Menschen zum Gauner. Es bringt nur Verwirrung. Bei uns gibt es nur klaren Geldverkehr. Wir haben genügend flüssiges Kapital, um uns selbst zu finanzieren und uns unabhängig zu machen von den irrsinnigen Krediten, die heute verlangt werden.« 24% seien heute üblich, wer sich darauf einlasse, so Bugakow, komme nie auf einen grünen Zweig.

So scharf Bugakow die Prinzipien des Markts betont, wenn es um den Handel zwischen den Dörflern und der AOST IRMEN als Produktionsgemeinschaft geht, so bewusst setzt er andererseits auf die Nutzung der gewachsenen Traditionen: Die AOST IRMEN ist nicht nur kollektiver Arbeitgeber, sie übernimmt auch – bewusst gegen den Trend einer allgemeinen kommunalen Verwahrlosung – Kosten und Verantwortung für Erhalt und Ausbau der infrastrukurellen, der sozialen und der kulturellen Versorgung der Orte.

In Bugakows eigener Schilderung klingt das so: »Die Wohnungen sind mit allem kommunalen Komfort ausgestattet: Da gibt es Gas, da gibt es ständig heisses Wasser, da gibt es kaltes Wasser, schlicht, es gibt allen kommunalen Komfort, den es geben muss. Darüber hinaus gibt es in diesen Dörfern eigene Gärten, eigene kleine Landstücke. Man hat dort ausser dem allgemeinen Einkommen die Möglichkeit, ein ergänzen-

---

* Neurussisches Wort (englisch barter = tauschen)

des Einkommen aus der eigenen Wirtschaft zu beziehen. Darauf können wir zur Zeit nicht verzichten.« Was Bugakow als vorübergehenden Mangel formuliert, entpuppt sich bei näherem Nachfragen als bewusst angewandtes Prinzip: Es gehe nicht nur um den Garten, erklärt er, es gehe überhaupt um »persönliche Wirtschaft«, um »ergänzendes Einkommen«. »Da gibt es ausser dem Garten auch noch die Tierhaltung: Kühe, Schweine, Hühner. Warum? Nun, in den letzten Jahren haben sich die Bedürfnisse der Menschen rasant erhöht. Früher war es so, dass man nur sehr wenig Geld verdiente und für das wenige auch noch wenig kaufen konnte. Es gab weniger gute Dinge, weniger Importware oder es gab sie überhaupt nicht. Jetzt gibt es in unseren Läden alles. Hier am Ort und auch in Nowosibirsk nur siebzig Kilometer von hier. Alle haben natürlich ein eigenes Auto und man hat kein Problem, mal eben nach Nowosibirsk zu fahren. Maximum eine Stunde und du bist im besten Geschäft von Nowosibirsk. Seit die Möglichkeit besteht zu kaufen was man möchte, haben sich auch die Ansprüche erhöht: Heute hat man ein Auto, morgen will man zwei haben; man hat es heute gut zu Hause, man will es noch besser haben; der Nachbar ist irgendwohin gefahren, um sich zu erholen, da will man auch hin. Man hat es auch nötig, sich zu erholen. Für all das braucht man Geld. Zunächst hat das die Arbeit generell stimuliert in unserer kollektiven Wirtschaft: Es gibt die Möglichkeit Geld auszugeben – also wuchs das Bedürfnis mehr zu verdienen. Und so gibt es heute Leute bei uns, die wirklich sehr gut verdienen. Das sind die Mechaniker, die das Korn auf den Feldern ernten (Mähdrescher), das sind die Beschäftigten, die tierische Produkte und Fleisch produzieren. Weniger verdienen diejenigen im Dienstleistungsbereich, welche die ganze Wirtschaft versorgen. Warum bekommen die weniger? Das machen wir bewusst so: Diejenigen, welche auf dem Feld arbeiten, haben weniger Zeit, sich mit der persönlichen Wirtschaft zu befassen. Auch jene, die mit den Tier- und Fleischprodukten zu tun haben, haben wenig Zeit dafür. Aber die, die im Dienstleistungsbereich arbeiten, ihre geregelte Tageszeit haben, haben zwar ein geringeres Einkommen, aber sie haben die Möglichkeit, sich noch mit der eigenen Wirtschaft zu befassen. Sie haben zwei, drei Kühe, Schweine, Hühner – und nicht nur für die eigene Familie, sondern auch, um sie zu realisieren, um sie zu verkaufen. Sie haben es dabei nicht einmal nötig, zum Markt zu gehen, da wir eine eigene Weiterverarbeitung hier in unserer Gesellschaft haben, wir stellen fünfunddreissig verschiedene Fleischprodukte her, von der Grundversorgung bis zu Delikatessprodukten. Das heisst, man zieht sein Tier auf, bringt es her, kriegt sein Geld und weitere Fragen gibt es nicht. Das ist also wirklich sehr bequem. Das ist die Antwort, warum wir heute die eigene Wirtschaft zusätzlich zur kollektiven halten.«

Eine Rundfahrt durch die Dörfer, Gespräche über den Zaun und Blicke in Küchen und Gärten bestätigen Bugakows Darstellung in vollem Umfang: Kein Haus ist ohne Wasser, ohne Strom oder benutzbare Zufahrt; selbst die alten Holzhäuser sind an die Versorgungsnetze angeschlossen. Die neuen Häuser, seit Eintritt der Reformen aus Stein gemauert, sind im Grundriss den alten Hofanlagen angepasst: Wohnhaus, Garten, dahinter Stallungen für die eigene Kuh, Schafe, Schweine und Kleintiere jeglicher Art. Etwas anders als Zufriedenheit ist von den Menschen in IRMEN nicht zu vernehmen. Natürlich, mit einem anderen Chef wäre es anders. Der würde seine 51% möglicherweise verprassen. Andererseits – ohne seine Leute sei er doch auch nichts. Letztlich müsse er doch im eigenen Interesse auf sie hören. Auf direkte Nachfrage ist zu erfahren, dass auch die kleineren Aktionäre sich ihren Anteil nicht auszahlen lassen, sondern in die Modernisierung ihres Gemeinschaftsunternehmens investieren. Das können sie, weil sie auf Grund ihrer privaten familiären Zusatzwirtschaft auf dieses Geld nicht unbedingt angewiesen sind.[*]

Es ergibt sich eine Symbiose zwischen den kollektiven Strukturen der gemeinsamen und der eigenen privaten Wirtschaft, in der die eine Seite die andere nicht nur stützt, son-

---

[*] Die Untersuchung IRMENs umfasst Gespräche und Videos mit BewohnerInnen im alten und im neuen Teil IRMENs, im Kindergarten, in den Stallungen, den weiterverarbeitenden Betrieben der Fleischerei, Molkerei, Schlachterei, Bäckerei, dem örtlichen Laden sowie der Ladenkette in Nowosibirsk, mit Anwohnern der Orte sowie Menschen aus der Nachbarschaft und Vertretern der Wirtschaft in Nowosibirsk.

dern überhaupt erst möglich macht. Was als Notlösung begann, wird zum Modell. In IRMEN hat der Chef schlicht die Aktienmehrheit und damit im Zweifelsfall, wenn es um Marktgerechtigkeit der zu ergreifenden Massnahmen geht, die Entscheidungsgewalt auch gegen den Rest der Belegschaft, unter die sich die übrigen Aktien aufteilen. Ein sozial rücksichtsloser Direktor kann eine solche AO auf dieser Grundlage privat ausbeuten; ein langfristig denkender und mit nicht mehr als einem gesunden Egoismus ausgestatteter Direktor wird unter gleichen Verhältnissen allerdings keine Entscheidungen treffen, die das – zumeist geringe – fliessende Kapital aus der AO heraus zieht und es privat konsumieren, weil er sich damit auf Dauer die eigene Existenz zerstört. Er wird Interesse an einer Re-Investition der Profite haben, wenn es Profite gibt. Wenn es keine gibt, wird er zwar Interesse daran haben, die kollektive Arbeit zu intensivieren, um die gemeinsamen Erträge zu steigern und Geld für Investitionen wie für die Versorgung der AO zu gewinnen, er wird aber kein Interesse daran haben, den Arbeitstag seiner AO-Mitglieder im kollektiven Bereich über die Massen zu überdehnen, weil er ihnen – im eigenen Interesse – Raum lassen muss, ihre Gärten- beziegungsweise Garten-Hof-Wirtschaft zu betreiben – wenn er sie nicht in Ware oder Geld vergüten kann. Andererseits sind die Mitglieder der AO an einer Leitung interessiert, die Eigeninteresse und Interesse am gemeinschaftlichen Wohl in einer solchen Weise verbindet, die das Funktionieren des Gesamt-Betriebs und die Freiheit zur eigenen Wirtschaft gleichermassen ermöglicht. So ist beiden Seiten geholfen.

Als Vorsitzender der Bezirksagrarkommission ist Bugakow anerkannter Berater in der Region: Zusammen mit der Regionalen Agrarkommission von Nowosibirsk hat er ein Netz so genannter Basiswirtschaften entwickelt, in dem die Erfahrungen mit der Organisationsform von IRMEN weitergegeben werden. An einem Betrieb pro Bezirk werden die Erfahrungen von IRMEN für die anderen Wirtschaftseinheiten des Bezirks demonstriert. In Versammlungen werden die Ergebnisse beraten, wer Hilfe braucht, kann Unterstützung bekommen. »Es geht nur langsam«, meint Bugakow, »aber hier und da wächst inzwischen etwas heran.«

Zusammen mit der Vereinigung ›Sibirische Übereinkunft‹, welche offizielle und inoffizielle Machtträger aller sibirischen Regionen vertritt, und dem Russischen Unternehmerverband, der MARP, versucht man zudem, die agrarisch orientierten Basiswirtschaften mit örtlichen Industrien zu ›Komplexwirtschaften‹ zusammenzuführen. Auch hierbei wird mit marktwirtschaftlichen Methoden an alten Vorstellungen aus der Sowjetzeit angeknüpft.

Bugakows IRMEN ist das beste Beispiel für das, was Schanin, als ›extrapolare Ökonomie‹ beschreibt: Eine Mischung aus kollektiver und privater, dirigistischer und selbstbestimmter, sozialistischer und marktwirtschaftlicher Produktion und Lebensweise. IRMEN ist ein wohlhabendes Beispiel, vielleicht eine Ausnahme, könnte man einwenden. Als ehemalige Mustersowchose brachte IRMEN beste materielle Voraussetzungen mit, den Sprung zu schaffen. Aber erstens ist bemerkenswert, dass ausgerechnet eine Mustersowchose diesen Schritt zur realen Privatisierung schafft und zweitens kann man in Russland inzwischen auch anderswo vergleichbare Strukturen finden. Keineswegs alle stehen ökonomisch auf dem hohen Niveau wie IRMEN. Manche dümpeln auf einem sehr niedrigen Niveau der sozialen Versorgung wie auch des persönlichen Konsums, nicht wenige liegen sogar im Elend. Die innere Struktur, die den einen ein gutes Leben ermöglicht, den anderen aber trotz Krise immerhin noch das Minimum eines sozialen Rahmens und den Erhalt der physischen Existenz, ist jedoch die gleiche: Es ist die Symbiose von kollektiver Bewirtschaftung mit Formen der familiären Subsistenzwirtschaft, die den einen eine zufriedenstellende Existenz, den anderen aber zumindest ein Überleben in der Krise ermöglicht, weil sie ein Minimum an wirtschaftlichem und sozialen Zusammenhang erhält.

Das Paradox der Privatisierung – wie aus dem Feld der Garten wurde

In Russland wurde und wird privatisiert. Eine wesentliche Rolle spielt dabei die Umgestaltung auf dem Land, von der die Reformer sich starke Impulse für die ideologische Verankerung ihres Kurses erhofften. Die Privatisierung entwickelte sich aber anders als geplant, gewissermassen hinter dem Rücken der Akteure: Die 1992 eingeleitete Umwandlung der Sowchosen und Kolchosen in Aktiengesellschaften sollte der Startschuss für die Entwicklung einer privaten Bauernschaft sein. Die Verteilung der Anteilscheine für Grund und Boden der kollektiven Betriebe vollzog sich mehr oder weniger reibungslos innerhalb von ein, zwei Jahren und einige Mitglieder, häufig die aktivsten, machten sich ab 1992 zunächst tatsächlich selbstständig.

Doch kehrte die Mehrheit derer, die Ausgründungen als Privatbauern versuchten, schon kurze Zeit später entnervt in die kollektiven Zusammenhänge zurück, verkaufte oder verpachtete den eigenen Anteil einschliesslich des Aktien-Anteils am Betrieb für das Recht, im eigenen Haus und mit eigenem Hof und Garten die Infrastruktur der Gemeinschaft nutzen zu dürfen. Die Mehrheit derer, die aufbrachen Privatbauer zu werden, wurde so zum Privatgärtner.

Auch das zweite Ziel der Privatisierung, die Schaffung kapitalkräftiger landwirtschaftlicher Grossbetriebe verwirklichte sich nicht wunschgemäss; innerhalb der Betriebe nahm die Umverteilung zwar den beabsichtigten Verlauf, aber mit nicht gewolltem Ergebnis: Geplant war eine »ideale Verteilung«, so nennt es der Professor Agrarökonom und Spezialist für Kleinlandwirtschaft am Institut für Weltwirtschaft in Moskau, Gelii Schmeljow: »Das hiess«, erklärt er, »dass jedes Mitglied des landwirtschaftlichen Betriebs seinen oder ihren Anteil bekommen sollte, unabhängig von Alter, Geschlecht oder Beruf und der Frage der Nutzung des Bodens. Tatsächlich aber lief die Verteilung rein formal über die landwirtschaftlichen Behörden. Was kommt dabei heraus? Die Mehrheit der Leute wissen gar nicht, wo sich ihr Stück Land befindet. Aus Unkenntnis verkaufen sie es oder es wird von der Sowchose verkauft, ohne dass sie es bemerken.«

Was blieb, heisst das im Klartext, war auch hier wieder der Garten: Aus Besitzern von Land-Anteilen wurden auf diese Weise ebenfalls dörfliche Kleingärtner.

Die dritte Strophe dieses Liedes ist die Verwandlung des städtischen Datschenbesitzers in einen ländlichen Kleingärtner: Zu Sowjetzeiten war die Datscha Leihgabe der Betriebe, in denen man beschäftig war, mit Nutzungsrecht auf Lebenszeit, beziehungsweise für die Dauer der Beschäftigung, was unter den Bedingungen der sowjetischen Arbeitsorganisation in der Regel identisch war. Durch Verordnungen Ende der 1980er Jahre und durch die folgenden Privatisierungsgesetze seit Anfang 1991, die den Kauf und Verkauf von Datschen gestatteten, gingen die Eigentumsrechte von den Betrieben auf die Nutzer der Datschen über, die damit zu deren Eigentümern wurden. Die Betriebe gaben ihre Verantwortung für die infrastrukturelle Erschliessung, Pflege und Instandhaltung der Datschensiedlungen ab – die nunmehr von den Datschengemeinschaften übernommen werden mussten. Gleichzeitig stellten viele Betriebe die bis dahin übliche Verpflegung ihrer Belegschaften und Versorgung mit Nahrungsmitteln ein, die teils sogar aus betriebseigenen Gärten bezogen worden war. Mit der Fürsorge für die Datschensiedlungen wurde auf diese Weise zugleich die gesamte grüne Betriebsseite liquidiert. Die Folge: Ab sofort waren die Betriebsangehörigen für ihre Versorgung mit Grundnahrungsmitteln selbst verantwortlich, was sie privat an die Datscha bindet, wo sie nun Kartoffeln, Gemüse, Obst, Beeren selbst anbauen, Kleintiere halten und sich um deren Produkte selbst kümmern müssen. Dafür brauchen sie eine Datschengemeinschaft. Die organisieren sich entweder selbst oder schliessen sich einer Dorfgemeinde an. So verwandelt sich auch der individuelle Empfänger kollektiver Versorgung in den kollektiv organisierten selbstversorgenden Kleingärtner.

»Im Ergebnis«, so Schmeljow, »tragen die privaten Zusatz-Wirtschaften heute mehr als die Hälfte zur Versorgung der Bevölkerung bei, in einigen Ländern der GUS, im zentralasiatischen Teil, sogar bis 80%. Bei Kartoffeln sind es 92%, ungefähr 70% bei Gemüse, mehr als 80% bei Früchten und Beeren, mehr als die Hälfte bei der Tierhaltung. Die übrigen Produkte der Landwirtschaft werden von Grossproduktionen erbracht.«

In der Vereinigung von grosser und kleiner Produktion sieht auch Schmeljow den einzigen Weg aus der Krise: »Zwischen ihnen besteht eine Arbeitsteilung: Getreide, technische Kulturen, Zuckerrohr, Sonnenblumenöl und so weiter liegt bei den Grossen. Das ist nicht so verabredet, das hat sich spontan so ergeben, weil es bei den Grossen die Mechanisierung gibt, die grossen Felder. Was aber die arbeitsintensiven Kulturen betrifft, Gemüse, Früchte, so ist das der Klein-Produktion zugefallen.« »Überhaupt bringt die Klein-Produktion einige Produkte hervor, die für die Familien sehr wichtig sind. Und die stellen ja schliesslich die Arbeitskräfte für die Grossen. Wenn man sich vorstellt, dass diese kleinen privaten Betriebe keine Milch für sich produzieren würden, Fleisch, Gemüse, Kartoffeln, dann müssten die Grossen die Versorgung übernehmen. Dann müssten die sich von der Spezialisierung lossagen und eine breite Palette von Produkten der Versorgung herstellen. Das würde sich negativ auf die Versorgungslage auswirken. Insofern gibt es keinen anderen Weg.«

Wie vor ihm Schanin, Nikulin und andere zeigt auch Schmeljow sich überzeugt, dass diese Symbiose nicht nur Ausdruck der Krise ist: »Die Bauernschaft ist gewohnt in dieser kollektiven Weise zu leben, in der Obschtschina. Ich sage das, obwohl meine Studien der Stolypinschen Zeit ergeben, dass ungeachtet der traditionellen Lebensweise das Leben nach Art der Obschtschina schon damals zerstört wurde. Wenn Stolypin noch zwanzig Jahre für seine Reformen gehabt hätte, dann wären die Resultate sicher sehr grundlegend geworden, denn im Grunde war in der Obschtschina natürlich sehr viel Negatives angelegt. Und vom Standpunkt der heutigen Landwirtschaft hat der Westen gezeigt, dass die Obschtschina sich überlebt hat. Ich denke, das zeigt sich auch bei uns. Die wirtschaftliche Initiative wurde natürlich behindert. Wir hatten Untersuchungen zum Vorabend der Stolypinschen Reform: Da gab es offensichtlich viele Bauern, die nicht eigenständig über die Saat, die Ernte entscheiden konnten. Alles wurde in der Obschtschina entschieden. Zudem wurde dort ja auch periodisch der Boden zwischen den Höfen umverteilt. Das hielt die Kultivierung des Bodens auf: Wenn einer den Boden verbessert hatte, dann kriegte ihn anschliessend eine andere Familie. So gab es natürlich Negatives.«

»Aber ebenso natürlich«, schränkt Schmeljow ein, »kann man die Obschtschina nicht nur negativ sehen, denn vom Standpunkt des Sozialen aus war sie positiv: In ihr wurden schwache Familien versorgt, es gab Hilfe. Die Entscheidung diverser Fragen geschah gemeinschaftlich. Das war nicht schlecht. Dabei würde ich nicht einmal nur von der Obschtschina sprechen, sondern von verschiedenen bäuerlichen Traditionen: Ich selbst konnte beobachten, sagen wir, wenn ein Haus abbrannte, dann half das ganze Dorf, es wieder aufzubauen. Wenn die Verwaltung niedergeht, dann versammelt man sich und hilft sich gegenseitig. Ich war in Danu im Kuban. Dort ist eine solche Freundlichkeit zwischen den Familien, die leben da wie die Verwandten miteinander. Das kann mit der Obschtschina zusammenhängen aber auch mit noch weiter zurückreichenden Traditionen. Dies alles hat auch seinen eigenen Namen: Gegenseitige bäuerliche Hilfe.

Ich habe auch ein persönliches Beispiel dafür: meinen Grossvater. Man spricht ja von Kulaken, Dorfarmen und Geschäftemachern im Dorf. Mein Grossvater war ein Dorfarmer, aber ihm gegenüber war die Wirtschaft eines Kulaken, der nicht nur ein Pferd hatte wie mein Grossvater, sondern viele. Wenn es darum ging, den Brunnen zu säubern, dann gab es Streit. Mein Grossvater sagte zu ihm, warum soll ich den Brunnen säubern, wo ich doch kaum Vieh habe, mach es doch selbst. Und so gab es Konflikte. Aber als das Pferd meines Grossvaters stürzte und er kein Pferd mehr hatte, da rief ihn der Kulak, sagte, such dir eines von meinen aus und nimm es mit. Das heisst, das ist Hilfe sogar zwischen Leuten, von denen unsere offizielle Propaganda sagte, dass sie verfeindeten Schichten angehörten. Die Kolchose war ja eher von oben eingerichtet, die Tradition der gegenseitigen Hilfe dagegen wächst von unten. Was fand Stalin an den Kolchosen gut? ›Früher war der Bauer sich selbst überlassen, und entschied alles selbst, schrieb er. Jetzt braucht er sich keine Gedanken mehr zu machen; für ihn entscheidet die Verwaltung.‹

Das war natürlich eine administrative Form, aber aufs Ganze gesehen gewöhnten sich die Bauern an die kollektive Lebensweise. Heute kann man sich im Westen nur schwer vorstellen, dass der Bauer keinen Boden haben will. Was für ein Nonsens, heisst es, jetzt gibt es privates Eigentum und der Bauer will das Land nicht haben. Aber insofern man uns das Land abtrainiert hat, gibt es jetzt kein besonderes Verlangen, zumal ein grosses Risiko darin liegt, eine eigene Wirtschaft zu beginnen.«

»Wenn das Gewicht der Selbstversorgung aber nun einmal so stark ist«, schliesst Schmeljow, »dann braucht es natürlich auch eine gewisse Hilfe: Es muss Kredite geben, man muss Mini-Technik herstellen, Klein-Traktoren, Kultivatoren, von denen es jetzt wenig gibt, und muss sie der Bevölkerung für ihre Arbeit verkaufen.« Leider habe die offizielle Agrarpolitik diese Tatsachen noch nicht verstanden. Doch ist er zuversichtlich: »Ich denke, das kommt alles schon richtig«, meint er. »Man muss Optimist sein. Es gibt bei uns heute einige Initiativen, die dazu entstehen. So in Moskau. Ich schreibe darüber in meinem neuen Buch. Da wurde eine Vereinigung gegründet, ›Vereinigte staatliche Betriebe zur Entwicklung der Moskauer Region‹. In deren Aufgabenbereich liegt die Entwicklung der Infrastruktur einer Gartengenossenschaft. Bei uns in Moskau hat mindestens eine Million Familien ein Garten-Stück. Es werden bedeutende Mittel ausgegeben. Womit beschäftigen sich die Leute dieses Betriebes? Man besorgt Boden für Pensionäre und verteilt ihn – umsonst. Man kauft Autos – es gibt ja viel Abfälle, der Müll muss beseitigt werden, man braucht Patrouillenwagen für die Miliz, Transportmöglichkeiten für Sanitäre, für Erste Hilfe. In den Aufgabenbereich des Betriebs fällt auch die Instandhaltung der Wege der Garten-Genossenschaft. Das sind interessante Erfahrungen.«

Noch sei dieser Ansatz eine Ausnahme, so Schmeljow, aber er bemühe sich darum, die Idee zu propagieren. »Die Garten-Genossenschaft beschäftigt sich im übrigen nicht nur mit dem Moskauer Bezirk, sondern auch mit anderen Regionen – allerdings für Moskauer. Moskauer haben Gartenstücke in einem Radius von zweihundert Kilometern um Moskau. Da gibt es ja noch eine weitere sehr grosse Aufgabe, die auch sehr grosse Finanzmittel erfordert: Die Senkung der Tarife für den Personentransport. Wenn man zweihundert Kilometer zur Datscha fahren muss, dann bleibt einem kein Pfennig auf der Naht, das reisst einem einfach Löcher in die Taschen.«

Ja, es sehe so aus, stimmt er in das Staunen seines Besuchers ein, als ob die eigentliche Privatisierung sich nicht über Aufteilung der grossen Wirtschaftseinheiten in private Bauernhöfe vollziehe, sondern durch das Anwachsen dieser kleinen privaten Zusatz-Wirtschaften. Da komme die Entwicklung des Privaten von einer ganz unerwarteten Seite. »Darüber hat man früher nicht nachgedacht«, sinniert er, »aber es findet so statt.« Für diese Entwicklung gebe es bisher keine Begriffe, auch nicht ausserhalb Russlands. Diese Erscheinung sei etwas, was als Produkt der russischen Transformation zum ersten Mal überhaupt auftauche. »Das ist natürlich eine Entwicklung, die theoretische und praktische Untersuchung erfordert«, schliesst er. »Man muss begreifen, dass dies eine Entwicklung auf lange Zeit sein wird.«

***

Damit ist die Paradoxie der russischen Privatisierung benannt und zwar weit über den landwirtschaftlichen Bereich hinaus: Zu sowjetischen Zeiten war die Versorgung der Bevölkerung über die kollektiven Strukturen so geregelt, dass das Individuum in dieser kollektiven Fürsorge aufgehoben war – paradox, aber wahr: Es war frei, frei von wirtschaftlichen Alltagssorgen. (Von Politik oder gar von Emanzipation reden wir hier nicht.) Die kollektive Organisation des Lebens liess für das Individuum einen Puffer entstehen, durch den der unmittelbare Druck der Vorsorge von ihm genommen war. Mehr noch: Die kollektive Versorgung in der Sowchose, der Kolchose oder dem Betriebskollektiv erweiterte den Raum für persönliche Entfaltung des Einzelnen – vom eigenen Schwein oder der eigenen Kuh bis hin zur Pflege ganz persönlicher, einsiedlerischer, anarchischer Marotten in den Freiräumen der

Kollektive. Vergeblich versuchte die Sowjetführung diesen Trend einzudämmen.

Gerade die kollektive Lebensorganisation wurde zum Entwicklungshelfer des privaten Interesses, das sich dann in der allgemeinen Systemkritik Bahn brach, weil es ideologisch immer weniger in das Selbstverständnis des Systems passte. Die Ergebnisse der daraus folgenden Privatisierung sind aber ebenso paradox wie ihre Ausgangssituation: Die Privatisierung setzte nicht an der Förderung des privaten Interesses bei Beibehaltung des kollektiven Rahmens an, sondern zielte so massiv auf die Zerschlagung des kollektiven Fürsorgerahmens, dass die Menschen zur Wahrung ihres blossen persönlichen Überlebens, ganz zu schweigen von der Wahrnehmung weiter reichender privater Interessen heute wieder in die kollektiven Strukturen flüchten. Hier werden nach fünfzehn Jahren nunmehr die eigentlichen Ergebnisse der russischen Privatisierung deutlich erkennbar: Die Entstehung eines persönlichen Bewegungsspielraums in der Symbiose von marktwirtschaftlich orientiertem Kollektiv und der Garantie einer privaten Selbstversorgung auf einem eigenen Stück Land. Die Privatisierung aktiviert die Verbindungen des Einzelnen zum Land, dies allerdings nicht in der Rückverwandlung von Städten und Fabriken in unberührtes Land und Arbeitern in Bauern: Die Natur kehrt als Garten zum industrialisierten Menschen zurück.

Die Obschtschina im Blick der russischen Linken

Man werfe jetzt ausgerechnet das weg, was die Errungenschaften der sowjetischen Periode gewesen sein, antwortet Boris Kagarlitzki* auf die Frage, was nach zehn Jahren Perestroika erreicht worden sei. »Damit meine ich das«, erläutert er, »was wir in der Welt dargestellt haben, also fundamentale Wissenschaft, die soziale Sphäre, das Gesundheitswesen, die Bildung und schliesslich noch einen Aspekt des sowjetischen Systems, der bis heute kaum beachtet wurde, die Obschtschinost, die Gemeinschaft des industriellen Arbeitskollektivs. Das ist im Grunde die alte zaristische Bauerngemeinschaft, nur ausgerichtet auf die Notwendigkeiten der industriellen Produktion. Im Zuge der schnellen Industrialisierung wurden die Bauern aus dem Dorf in die Stadt geworfen, dort begannen sie sich nach fast den gleichen Prinzipien wie auf dem Dorf zu organisieren; unser Staat selbst ist so organisiert. Für den Staat ist das bequem. Das ist kein westliches Proletariat und auch nicht das mythische Proletariat der sowjetischen Ideologie; das gab es sowieso nie. Das ist die normale traditionelle bäuerliche Nachbarschaftsgemeinschaft, aber organisiert rund um Fabriken. Der Staat verwaltet die Betriebe, diese verwalten ihre Leute. In den Betrieben wirken wechselseitige Verpflichtungen. Die Administration achtet auf Disziplin, die Arbeiter haben ihre sichere Arbeit. Deshalb gibt es keine bürgerlichen Beziehungen zwischen dem Staat und seinen Untertanen und der Untertanen untereinander. Es gibt nur die Beziehungen des Staats zu den Kollektiven, seltener auch der Obschtschinas untereinander. Diese Strukturen versucht man jetzt zu zerstören, wenigstens aber zu korrumpieren.«

Auf den Einwurf, das hätten ja schon Alexander II. und Stolypin vor der Revolution von 1917 vergeblich versucht,

* Boris Kagarlitzki ist deutschsprachigen Leserinnen und Lesern als profilierter Reformlinker bekannt. 1992 war er Abgeordneter des Moskauer Stadtsowjet, später Mitbegründer der ›Partei der Arbeit‹. Nach vorübergehenden taktischen Spielchen mit der KPRF 1994–1995 agiert er jetzt als parteiloser Linker.

antwortet Kagarlitzki: »Ja, für Stolypin trafen unvereinbare Widersprüche aufeinander: Einerseits war es aus seiner Sicht zur Forcierung des industriellen Wachstums notwendig, die Obschtschina zu zerstören, um eine Masse freier Arbeiter zu erhalten; andererseits war die Obschtschina noch die steuerliche Basis des russischen Staats. Hätte man die Obschtschina schnell zerschlagen, dann hätte das bedeutet, dass die steuerliche Basis eher zusammengebrochen wäre als neue Arbeitsplätze für die entstanden wären, die aus der Obschtschina herauskamen. Im Ergebnis versuchte Stolypin, die Obschtschina nicht zu zerstören, sondern zu korrumpieren, genauso wie heute. Daraus ist aber nichts weiter gefolgt. Die gegenwärtige Macht befindet sich in einer vergleichbaren Situation. Auf der einen Seite will man die Modernisierung und dafür müsste man die heutigen Formen der Obschtschina liquidieren, vor allem die wechselseitige Verpflichtung zwischen Verwaltung und Arbeiterschaft. Wenn man sie aber schnell zerstört, dann werden wir nicht nur 60% Produktionsrückgang für fünf Jahre haben, sondern 100%. Das wäre das Ende, denn andere Mechanismen gibt es nicht. Deshalb gingen sie denselben Weg wie Stolypin: sie versuchen, sie zu korrumpieren, das heisst, sie von Subventionen abhängig zu machen. So kommt es, dass die Obschtschina bis heute noch Solidarität kennt, andererseits schon von inneren Spannungen zerfressen wird. Der Direktor gehört irgendwie mit zu den Arbeitern, aber er erhält doch, sagen wir 5000 Dollar im Jahr, während der Arbeiter nichts bekommt. Wir verlieren zur Zeit die Obschtschinost; ob das gut oder schlecht ist, ist eine zweite Frage. Vielleicht haben wir sie auch noch nicht verloren. Zur Zeit hat die Wirtschaft drei Sektoren: Erstens einen äusserst engen formalen Bereich, vor allem in Moskau, in Leningrad, das sind gewissermassen Enklaven der westlichen Wirtschaft, zweitens die nichtformale Wirtschaft, drittens die Obschtschinas im Stadium der Auszehrung.«

Die Obschtschinas sind auch in den Augen Boris Kagarlitzkis nicht nur Notgemeinschaften, die sich aus Überlebensgründen gegen ihre Auflösung stemmen: »Ich sage noch mehr: Wer schafft Valuta für Russland? GASPROM, die Öl- und Gasindustrie und ähnliche, also unsere Exporteure, die auf dem Weltmarkt tätig sind! Sie sind konkurrenzfähiger als die Betriebe, die nach den neuen politischen Prinzipien organisiert sind. Und GASPROM – das ist die typische korporative Struktur der Obschtschina. Sie können monatelang ohne Lohn arbeiten lassen und dann zu Dumpingpreisen verkaufen!« Der Versuch, die Obschtschina zu liquidieren, sei also wieder einmal misslungen: »Gaidar wollte es, auch der IWF. Aber es geht nicht. Als sie es versuchten, gab es einen riesigen Produktionsabfall. In ihrem Vorgehen gegen die Betriebskollektive haben sie die finanzielle Basis zerstört – das ist die Steuerkrise, die wir heute haben. Privatisierte Betriebe hörten auf, ihre öffentlichen Funktionen wahrzunehmen, andere fuhren damit fort, verwandelten sich aber in einen Verlustbetrieb. In beiden Fällen muss der Staat einspringen; statt Einnahmen von den Betrieben zu erhalten, muss er sie zusätzlich stützen. So entsteht eine gefährliche neue Krisenrunde, weil das Geld nicht ausreicht.«

Aus dieser Entwicklung, so Kagarlitzki, folge eine widersprüchliche Lage, nicht Kapitalismus, aber auch nicht Sozialismus: »Als Objekt der Aktivitäten des IWF, als zukünftiger Teil des Weltmarkts, sind wir selbstverständlich ein kapitalistisches Land. Darüber hinaus bleibt Russland jedoch seine eigene Welt, für die andere als kapitalistische Gesetze gelten. Die Arbeiter bekommen ihren Lohn nicht, gehen aber zur Arbeit. Ist das ein kapitalistisches Arbeitverhältnis? Nein, das ist eben die Obschtschina! Die Menschen leben auf Kosten der Solidarität der Gemeinschaft. Das ermöglicht dem Staat, seinen Verpflichtungen nicht nachzukommen – dafür bezahlt das Volk keine Steuern (lacht). Also, Obschtschina, das ist diese kompakte wechselseitige Verpflichtung, der korporative Bau. Er bewahrt nicht nur traditionelle Elemente, vermischt mit sozialistischen, er existiert einfach aufgrund anderer Gesetzmässigkeiten als denen der kapitalistische Welt: denen der naturalen Wirtschaft, einer Wirtschaft des unmittelbaren geldlosen Tauschhandels; Lohn wird nicht gezahlt, aber dafür werden Produkte ausgehändigt. Demokratie im westlichen Sinn existiert ebenfalls nicht. Sie ist auch nicht möglich, weil eine bürgerliche Gesellschaft andere soziale Beziehungen erfordert. In der Obschtschina ist die Beziehung der Menschen zueinander von kollektiven Verpflichtungen geprägt und nicht von individuellen.«

Auf die Frage, ob er es für möglich halte, dass die Menschen sich heute von der Basis her zusammenschlössen, antwortet er:

»Ich denke, es gibt keinen anderen Ausweg, denn die alten Zwangsgemeinschaften gibt es schon nicht mehr, obwohl sie in den Traditionen noch wirken. Hinauszugehen ist immer noch ein Schritt in die Ungewissheit. So beginnen die Menschen sich freiwillig zusammenzuschliessen, weil der Staat ihnen keinen Lebensschutz mehr gewährt. Im Grunde wollen Sie den staatlichen Paternalismus, sie fühlen sich verlassen, vom Staat verraten. So wächst das Misstrauen in den Staat. Darüber hinaus wächst in diesen kriselnden Obschtschinas so etwas wie eine kollektive, assoziative Beziehung zwischen den Menschen heran. Im Prinzip ist sie in den neuen Gewerkschaften angelegt, allerdings noch sehr unterentwickelt. Die neuen Gewerkschaften entsprechen zum einen den westlichen; das ist nicht unbedingt beängstigend, andererseits sind sie den Fragen nicht gewachsen, die jetzt anstehen. Das heisst, sie können die Probleme der korrumpierten Obschtschina nicht lösen. Wie kann ein Gewerkschaftsführer, der zugleich Direktor ist, die Interessen der Arbeiter schützen? Im Übrigen sind die alten Gewerkschaften zum Teil noch erhalten und bilden so eine Behinderung für die neuen. Dann die Kommunistische Partei: Eine Super-Obschtschina! Eine einzige korporative Gemeinschaft! Sie verbindet die Masse der Pensionäre und Leute der alten Generation in den Städten und auf dem Land. Wenn der Chef der Administration Kommunist ist, kann man auf diese Weise sogar Arbeit finden. Im übrigen ist das nicht einmal eine politische Frage, sondern einfach eine von alten Beziehungen. Diese Super-Obschtschina ist zum einen ein Schutz; sie unterstützt die Menschen in dieser Krise. Auf der anderen Seite ist sie ein Hindernis für die Entstehung einer neuen freien, sozialen Kraft. Insgesamt haben wir eine Situation, in der demokratische Institutionen in den Regierungsetagen simuliert werden. Wir haben ein Parlament, das nichts entscheidet. Wir haben Wahlen, aber alle wissen, wenn sie nicht richtig wählen, dann werden die Wahlen annulliert, dann wird mit Bürgerkrieg gedroht. Das ist wie ein Mechanismus, der durchdreht; die Räder drehen, aber das Gefährt kommt nicht vom Fleck. Auf der anderen Seite gibt es diese Strukturen der Obschtschina, die immer noch funktionieren. Das ist der Grund, warum wir trotz allem einiges an tatsächlicher Freiheit haben. Russland ist einfach gezwungen, einen nicht standardisierten Weg zu gehen.«

***

Bei allem Interesse an der Dynamik der mit Obschtschina verbundenen Traditionen setzt sich Kagarlitzki doch entschieden vom konservativen Verständnis der ›Obschtschina‹, ab. Von den Konservativen, auch der KPRF (Kommunistische Partei der Russischen Förderation), so Boris, werde ›Obschtschinost‹ und ›Sobornost‹ gleichgesetzt. Sobornost ist die geistliche Gemeinschaft im griechisch-orthodoxen Glauben. Das Verständnis von Obschtschina als ›Sobornost‹, als geistliche Gemeinschaft gehe aber, so Kagarlitzki, auf die Propaganda der konservativen Slawophilen des vorigen Jahrhunderts zurück, die damit dem progressiven Verständnis der ›Obschtschina‹ als mögliche Zelle einer sozialistischen, gegen die Selbstherrschaft gerichteten Emanzipationsbewegung hätten entgegenwirken wollen. Für Kagarlitzki ist ›Obschtschina‹ keine geistliche Gemeinschaft, sondern ein sozialer Lebenszusammenhang auf Basis gemeinsamer wirtschaftlicher und sozialer Interessen, in dem die Religion keineswegs das verbindende Element, sondern sogar Privatsache sei. Jede Festlegung der ›Obschtschina‹ auf eine einzige geistige Ausrichtung fällt für ihn ebenso unter den Begriff der ›korrumpierten Obschtschina‹ wie deren soziale Aufspaltung. Zwar bezieht Kagarlitzki sich ausdrücklich positiv auf die Tradition der Narodniki, die Ende des vorigen Jahrhunderts ›ins Volk‹, das heisst eben in die ›Obschtschinas‹ gingen, vermieden werden müsse aber ein anarchisches Verpuffen sozialer Energien, wie im Fall der Narodniki, ebenso wie auch die Wiederholung von Avantgardemodellen leninscher Prägung, bei denen versucht werde »von aussen etwas hineinzutragen«. Es gehe nicht darum, neue Modelle zu entwerfen und sie auf die Bewegung »anzuwenden«, sondern in der realen Bewegung die Organisationsformen zu finden, die es bewusst zu machen, zu unterstützen und zu koordinieren gelte. Dabei komme den Linken die Aufgabe zu, den Gruppenegoismus der voneinander isolierten Gemeinschaften durch Aufbau eines politischen Netzes überwinden zu helfen.

Kapitel 4

»Die Expansion hat sich erschöpft…«
Igor Tschubajs über die russische Idee

Igor Tschubajs, Professor für Philosophie Russlands an der Universität für Völkerfreundschaft in Moskau, bemüht sich um eine Erneuerung des russischen Selbstverständnisses zwischen Modernisierung und Tradition. In Opposition zu seinem Bruder Anatolij Tschubajs, der als Chef der russischen Privatisierungsbehörde die Jelzinsche Schock-Therapie durchpeitschte, sucht Igor Tschubajs diesen Weg in der Akzeptanz der eigenen, russischen Geschichte. ›Russland auf dem Weg zu sich selbst‹, heisst 1998 eines seiner letzten Bücher. ›Priemstwo‹, zu deutsch Akzeptanz oder auch Kontinuität, lautet sein Stichwort. Im Sommer 2000 erschien ein Sammelband* unter diesem Titel, in dem die Ergebnisse einer internationalen Konferenz** dokumentiert werden. Eine Bewegung bilde sich unter dieser Fragestellung heraus, erklärt Tschubajs. Sie bekomme für Russland eine ähnliche Bedeutung wie seinerzeit die Frankfurter Schule für Deutschland oder die Wiener Schule für Österreich. In ihr wachse so etwas heran wie eine neue Philosophie Russlands. Gefragt, was er darunter verstehe, antwortet er:

»Die Philosophie Russlands, um es ganz knapp zu sagen, ist die Analyse der Schlüsselwerte, die es im historischen Russland gab. Damals nannte sich das die ›russische Idee‹. Es ist die Analyse der Werte, die es im Russland des Oktober, die es in der Sowjetunion gab: Was ist die kommunistische Idee, die kommunistische Ideologie und warum kam anstelle der russischen Idee die kommunistische? Das ist ja nicht zufällig. Das muss man verstehen. Generell ist Russland in vielem spezifisch. In gewisser Hinsicht erinnert es an Frankreich: In Frankreich fand 1789 die bürgerliche Revolution statt. Das

---

* Tschubajs, Igor, ›Akzeptanz – was mit Russland und mit uns sein wird‹, Russisch: ›Priemstwo‹, Verlag ›Bumaschnaja Galeria‹, Moskau, 2000
** Thema der Konferenz: ›Krise der russischen Identität: Gründe und Wege der Überwindung‹

Frankreich von 1789 und jenes nach 1789, das sind verschiedene Staaten. Die absolute Mehrheit aller Länder hat eine ungebrochene Geschichte, eine Kontinuität. In Frankreich ist die Geschichte zerrissen, in Russland auch, allerdings nicht räumlich wie in Deutschland während der Teilung, sondern der Zeit danach: Russland vor 1917 – das ist ein Staat; ein vollkommen anderer ist Russland nach 1917; 1991 brach dann die Sowjetunion, brach das sowjetische Wertesystem zusammen, die kommunistische Idee, und seit zehn Jahren formen wir nun schon so eine Art neuen Staat, ohne zu wissen, was für ein Staat das ist. Indem man versteht, was die russische Idee ist, worin ihre Krise bestand, warum an ihrer Stelle die kommunistische Idee kam und die kommunistische Ideologie, kann man aus dieser Entwicklung erkennen, was eine neue russische Idee sein kann.«

Drei Grundwerte sind nach Ansicht von Igor Tschubajs für die russische Identität bestimmend:

»Das Erste ist die Verbreitung, die Ausweitung des Staats, die imperiale Politik, die im 14. Jahrhundert unter Iwan Kalita begann. Vom Moskauer Fürstentum, wo wir uns jetzt befinden, begann die Herrschaft zu expandieren. Diese Expansion kam bis nach Alaska, bis nach Finnland, bis nach Mittelasien, das heisst, die Russen brachten das grösste Imperium in der Welt zusammen. Das war ein grosser Erfolg; viele Völker haben das angestrebt, aber nicht allen gelang die Gründung eines solch grossen Herrschaftsbereichs. Das Zweite ist: Ein wichtiger Grundbestandteil der russischen Idee ist die russische Rechtgläubigkeit, die russische orthodoxe Kirche und Kultur. Der dritte Grundwert ist der Kollektivismus der Obschtschina, das sind die auf die alte russische Bauerngemeinschaft zurückgehenden Gemeinschaftstraditionen. Alle Russen des vierzehnten, fünfzehnten, sechzehnten und siebzehnten Jahrhunderts lebten in Obschtschinas, Gemeinschaften, und waren Kollektivisten. Das also ist die russische Idee: Das Sammeln russischer Erde, die Orthodoxie und der Kollektivismus der Obschtschina.«

Zar, Kirche und Dorfgemeinschaft des alten Russland bildeten eine Einheit, wie sie enger nicht sein konnte. In Zar und Kirche verband sich das schier grenzenlose Land mit seinen zahllosen Völkern zu einer zentral geführten Einheit; die selbst verwalteten, aber dem Gutsherrn, dem Landesfürsten, letztlich dem Moskauer Hof verantwortlichen Dorfkollektive sorgten für die Umsetzung des einheitlichen Willens im täglichen Leben. Die Kirche gab ihren Segen dazu, indem sie die gemeineigentümliche Ordnung der Obschtschina zu der von Gott gewollten Form des Lebens erklärte. Den Bauern gab die Obschtschina Schutz, dem Moskauer Hof die Möglichkeit, den Willen der Verwaltung bis in die letzten Winkel des wachsenden Imperiums zu tragen, ohne sich mit den einzelnen ›Seelen‹, wie der Zar seine Untertanen nannte, befassen zu müssen. Diese Grundlagen, die das Leben des ganzen Landes bestimmten, so Tschubajs, kamen am Ende des neunzehnten und zu Beginn des zwanzigsten Jahrhunderts in die Krise. Es war eine Zeit der stürmischen Entwicklung auch für Russland:

»Nietzsche und Dostojewski beschäftigten sich zur gleichen Zeit mit der Krise des Christentums, Nietzsche bei Ihnen im Westen, Dostojewski hier bei uns in Russland. Nietzsche formulierte: An Stelle des alten, kommt ein neuer Übermensch, kommt freie Moral anstelle der alten Moral. Die imperiale Politik hatte sich Mitte des 19. Jahrhunderts vollkommen erschöpft. Weiter zu expandieren war nicht möglich. Die orthodoxe Kirche schwankte und der Kollektivismus der Obschtschina begann zu zerfallen. Die Stolypinsche Reform am Anfang des 19. Jahrhunderts orientierte sich auf private Hofwirtschaft. Kollektivismus gab es in Russland, weil die natürlichen Bedingungen so waren, dass alle einander helfen mussten, um zu überleben und alle Einkünfte wurden gleich gemacht. Am Anfang des Jahrhunderts tauchte eine neue Technik auf, neues Saatgut, neue Anbaumethoden, so dass das gemeineigentumbezogene Gleichmachen schon nicht mehr interessant war. So zerfiel die Einheit von Kollektivismus, Imperium und Kirche. Das Land brauchte dringend eine Reform – was aber kam, war die Revolution. Darin liegt die russische Tragödie, darin liegt das russische Elend.«

Nicht nur Russland kam in die Krise. Ganz Europa, so Tschubajs, durchlebte gegen Ende des neunzehnten Jahrhunderts eine Ideen- und eine Identitätskrise – die Krise des Christentums.

»Wenn man früher alles durch Gott entschied, nun aber kein Gott mehr da war, so brauchte man jetzt einen neuen starken Regulator: So entstanden die totalitären Regimes – in Italien Mussolini, Hitler in Deutschland, Franko in Spanien, Lenin in Russland. Das sind alles Zeugen eines Prozesses. Europa verlor seine Identität, verlor seine Regeln. Einer der Aspekte des Zweiten Weltkriegs war, dass zwei Mutanten zusammenstiessen, Stalin und Hitler. Stalin siegte – aber die Erfolge des Sieges geniesst der Westen, wo das abartige Regime vernichtet wurde. Europa erhielt Demokratie; im Westen brach das ganze unnormale System zusammen, bei uns aber ging das noch fünfzig Jahre lang weiter. Solange wir diese Identitätskrise nicht überwinden, neue Werte finden, die alten, ursprünglichen wieder errichten oder reformieren werden wir unsere Probleme nicht lösen.«

Vier Wechsel der Werte habe es seit dem Ende des 19. Jahrhunderts gegeben, erklärt Tschubajs: Vom christlichen Kontinuum zum Totalitarismus, Hitler auf der einen, Stalin auf der anderen Seite, vom Totalitarismus zur Demokratie, und in den letzten Jahren von der Demokratie, die ebenfalls in der Krise sei, zum Globalismus.

Auf die Frage, mit welchen zeitgemässen Inhalten die drei Grundsäulen der russischen Idee unter solchen Umständen modernisiert werden könnten, antwortet er:

»Ich denke ›Priemstwo‹ ist eine Antwort. Mag sein, dass es Menschen gibt, die etwas prinzipiell Neues ausdenken, ich glaube, dass die religiöse Idee eine Modernisierung braucht; die kann in den Formen der zeitgenössischen Kultur beschrieben werden. Wenn wir das nicht tun, dann werden wir sehr unruhige, nicht vorhersagbare Folgen zu tragen haben, denn dann werden wir überhaupt alles zugrunde richten: Kultur, Natur, uns. Nietzsches Meinung, dass aus dem alten Menschen der neue Übermensch ohne Gott hervorgeht, war, meine ich, ein grosser Fehler. Dostojewski hat das in Russland alles sehr stark gefühlt. Einer seiner Helden, aus den ›Brüdern Karamasow‹, sagt: ›Wenn es keinen Gott gibt, dann ist alles erlaubt‹. Das ist dieser Satz, der heute vielfach wiederholt wird. Nur würde ich es heute anders sagen: ›Wenn es keinen Gott gibt und alles erlaubt ist, dann wird es keinen Menschen mehr geben!‹ Wir glauben, wir hätten Gott beiseite geworfen – wir haben uns selbst beiseite geworfen, wir vernichten uns selbst.«

Eine neue russische Identität lasse sich nicht von oben dekretieren, wie Boris Jelzin es 1996 versucht habe, erklärt Igor Tschubajs, sie müsse in breiter Debatte »entlang der Logik der russischen Geschichte« und auf der Basis der Vorarbeit von Spezialisten aller Gebiete herausgearbeitet werden. Den aktuellen Stand des Problems skizziert er so:

»Es ist klar, dass Russland diese Werte heute nicht hat, dass es keine eigene Idee hat. Nach der Auflösung der Sowjetunion, nach dem Zusammenbruch der kommunistischen Idee, haben das natürlich alle begrüsst. Ich selbst war lange Mitglied in der Demokratischen Bewegung, habe mit der Partei gekämpft. Das Problem ist ja aber nicht, dass die alten Regeln zerstört wurden, sondern dass es keine neuen gibt und dass die Demokratie keine Demokratie ist: Demokratie – das sind normale Regeln, moralisch, historisch erprobt. All das gibt es bei uns nicht; wir haben keinerlei Regeln. Und in dieser Situation hat Russland vier Varianten, seine Identität wiederherzustellen, vier verschiedene Wege. Erstens: Dieses neue Russland kann einfach eine Neuausgabe der Sowjetunion werden. Zweitens: Das neue Russland kann seine ganze Geschichte beiseite werfen und den Westen kopieren. Das ist die ›Union rechter Kräfte‹ meines Bruders Anatolij. Aber ich glaube ihnen kein Wort: Sie sagen das eine, denken das zweite und tun das dritte. Nur formal kann man den Westen kopieren. Das ist pervers, lächerlich. Wir haben eine Geschichte von zwölf Jahrhunderten, Russland ist einer der ältesten Staaten der Welt. Wie kann der einfach seine Geschichte wegwerfen. Der dritte Weg ist eine Sammlung aus allem: Ein bisschen Wiedererrichtung der UdSSR – gerade eben hat man bei uns ein Denkmal für Andropow aufgestellt – ein bisschen Kopie des Westens – wir haben jetzt einen ›Meir‹, das heisst einen Bürgermeister, einen ›Präsidenten‹, ein ›Weisses Haus‹ – und schliesslich ein bisschen vom alten Russland. Aber so kann man sich nicht bewegen; das ist alles sinnlos. Das einzige, was aus meiner Sicht, akzeptabel ist – die vierte Variante – das ist der Weg der Kontinuität, von ›Priemstwo‹, der Weg der

Akzeptanz, der Wiedervereinigung mit der eigenen Geschichte.«

Eine solche Wiedervereinigung müsse an den gewachsenen Werten anknüpfen, sie aber selbstverständlich zeitgemäss transformieren:

»Also, das Sammeln der Erde: Die Expansion hat sich erschöpft und es ist die Logik der Geschichte, das dann das qualitative Wachstum beginnen muss. Jedes Kind beginnt als Kleinkind, wächst dann zwanzig Jahre und danach wächst es nicht mehr physisch, sondern intellektuell, charakterlich. Russland hat nun einen Punkt erreicht, an dem es sich physisch nicht weiter ausdehnen kann. Deshalb geht es nicht um neue Landnahme, nicht um neue Waffen, sondern darum, von quantitativem Wachstum zum qualitativen zu kommen. Wir müssen nicht die Armee verbreitern, nicht die Flotte weiter ausbauen. Natürlich braucht man eine Armee. Ich glaube nicht, dass die Armee überflüssig ist, aber ihr Platz ist begrenzt. Gebraucht wird dagegen Kommunikation; Strassen, Verbindungen, Wissenschaft, neue Technologien, Kultur, Kunst, Bildung, Medizin, das sind die wichtigsten Dinge. Man muss das Haus weiter ausbauen. Im grössten Haus der Welt hat man nur die Wände aufgestellt, nun muss es auch von innen eingerichtet werden. Man muss vom Rohbau zum Ausbau voranschreiten. Nicht nötig, in Tschetschenien Krieg zu führen, nicht nötig, Afghanistan zu besetzen, nicht nötig, unsere Divisionen in Tadschikistan zu stationieren, nicht nötig, weiter zu expandieren, sondern sich mit allen zu befreunden. Nötig ist, mit allen zu sprechen, damit der Frieden auf dem eigenen Territorium garantiert wird, innerhalb der eigenen Grenzen, und das eigene Land auszubauen.«

Auch die frühere Einheit von Kirche, Staat und Gemeinschaft, so Tschubajs, sei nicht wieder herstellbar, zumal das orthodoxe Christentum heute mehr noch als vor 1917 nur eine unter mehreren Religionen sei, die um die russischen Menschen werbe. Die sowjetische Moral der nichtkirchlichen, sozialistischen Ethik sei nach siebzig Jahren tief in der Bevölkerung verankert. Für die religiöse Frage bedeute das:

»Zum zweiten Grundwert, der Orthodoxie: Natürlich ist die Frage der Religion eine sehr persönliche Frage. Unmöglich zu sagen, ihr müsst alle prawoslawisch, also orthodox christlich werden. Das geht nicht. Aber was ist die Orthodoxie, wenn wir sie nicht aus der Sicht der Religion, des Glaubens, des Atheismus betrachten, sondern aus der Sicht der Kultur, der Kulturologie? – Die Orthodoxie ist ein System der Werte! Für den Buddhisten ist das Wichtigste die Einheit mit der Natur, die Erkenntnis seiner selbst als Teil der Welt. Für den Protestanten ist das Wichtigste die Aktivität, die Tätigkeit, die Arbeit, die Mühe, die Arbeitsmoral. Für den orthodoxen Christen ist das Wichtigste die Moral, das sittliche Verhalten. Es heisst, in Russland habe es keine entwickelten Gesetze gegeben – hat es sehr wohl. Die Sowjetunion war ein nicht rechtsstaatlicher Staat; im historischen Russland dagegen gab es Rechte, gab es Gesetze. Die Rechte spielten bei uns allerdings niemals die Rolle, die sie zum Beispiel in Deutschland heute spielen oder den USA. Nicht deswegen, weil wir nicht entwickelt waren, sondern deshalb, weil bei uns sehr viele Fragen über die Sittlichkeit gelöst wurden: Die Leute sprachen einfach miteinander, trafen Abmachungen und fertig. Wenn wir also wollen, dass Verbindungen zu unseren eigenen Traditionen wieder hergestellt werden, zu unserer eigenen Kultur, dann ist der Punkt nicht, dass alle gläubig sein müssen, der Punkt ist, dass das Wichtigste bei uns die höhere Geistigkeit ist, die Spiritualität, die Sittlichkeit; Geld ist sehr wichtig, aber es steht nicht an erster Stelle. Das Wichtigste ist, ein anständiger Mensch zu sein. Davon spricht die ganze russische Literatur, die ganze russische Folklore, die ganze russische Kultur. Wenn wir heute unsere Macht sehen, die korrumpiert ist, dann ist das nicht russisch, für Russland geht es nicht an, sich derartig aufzuführen. Das ist nicht akzeptabel für Russland.«

Hinsichtlich der dritten Säule, der Gemeinschaftstradition, russisch: Obschtschinost, bleibt Tschubajs unbestimmt. Mehr als die Hoffnung auf die Entwicklung einer Ethik der gegenseitigen Hilfe auf Grundlage der alten Strukturen formuliert er zunächst nicht. Hart grenzt er sich dagegen von Intellektuellen des rechten Lagers ab, wie etwa von Alexander Dugin, die dasselbe Vokabular benutzen wie er, damit aber die Rückkehr zur Expansionspolitik des Imperiums verbinden.

»Ich denke, dass die Idee der ›Priemstwo‹, die Idee der Verbindung mit dem historischen Russland, nicht ausgedacht, nicht künstlich ist; sie liegt in der Luft, deshalb ist sie nicht nur mir in den Sinn gekommen, sondern auch Dugin, und einer Reihe weiterer Leute. Darin sehe ich etwas Positives; es zeigt: Wenn diese Idee etwas sehr Subjektives wäre, würde ich kaum jemand finden, der ihr zustimmte. Er ist dahin gekommen, ich bin dahin gekommen, andere sind dahin gekommen, das heisst, in dieser Vorstellung liegt etwas Rationales. Wenn aber Dugin und seine Parteigänger von ›Priemstwo‹ sprechen, wollen sie, so weit ich das verstehe, in vielem das alte Russland wieder herstellen, das damals existierte. Doch Russland war ein Imperium, Russland war mit Eroberungen befasst, Russland betrieb eine expansive Politik bei gleichzeitiger Vereinheitlichung, das ist heute absolut unnötig und unmöglich. Das war im 19. Jahrhundert gut – im 21. Jahrhundert ist es sinnlos. Das ist, wie einen Zwanzigjährigen zu stillen. Das ist ein Irrenhaus! Das ist eine Krankheit! – Wir leben in einer anderen Zeit, in einer anderen Situation, in einer anderen Kultur unter anderen Regeln; sich heute mit der Expansion zu befassen, ist eine Katastrophe.«

Erfolge auf dem Weg der Entwicklung eines neuen Selbstverständnisses für sein Land erwartet Tschubajs nur, wenn alle Kräfte auf den inneren Ausbau konzentriert werden. Hoffnungen dafür gibt es. Im Sommer 2001 hat ihn das Ministerium für Bildung beauftragt, Lehrbücher für die Ausbildung an russischen Lehranstalten nach den von ihm entwickelten Vorstellungen zu erarbeiten.

Fünfmal Alexander Tschajanow

Im ›Inteernet-Shop‹ des ›Handelsblatts‹, in dem die Neuausgabe von Tschajanows ›Lehre von der bäuerlichen Wirtschaft – Versuch einer Theorie der Familienwirtschaft im Landbau‹ angeboten wird, wird Tschajanow mit den Worten vorgestellt:
»Alexander Wassiljewitsch Tschajanow (1888–1936) war der bekannteste Vertreter und das geistige Oberhaupt der russischen Agrarwissenschaft. Bereits im Alter von fünfundzwanzig Jahren wurde er Professor am agrarökonomischen Institut der Landwirtschaftlichen Hochschule in Petrowskoje bei Moskau. Er leitete dieses Institut, bis er 1930, auf dem Höhepunkt der Kollektivierungskampagne, entlassen und verhaftet wurde. In Alexander Solschenyzins ›Archipel Gulag‹ findet sich der Hinweis, er sei »nach fünf Jahren Isolation in die Verbannung nach Alma Ata geschickt, 1948 abermals eingesperrt« worden. Erst 1987 wurde er vom obersten Gerichtshof posthum rehabilitiert. Tschajanows ökonomisches Hauptwerk ›Die Lehre von der bäuerlichen Wirtschaft‹ ist die erste geschlossene Darstellung der von den Wissenschaftern der ›Organisations- und Produktionsschule‹ über zwei Jahrzehnte erarbeiteten Forschungsergebnisse. Die Familienwirtschaft – der kleinbäuerliche Familienbetrieb – bildete für Tschajanow eine Wirtschaftsweise eigener Art: Ihre Mitglieder arbeiten, um die eigenen Bedürfnisse zu befriedigen, nicht um der Profitmaximierung willen. Sie bilden ein Haushalts-Betriebs-System, das so zentrale Fragen wie Zeitdisposition, Einkommensverwendung, Konsum und Produktionsentscheidungen selbstständig bestimmen muss. Tschajanow sah die Zukunft der russischen Landwirtschaft in einer Weiterentwicklung dieser bäuerlichen Familienwirtschaft, unterstützt durch ein Genossenschaftswesen und ein Beratungssystem. Damit stellte er sich in klaren Gegensatz zur Schule der ›Agrar-Marxisten‹, die seit Beginn der zwanziger Jahre in der Sowjetunion Einfluss gewannen und schliesslich die Zwangskollektivierung herbeiführten.«*

* www.witrans.uni-frankfurt.de/forschungsbericht/f3/i135/p392/p69.htm

Alexander Nikulin, um ein Porträt Tschajanows gebeten, berichtet:

»Tschajanow lebte Anfang des zwanzigsten Jahrhunderts. Er hat mehrere Bücher geschrieben: ›Die Theorie der bäuerlichen Wirtschaft‹ und die ›Theorie der bäuerlichen Kooperative‹. Sein erster Aufsatz wurde 1912, der letzte 1930 geschrieben. 1930 wurde Tschajanow von Stalin verfolgt, man setzte ihn ins Gefängnis, 1936 wurde er erschossen. Seine Forschungen erschienen im Westen. Erstmals entdeckt wurde er in Deutschland. Das war sehr seltsam. Tatsache ist, zu der Zeit waren die Agrarwissenschaft Deutschlands und Russlands äusserst eng verbunden, und viele Schüler Tschajanows waren Deutsche. Die Grundidee Tschajanows war – und so lautete auch sein sehr wichtiger Grundsatzartikel: ›Theorie der Entwicklung eines nicht-kapitalistischen Systems der Wirtschaft‹. Er wurde 1926 zum ersten Mal in einem deutschen Journal veröffentlich; in Russland erschien von Tschajanow erstmals etwas in dem von Schanin herausgegebenen Buch über informelle Ökonomie. (Siehe Seite 39) Der Aufsatz war, sagen wir, zu unorthodox für die bolschewistische Führung. In dem Aufsatz zeigte Tschajanow, dass viele unterschiedliche Systeme der Wirtschaft früher existierten, jetzt existieren und weiter existieren werden, dass der Kapitalismus nur das herrschende System ist, der in der gegenwärtig vorübergehenden Zeit gesiegt hat und dass unsere Aufgabe darin besteht , diese verschiedenen sozio-ökonomischen Systeme zu durchdenken. Als eins dieser Systeme sah er die kooperative Familienwirtschaft an. Für Russland sah er diesen Weg. Tschajanow schrieb auch eine Utopie: ›Die Reise meines Bruders Alexejew ins Land der bäuerlichen Utopie‹, in der sein Held von 1920 in das Jahr 1984 verschlagen wird. Ein interessantes Zusammentreffen: Orwell und Tschajanow, beide 1984! Tschajanows Held sieht sich in ein ausdrücklich bäuerliches Land versetzt, das nach den Prinzipien dieser Familienwirtschaft aufgebaut ist. Das ist dort die Basis der Gesellschaft. In ihr gibt es auch Kapitalismus, aber er spielt keine hervorragende Rolle, er ist nur ein Element unter anderen.

In den 60er Jahren, zur Zeit des Vietnamkriegs, als im Trikont eine heftige Entwicklung der bäuerlichen, traditionellen

Gesellschaften einsetzte, erwiesen sich Tschajanows Untersuchungen als äusserst aktuell: Viele Modelle der bäuerlichen Familien und der bäuerlichen Gesellschaften wurden aus ihnen abgeleitet, im Zentrum stand die Theorie der Familienwirtschaft. Es zeigte sich dann, dass dieses Modell sich hervorragend in der Stadt bewähren kann. Jetzt gibt es eine allgemeine Renaissance der Familienwirtschaft, der nicht formalen Wirtschaft auch in den westlichen Ländern. Das ist alles ein sehr perspektivreicher Weg. Tschajanow wurde nach Einsetzen der Perestroika rehabilitiert. Unsere Regierung erklärte damals sofort, seine Gedanken seien äusserst aktuell. Man gab seine Schriften heraus. Aber als man bemerkte, dass auch hier viel Arbeit nötig ist, dass man tief eindringen muss, konstruieren, nachschauen, wurde er schnell vergessen und man fand andere Helden.«

Einem Bericht der ›Gesellschaft für Wirtschafts- und Sozialwissenschaften‹ zur 42. Jahrestagung in Halle im Sommer 2002 ist zu entnehmen,* dass Tschajanows Arbeiten auch im Westen heute zunehmende Beachtung finden, nachdem sie wie vieles andere während der Jahre des Kalten Krieges auch für den Westen hinter dem eisernen Vorhang verschwunden waren. In diesem Bericht sind ein paar zusätzliche Details angegeben:

Tschajanow, erfahren wir hier, war einer von mindestens sieben bekannten russischen Agrarökonomen, die nach der Oktoberrevolution emigrierten. Er kehrte jedoch zurück, in der Hoffnung Einfluss auf die Politik nehmen zu können. In den Jahren der NEP** gelang ihm das tatsächlich bis zu seiner Verhaftung 1930. 1932 wurde er zu fünf Jahren Lager verurteilt, aus dem er wegen schwerer Krankheit vorzeitig in die Verbannung nach Alma Ata entlassen wurde. Dort durfte er für eine kurze Zeit Statistikvorlesungen halten, bis er 1937 ein zweites Mal verhaftet und dieses Mal unter der Be-

---

*Schmidt, Günther: Naum Jasny, Alexander Tschajanow, Sergeij Prokopowitsch und andere aus der Sowjetunion emigrierte Agrarökonomen: ›Ein vergessenes Kapitel der Geschichte der deutschen Agrarökonomie‹, Gesellschaft für Wirtschafts- und Sozialwissenschaften des Landbaues e.V., 42. Jahrestagung in Halle
** NEP – Neue ökonomische Politik von 1921 bis 1927, mit der die russische Regierung die Phase des Kriegskommunismus abschloss

schuldigung der ›Schädlingstätigkeit‹ zum Tod durch Erschiessen verurteilt wurde.

Stalin hatte sich 1929 in einer Rede auf der ›Konferenz Marxistischer Agrarwissenschaft‹ darüber beklagt, ›dass die anti-wissenschaftlichen Theorien der Sowjet-Ökonomen vom Schlage Tschajanows in unserer Presse frei im Umlauf sein sollen, die genialen Werke von Marx-Engels-Lenin über die Theorie der Grundrente und der absoluten Grundrente aber nicht popularisiert und in den Vordergrund gerückt werden, sondern ein verborgenes Dasein führen sollen. Stalin wollte die Kritik Tschajanows nicht hinnehmen, der die Ansicht vertrat, dass die ›russische Nationalökonomie … dem Problem der Frage der verhältnismässigen Vorzüge von Gross- und Kleinbetrieb in der Landwirtschaft keine Beachtung geschenkt hat.‹

Da half es Tschajanow auch nichts, so die Kollegen der Gesellschaft, dass er sich in späteren Arbeiten durchaus auch für grössere Betriebe bis zu 100'000 Hektar Weizen ausgesprochen hatte: ›Am 3. Oktober 1937 wurde er hingerichtet. Tschajanows Fehler bestand darin‹, so die Kollegen, ›mit seiner Meinung, dass der Familienbetrieb und bäuerliche Kleinbetrieb dem Grossbetrieb durchaus gewachsen sei‹ und dass ›der landwirtschaftliche Grossbetrieb nicht solch riesenhafte Ausmasse erreichen kann wie die kapitalistische Fabrik‹ den Ansichten von Marx und Engels widersprochen zu haben, dass die Landwirtschaft sich nicht prinzipiell von der Industrie unterscheide, sondern im gleichem Masse der Grossproduktion in Form der kapitalistischen Grossunternehmen zugänglich sein werde.‹

Die Annahme, Landwirtschaft und Industrie gehorchten den gleichen Gesetzen, sei vermutlich einer der grössten Fehler von Marx, befinden die deutschen Agronomen. »Die Tatsache«, schliessen sie ihre Würdigung Tschajanows, »dass 1977 noch immer in den USA 85% der Farmen Familienbetriebe sind, 8,8% als ›Partnerships‹ gelten und nur 4,4% ›Cooperations‹ waren, dürfte die berechtigten Zweifel an Marx These noch weiter klar untermauern.« Aber letztlich werde erst in den neuesten Arbeiten der Agrarwissenschaft klar, was von Tschajanow und anderen schon seinerzeit entdeckt worden sei: »Nämlich, dass die Landwirtschaft vielfach anderen Wegen folgt als die Industrie. Diese Erkenntnisse wurden erst in den 90er Jahren wiederentdeckt.«

Es gibt heute Adepten Tschajanows: Jerzy Kropiwnicki, polnischer Staatsminister, Präsident des staatlichen Zentrums für strategische Studien, sieht die Familie als »Ort und Umwelt für die umfassende und konzentrierte Entwicklung von Humankapital«. »Die Familie«, schreibt er in einem Beitrag für den Europäischen Kongress ›Familie als Beruf – Arbeitsfeld der Zukunft‹ vom 17.–19. November 2000, »sichert die Aufeinanderfolge der Generationen. Die Familie ist auch Schöpfer von und erster Investor in Humankapital. Das Humankapital, definiert als soziale Ressourcen des Wissens, von Fertigkeiten, Gesundheit und Leistungsbereitschaft, bildet die Quelle zukünftiger Arbeitskapazitäten sowie von Verdienst- und Befriedigungsmöglichkeiten. Sie ist deswegen eine wichtige Determinante des wirtschaftlichen Wachstums und – allgemeiner betrachtet – bildet den zentralen Faktor der sozialen Entwicklung eines jeden Lands... Im Bereich der Konsumption ist die Familie unersetzbar. Hauptaufgabe in diesem Bereich ist die Verteilung der Güter und Dienstleistungen auf die Familienmitglieder, und zwar entsprechend ihrer Bedürfnisse und der Möglichkeiten der Familie.«* Untersuchungen in Polen seit 1970 zeigen, so Kropiwnicki, dass die informelle Wirtschaft, die im Kern Familienwirtschaft, grossenteils auch Hausfrauen- und Mütterarbeit sei, in einem erheblichen Ausmass die offizielle Wirtschaft abstütze. Sie sei, so der Staatsminister, »ein versteckter Teil des Bruttoinlandprodukts«, der durch nichts anderes ersetzt werden könne und der zudem Tendenzen der Ausweitung zeige.

Schliessen wir diese Skizze mit ein paar Strichen von Tschajanow selbst, die man vor dem Hintergrund lesen muss, dass sich Tschajanow in seiner gesamten wissenschaftlichen Arbeit explizit gegen unrealistische Träumer auf seinem Gebiet aussprach:

---

* Kropiwnicki, Jerzy, in einem Beitrag auf dem Europäischen Kongress ›Familie als Beruf – Arbeitsfeld der Zukunft‹ vom 17.–19. November 2000; ›Familienarbeit als versteckter Faktor des Bruttoinlandprodukts‹ in: www.familie-und-gesellschaft.org

In seiner ›Reise meines Bruders Alexej ins Land der bäuerlichen Utopie‹, lässt er seinen Helden, bevor er ihn nach Utopia beamt, zunächst noch einmal die Kernsätze sowjetischer Propaganda repetieren: »Doch in seinem Kopf brannten scherzhaft die Worte, Sätze und Bruchstücke von Sätzen, die er eben erst auf dem Meeting im polytechnischen Museum vernommen hatte: ›Indem wir den heimischen Herd zerstören, versetzen wir der bourgeoisen Gesellschaft den Todesstoss‹; ›Unser Dekret, das die häusliche Verpflegung verbietet, wirft das süsse Gift der bourgeoisen Familie hinaus aus unserem Dasein und verankert das sozialistische Prinzip bis ans Ende aller Zeiten‹; ›Die familiäre Behaglichkeit gebiert eigensüchtige Wünsche, die Freude des Kleinbesitzers birgt in sich die Keime des Kapitalismus‹.«

Danach, angekommen in der Utopie, lässt Tschajanow den Vertreter der utopischen Gastfamilie seinem Helden auf dessen Frage, ob deren Technik vielleicht zu schwach sei, um die landwirtschaftliche Arbeit zu mechanisieren und die Arbeitskräfte für qualifizierte Tätigkeiten freizustellen, antworten:

»Sieh mal einer an, da kommt der echte Amerikaner zum Vorschein... Nein, verehrter Mister Charlie, gegen das Gesetz der sich verringernden Bodenfruchtbarkeit kann man nicht viel ausrichten. Unsere Ernten, die von einer Desjatine (1,09 ha) mehr als 500 Pud (16,38 kg) ergeben, sind nur dadurch zu erklären, dass bei uns nahezu jede einzelne Ähre individuell gepflegt wird. Niemals zuvor war die Landwirtschaft in solchem Mass auf Handarbeit eingestellt wie heute. Und das ist kein Spleen, sondern eine Notwendigkeit bei der heutigen Bevölkerungsdichte. Jawohl!«

Mit dieser Erklärung beginnt Alexejs Ausflug in eine Welt, in der die Städte aufgelöst und das Land in viele örtliche Einheiten untergliedert ist – in einen utopischen Traum, wie die Kommentatorin des Romans, Krisztina Mänicke-Gyöngyösi, meint, der heute Denkanstösse geben könnte, »wie die alternative Ökonomie aus ihrem Nischen- und Schattendasein heraustreten könnte, um einen neuen, von Werten der Zwischenmenschlichkeit bestimmten und ökonomisch abgesicherten gesamtgesellschaftlichen Zusammenhang herzustellen.«

Transformation statt Expansion

Im Gespräch mit Tschubajs fällt ein Stichwort, das verdient aufgegriffen zu werden: Intensive Entwicklung statt Expansion. Der Professor wählt zu dessen Verdeutlichung das Bild des menschlichen Lebens: Mit der Pubertät höre das äussere Wachstum auf, erklärt er, und beginne das geistige, emotionale, charakterliche, eben die intensive Entwicklung des Menschen als Person. Ist Russland so weit? Sind wir so weit? Sind wir noch in der Pubertät oder schon hindurch? Wie zeigt sich Globalisierung, wenn man sie im Licht dieser Frage betrachtet?

Der Kern der russischen Transformation erschliesst sich aus dem wichtigsten Motto der Gorbatschow-Zeit: intensive Produktion statt Tonnenideologie; das hiess, mehr Beachtung dem ›menschlichen Faktor‹, ökologische, zivile Prinzipien der Entwicklung, weg von der Ausrichtung auf militärische Stärke. Unter dem Stichwort des ›Neuen Denkens‹ floss das alles zusammen. Die ersten Hoffnungen dieser Zeit gingen in die zum Teil bittere Realität der russischen wie globalen Krise über. Das ändert aber nichts am Wesen dieses Aufbruchs: Die sowjetische Nomenklatura erkannte, dass der sowjetische Gigant die Grenzen seiner Expansionsfähigkeit erreicht hatte – wirtschaftlich und politisch. Planwirtschaft und Tonnenideologie behinderten die Computerisierung und die weitere notwendige Modernisierung. Politisch markiert das Desaster von Afghanistan das Ende der russisch-sowjetischen Expansion. Es war offensichtlich: Weiter war der Ballon des Imperiums nicht mehr aufblasbar.

Im Prinzip waren es keine speziellen ›sozialistischen‹ Probleme, an denen die Krise ausbrach, es war die Notwendigkeit, von expansiven Entwicklungsmodellen zu intensiven, qualitativen überzugehen. Der sozialistische Überbau hat diese Probleme lediglich zugespitzt. Die sowjetische Nomenklatura unter Michail Gorbatschow erkannte die Unumgänglichkeit dieser Tatsachen und liess sich auf einen Transformationsprozess ein. Der Slogan von der gewachsenen Bedeutung des Faktors Mensch gehört hierhin. Dezentralisierung, Demokratisierung, Befreiung der persönlichen Initiative sind die Stichworte, an deren Umsetzung Russland und andere nachsowjetische Staaten seitdem laborieren.

Der Rückzug aus Afghanistan war das entscheidende politische Signal für diese Einsicht. Die Überführung der Planwirtschaft in eine Marktwirtschaft, die Reduzierung gigantischer überzentralisierter Megaprojekte auf das örtlich oder regional Machbare war die Konsequenz, die Gorbatschow wirtschaftlich daraus zog. Real zielte seine Politik auf Modernisierung profitabler und Liquidierung unrentabler Betriebe; das hiess Erhöhung der Arbeitsintensität für eine Minderheit höher qualifizierter Arbeitskräfte und Entlassungen im Bereich der mittleren und unteren Qualifikationen. Die Reformen Jelzins leiteten dann bereits einen echten Schrumpfungsprozess ein.

Die Risiken dieses Prozesses waren gewaltig, Russland konnte ihn nur durchhalten, weil es mit seinen natürlichen Ressourcen über einen gewaltigen natürlichen und mit seiner gemeinschaftsorientierten Sozialstruktur über einen gewaltigen ökonomischen und sozialen Puffer verfügte, von dem es selbst in tiefsten Krisenzeiten noch zehren kann.

Die sowjetisch-russische Transformation ist somit *das* Schlüsselereignis für den aktuellen Übergang von der expansiven zur intensiven Entwicklung, sie hat den Damm geöffnet. Seitdem fliessen die Ströme wieder, die vorher stagnierten. In Russland reissen sie alles mit sich, was nicht zukunftstauglich ist. Das ist ein schmerzhafter, zuweilen gewalttätiger, jedoch unaufhaltsamer Prozess der grundlegenden Erneuerung für Russland und dem mit Russland eng verwachsenen eurasischen Raum.

Inzwischen reisst dieser Fluss aber auch den Westen mit sich, allen voran die USA, die ebenfalls weit über ihre Verhältnisse expandiert haben und heute vor der Notwendigkeit stehen, sich gesund zu schrumpfen. Anders als Russland haben die USA aber weder so einen Puffer an natürlichen Ressourcen noch an sozialen Energien, der ihnen die notwendige Transformation ihres Expansionskurses auf intensive Entwicklung und verminderten Konsum abfedern könnte. Statt die notwendige Transformation zuzulassen, suchen sie daher ihr Heil in einer nochmaligen Ausweitung der Expansion, die nunmehr den ganzen Globus zu ihrem Einflussgebiet erklärt. Damit wird die Spannung in dem bereits extrem aufgeblasenen amerikanischen Ballon jedoch noch durch weitere heisse Luft erhöht, statt das Gefährt durch Abwerfen von Ballast neue Höhe gewinnen zu lassen. Dass solche Massnahmen nur eine vorübergehende Verschiebung der unvermeidlichen Systemtransformation sind, die auch die USA einleiten müssen, liegt auf der Hand.

Ein vergleichender Blick auf die Geschichte Russlands und der USA ist in diesem Zusammenhang nicht uninteressant: Produkte der Expansion sind sie beide – Russlands Expansion war jedoch rein territorialer Natur, die USA sind ein Produkt der maritimen europäischen Expansion, die von ihnen heute globalisiert wird. Russland stösst da an seine Grenze, wo es den territorialen Zusammenhang nicht mehr halten kann. Für die USA gibt es keine äussere Grenze, sie stossen an eine innere; es ist die, an der ihr Money-Imperialismus die Welt so weit umgestaltet hat, dass sie ihnen mit wachsender Kraft von allen Seiten als Konkurrent entgegentritt und sie dadurch bei Strafe des eigenen Untergangs auf den Weg einer intensiven Entwicklung oder zum Vernichtungskrieg gegen jeden potentiellen Konkurrenten zwingt.

Als banal darf man in diesem Zusammenhang die – spiegelbildlichen – Weltbilder russischer wie us-amerikanischer Globalpolitiker wie die des Polen-Amerikaners Zbigniew Brzezinski und des Russen Dugin charakterisieren: Der eine, Brzezinski, sieht die Zukunft der Welt in der imperialen Ausweitung des US-Einflusses auf Eurasien,* der andere, Dugin, in der Einigung des eurasischen Blocks unter Russlands Führung gegen die von ihm so genannten Atlantiker, allen voran die USA.** Solche Globalstrategien sind nichts anderes als die Fortsetzung, beziehungsweise Wiederholung bisheriger Expansionsstrategien unter neuem Namen. Die eine wie die

---

* Brzezinski, Zbigniew, ›Die einzige Weltmacht‹, Fischer tb 14358, Berlin 2002;
** Dugin, Alexander, ›Eurasiatismus – Theorie und Praxis‹, Broschüre der ›eurasiatischen Bewegung‹, Moskau, 2001 (russisch)

andere ist ungeeignet zur Lösung der heutigen globalen Entwicklungsprobleme, sehr wohl aber geeignet die Welt in die Katastrophe zu führen.

Igor Tschubajs hat Recht: Die Welt ist am Ende ihres expansiven Wegs angekommen. Mehrere Jahrtausende hat die Menschheit Wachstum mit Expansion gleichgesetzt. Das letzte Jahrhundert hat die Grenzen der Expansion gezeigt. Die jetzige Welt unterscheidet sich von früheren Situationen durch ihre globale Entgrenzung, Globalisierung genannt, die zugleich neue Grenzen aufzeigt, nämlich die Endlichkeit unseres Planeten. Die Zeiten der Expansion der Menschheit gehen ihrem Höhepunkt und damit ihrem Ende entgegen. Was jetzt ansteht, ist der Übergang von der expansiven zur intensiven Entwicklung, vom technisch-wissenschaftlichen Fortschritt zur technisch-wissenschaftlichen Kultivierung, ist die Begegnung von globalem Land und globaler Stadt, von Ost und West, von spirituellen Traditionen und technischem Know How. Zwei grosse Bewegungen sind zu beobachten: Wissenschaft, Technik und technisches Know How finden ihren Weg vom Westen nach Osten und Süden, genauer von Europa und den USA nach Asien, Südamerika und nach Afrika, soziale Impulse, ursprüngliche Formen der Ökologie und Spiritualität finden von Osten nach Westen und von Süden nach Norden. Einfach gesagt: Nie war der Einfluss asiatischer Kultur auf das christliche Abendland so gross wie heute, da westliche Kultur Asien überschwemmt. Für Afrika gilt, in schrofferen Gegensätzen, Vergleichbares.

Die Entgrenzung des Planeten, die zugleich seine Grenzen so sichtbar hervortreten lässt, ist nicht nur ein äusserer Prozess, sondern auch ein sozialer und ein mentaler Vorgang: Unsere industrielle Gesellschaft ist von der Auflösung in unverbundene Individuen bedroht, die nur technisch miteinander kommunizieren; mit der Globalisierung trägt sie diesen Impuls rund um den Planeten. Im Sozialen und im Mentalen ist daher nicht weitere Entkoppelung angesagt, sondern die Herstellung neuer Bindungen im sozialen und im natürlichen Bereich. Wir können nicht ungebremst weiter individualisieren, wenn wir mit dem dadurch entstehenden Chaos nicht die Gefahr autoritärer Entwicklungen heraufbeschwören wollen, welche die Fehler kollektivistischer Modelle wiederholen, die wir aus der Geschichte des Stalinismus wie des Faschismus noch frisch in Erinnerung haben. Vielmehr müssen wir soziale Strukturen entwickeln, in denen das Ich und das Wir, das Eigene und das Fremde, das Alte und das Junge sich zur gegenseitigen intensiven Entwicklung miteinander verbinden. Der Ort dafür ist zweifellos der soziale Raum, der Puffer, der zwischen gemeinschaftlicher Organisation des Lebens und privater Selbstversorgung, zwischen der Welt des Geldverkehrs und der des unmittelbaren Konsums und Tauschbereichs entsteht. Massstab des Fortschritts ist dabei die materielle, geistige und kulturelle Fähigkeit der sozialen Grundeinheit (der Familie, der Gruppe, der Wahlgemeinschaft), dem Individuum eine selbstbestimmte Lebensgestaltung im lokalen, regionalen und globalen Energie-, Wirtschafts- und Kommunikationsverbund gemeinsam mit anderen Menschen und in lebendiger Beziehung zur Umwelt zu ermöglichen. Auf dem Höhepunkt des expansionistischen Zeitalters öffnet sich der Übergang zu einer Gesellschaft, in der sich Reichtum nicht mehr in erster Linie durch Geld, sondern durch Intensität, Variabilität und Nachhaltigkeit von Beziehungen zwischen Menschen, sowie Lebensqualität zwischen ihnen und ihrer unmittelbaren Um- und Mitwelt definiert, während Geld auf seine sachliche Funktion als überregionales, globales Verkehrsmittel reduziert wird.

Aber keinesfalls Dugin...

Die Negativfolie zur ›Priemstwo‹ eines Tschubajs liefert Alexander Dugin, ›Geopolitiker‹, der sich als russischer Kontrapart zu den US-Strategen Brzezinski, Kissinger oder Huntington versteht. Ende der 1989er, noch Anfang der 1990er Jahre war Dugin politisch marginalisiert, weil er vor Rückgriffen auf die deutsche ›konservative Revolution‹ und Lobreden auf Hitler als Vorbild für eine nationale Politik nicht zurückschreckte. Im Zuge der Putinschen Restauration wurde er gesellschaftsfähig. Im Mai 2002 gründete er eine Partei ›Eurasien‹, mit der er versucht, die anti-us-amerikanischen, und genereller, die anti-westlichen Stimmungen zu bündeln, die sich in der russischen Gesellschaft als fundamentalistischer Reflex auf den Reform-Schock und die aktuelle West-Orientierung ansammeln.

Bereits die ›Bewegung Eurasien‹, die der Parteigründung voranging, erfreute sich grosszügiger finanzieller und organisatorischer Unterstützung des Putinschen Präsidialamts wie auch des kommunistischen Duma-Vorsitzenden Gennadij Selesnjow, sowie reger Zustimmung aus konservativen, insbesondere national-bolschewistischen Kreisen. Die Gründung der Partei fand ein entsprechendes Echo: 204 Delegierte aus 59 Regionen Russlands nahmen daran teil. Im Präsidium der Gründungsversammlung waren Leute mit öffentlichem Ansehen vertreten wie Alexander Waraski, Abgeordneter der gesetzgebenden Versammlung Jekaterinenburgs, Dordschi Lama, Koordinator der Vereinigung der Buddhisten, Pater Johan Mirojubow, Abt der Rigaer Gemeinde der Altgläubigen und weitere orthodoxe Geistliche, die Rabbiner Arie Koran und Sakris Astran, und ebenso der Mufti Scheich Talgat Tadschuddin, Vertreter der zentralen Leitung der europäischen Muslime Russlands, eine der führenden Figuren des russischen Islam. Mit Glückwunschschreiben waren auch der Präsident des Präsidialamts Alexander Woloschin samt weiteren subalternen Beamten seines Stabs präsent.

In seiner programmatischen Rede definierte Dugin seinen

Eurasismus als ›Projekt‹: »Russland als mächtiges weltweites Imperium.« Fünf Prinzipien des Projekts stellte er vor:

- *Wissenschaftlicher Patriotismus*
Russland kann kein regionales Imperium sein. Es gibt keine Wahl: entweder eine Rolle in der Weltpolitik oder Untergang. Aber Russland kann seine geopolitische Souveränität und seine strategische Unabhängigkeit nicht allein erhalten. Die historischen, materiellen und ideologischen Quellen des Isolationismus sind erschöpft. Russland braucht ein System der Allianzen – als Achse – innen wie aussen. Es geht um die Bildung eines einheitlichen strategischen Raumes, der Europa und Asien miteinander verbindet. Eurasiatismus – das ist immer Multipolarität in der inneren wie in der äusseren Politik.«

- *Soziale Orientierung*
Das ist eurasiatische Wirtschaft, das ist Kapitalismus mit nationaler Seele und sozialistischem Gesicht. Das ist die Wirtschaft des dritten Wegs: Marktwirtschaft muss im Kontext einer nicht marktorientierten Gesellschaft angelegt sein, einer Gesellschaft der Gerechtigkeit, der Solidarität, der Moral. Aber Moral und Spiritualität können die soziale Tragödie nicht mit ansehen, wie unsere Zeitgenossen zu »vernachlässigenswerten Opfern des Kapitalismus« werden. Markt muss nach sozialen Bedürfnissen der Gerechtigkeit und unter dem Imperativ der nationalen Wiedergeburt organisiert werden.

- *Eurasischer Regionalismus*
Eurasiatismus ist keine abstrakte Angelegenheit, sondern hat mit den lebendigen Räumen unseres Landes zu tun. Jeder Verwaltungsbezirk, jeder Kreis Russlands hat seine besonderen Merkmale. Unser riesiges Land bildet selbst einen ganzen Kontinent, eine ganze Welt. Eurasismus bemüht sich, diese nicht nur formal zu vereinen – die Art zu sprechen, Bevölkerungszahlen, Territorium, Umfang der Produktion. Jede Region ist besonders und das Herangehen an sie muss besonders sein. In einem zukünftigen grossen Imperium muss jede Region ihre Vertretung, ihre Stimme im Zentrum haben.

• *Traditionalismus*
Heute ist für alle offensichtlich: Technischer Fortschritt und Effektivität der Wirtschaft – das ist das eine, aber moralischer Fortschritt ist das andere. Und dabei weigert sich unser Bewusstsein, das abscheuliche Bild der Unsitten und Sünden anzuerkennen, das sich an der Grenze der Jahrhunderte öffnet. Und keine neue Spiritualität, keine Moral, keine neue Religion entsteht unter diesen Bedingungen. Um dieser Ausweglosigkeit zu widerstehen, müssen wir zurückkehren zu unseren spirituellen Wurzeln. Wir unterstreichen die Notwendigkeit der Hinwendung zu einem integralen Traditionalismus, zu den Grundlagen der Konfessionen – der Orthodoxie, des Islam, des Buddhismus, des Judentums. Unerschütterliche Echtheit, Grundlagen der Moral und der Spiritualität – die Basis der Erneuerung und der Wiedergeburt muss genau dort und nirgends anders gesucht werden.

• *Eurasische Ethik*
Wir glauben, dass die höchste Kategorie der Geschichte, der höchste Wert das Volk ist. Der Mensch ist Teil des Volks, er ist ganz und gar durch es geschaffen, erzogen, organisiert. Sprache, Kultur, Lebensart ist hervorgebracht von dessen ethnischer Zugehörigkeit. Völker müssen sich erhalten, müssen sich frei entwickeln.«*

Naiven Westlern mögen diese Inhalte angesichts der Westöffnung Putins abwegig vorkommen. Man täusche sich nicht! Nicht nur das Präsidialamt unterstützte den Aufstieg Dugins. Widerspruchslos lässt Putin sich in den Schriften Dugins und bei Veranstaltungen der ›Eurasischen Bewegung‹ selbst als Kronzeuge zitieren: »Die Dynamik, welche die eurasische Idee in sich trägt«, so wird er beispielsweise anlässlich eines Kongresses, den die Bewegung zur Frage »Islamische Drohung oder Bedrohung des Islam« mit hochrangigen Vertretern des islamischen und orthodoxen Klerus wie auch des Präsidenten-Apparats durchführte, zitiert, »ist heute, da wir authentische gleichberechtigte Beziehungen mit Ländern befreundeter Staaten aufbauen, besonders wichtig. Auf diesem

---
* Dugin, Alexander, http://www.evrazia.org/

Weg müssen wir all das Beste bewahren, das in einer langjährigen Geschichte der Zivilisation sowohl des Ostens als auch des Westens zusammengetragen wurde. Russland hat sich immer als eurasisches Land gefühlt. Wir haben nie vergessen, dass ein grundlegender Teil unseres Territoriums sich in Asien befindet. Die Wahrheit ist, das muss man ehrlich sagen, dass wir dieses Vermögen nicht immer genutzt haben. Ich denke, jetzt ist die Zeit gekommen, dass wir zusammen mit den Ländern der asiatisch-pazifischen Region von den Worten zur Tat schreiten – die Wirtschaft entwickeln, die politischen und andere Verbindungen. Alle Voraussetzungen sind dafür in Russland gegeben.« Eine seiner Reden in Kasachstan gipfelte in dem Satz: »Ist doch Russland ein ganz eigener Knoten der Integration, der Asien, Europa und Amerika miteinander verbindet.«*

Putin ist nicht Dugin, muss man dazu sagen, aber Putin lässt einen Think-Tank unter Dugins Führung gedeihen, der auch gemässigte Konservative in seinen Bann zieht, deren Vorstellungen, wie beispielsweise die Forderung nach ›Priemstwo‹ eines Igor Tschubajs, er schamlos usurpiert. Der tröstet und distanziert sich damit, »dass solche Gedanken offenbar in der Luft liegen, also können sie nicht falsch sein«.

Dem ist nicht zu widersprechen. Es zeigt aber, wie nah Worte beieinander liegen, die am Ende auf etwas völlig anderes hinauslaufen: Multipolarität, dritter Weg, Regionalismus, Integraler Traditionalismus, Spiritualität, moralische Widergeburt, der Einzelne als Teil des Volkes. Das alles könnten auch Vokabeln eines Igor Tschubajs sein. Aber der eine, Alexander Dugin zielt mit ihnen auf eine neue imperiale Blockbildung, auf Unterordnung von Minderheiten unter völkische Ziele, der andere, Tschubajs, auf deren genaues Gegenteil, die Überwindung durch die Aufkündigung des expansiven Denkens. Die psycho-soziale Basis, aus der das eine wie das andere herauswächst, ist bei beiden die gleiche: die Transformation der traditionellen russischen Gemeinschaftsstruktur zwischen Europa und Asien im Prozess der Globalisierung.

---

* Putins Auftritt auf der Website: strana.ru 13. November 2000, zitiert nach ›Eurasiatismus- Theorie und Praxis‹, Broschüre der ›Partei Eurasia‹, Moskau, 2001

Mit beunruhigender Genugtuung konnte Dugin nach der Gründung der Partei ›Eurasia‹ erklären, die »Eurasische Idee« könne zur »Grundlage der nationalen Idee eines Russlands des 21. Jahrhunderts« werden.* Beunruhigend – denn damit könnte er Recht haben: Russland ist nun einmal das Herzland zwischen Asien und Europa und eine moralische Renaissance auf der Basis seiner traditionellen Gemeinschaftsstrukturen ist heute seine einzige Chance und dazu noch ein mögliches Lehrstück über Russland hinaus. Sollte Russland sich jedoch in der Duginschen Variante wiedererkennen, dann erwächst aus denselben Kräften, die eine Chance sein könnten, eine Bedrohung, die mit ihrem us-amerikanischen Gegenbild zu einer sehr ungemütlichen Perspektive zusammenläuft. Darin verengen sich die russischen Gemeinschaftsstrukturen zur Volksgemeinschaft, so wie der demokratische Impuls der USA zum imperialen Imperativ.

* Dugin, Alexander, http://www.evrazia.org/

Kapitel 5

Bilanz: Puffer statt Profit – Synergie durch Symbiose von Industrie und Eigenversorgung

Die sozialen Formen, die heute in Russland zu beobachten sind, werden von vielen im Land, mit denen ich darüber sprechen konnte, als Symbiose beschrieben. Diesem Begriff will ich hier näher nachgehen. Im aktuellen Brockhaus ist unter dem Stichwort Symbiose zu lesen: »Symbiose, dauerndes, enges Zusammenleben zweier Lebewesen verschiedener Art zum gegenseitigen Nutzen. Es gibt Symbiose zwischen Tier und Tier (Einsiedlerkrebs und Seerose), Tier und Pflanze (Einzellige Grünalgen in Hohl- beziehungsweise Weichtieren) Pflanze und Pflanze (Alge und Pilz: Flechte).«* Die Bestimmungsstücke der Symbiose sind demnach: Dauerndes Zusammenleben, verschiedene Arten, gegenseitiger Nutzen. Von Beziehungen zwischen Menschen ist, wenn von Symbiose gesprochen wird, üblicherweise nicht die Rede, wenn doch, dann eher in pejorativer Absicht; dann ist eher gegenseitige Abhängigkeit gemeint, eine Zwangsbeziehung, der die Freiwilligkeit zur gegenseitigen Hilfe fehlt.

Kann es also einen Sinn machen, Kategorien der Symbiose, die eher biologische Vorgänge beschreiben, auf soziale Prozesse anzuwenden, gar Ansätze für Perspektiven gesamtgesellschaftlicher Entwicklungen darin zu suchen oder werden soziale Fragen damit auf das Niveau biologischer Prozesse, bestenfalls auf Utopien einer vorindustriellen, ja, überhaupt vormodernen Heile-Welt-Mystik herunter gezogen?

Die drei oben genannten Kategorien der biologischen Symbiose lassen sich in den sozialen Verhältnissen, die heute in Russland zu beobachten sind, problemlos beschreiben: 1. Es verbinden sich unterschiedliche Sphären, 2. die unterschiedlichen Sphären verbinden sich zum gegenseitigen Nutzen und 3. sind die Verbindungen auf Dauer angelegt, der Verbindung wohnt sogar eine gewisse generelle Notwendigkeit inne, die

* Brockhaus in einem Band, Leipzig, 1998

nicht auf biologische oder ›natürliche‹ Bereiche, wie den agrarischen, beschränkt ist, sondern in die gesamtgesellschaftlichen Zusammenhänge der globalen Industriegesellschaft hinausreicht. Symbiose ist zudem nicht Synthese, es geht nicht um Verschmelzung, sondern um Miteinander-Wirken, um Kooperation, um Zusammen-Leben, um Synergie.

Das Zusammen-Leben, um das es heute in Russland geht, konkretisiert sich auf drei Ebenen: Auf der einfachsten Ebene geht es um das Zusammenspiel zwischen Hof-, beziehungsweise Hofgartenwirtschaft und landwirtschaftlichem oder auch industriellem Produktions-Kollektiv: Das Kollektiv kann, wie Alexander Nikulin es beschreibt, existieren, weil seine Mitglieder persönliche Zusatz-Wirtschaft betreiben; die Mitglieder wiederum können Hofwirtschaft betreiben, weil sie durch die gemeinschaftliche Produktion an den allgemeinen Produktions- und Geldkreislauf angeschlossen sind.

Auf der nächst komplexeren Ebene geht es um die Symbiose zwischen dem einzelnen Produktions-Kollektiv und dem Markt, sowohl im landwirtschaftlichen als auch im industriellen Bereich: Das Kollektiv kann seine Vermittlungsaufgabe gegenüber seinen Mitgliedern leisten, weil es mit seinen Produkten oder mit einem Teil von ihnen an den Markt, das heisst an den allgemeinen Ware-Geld-Kreislauf angeschlossen ist. Der Markt, der im Übrigen keineswegs nur aus kollektiven Leistungen besteht, sondern auch aus individuellen, wird durch die Kollektive seinerseits bereichert. Die AO IRMEN in der Region Nowosibirsk in Sibirien ist ein entwickeltes Beispiel dafür, das es bis zu eigenen Schulen und einem eigenen Theater gebracht hat, andere Kollektive sind weniger reich, aber auf einem vergleichbaren Weg.

Auf der komplexesten Ebene liegt die Beziehung zwischen der privaten Subsistenzwirtschaft des Landes und dessen industrieller Produktion, sowohl der agrarindustriellen wie auch der Güterproduktion und ebenso der Gewinnung von Ressourcen und ihrer Veredelung; Wirtschaft der Selbstversorgung und industrielle Produktion stützen sich gegenseitig.

Diese Ebene verbindet sich mit den beiden vorher genannten zu einem miteinander verwachsenen Gesamtzusammenhang. Herausragendes Beispiel dafür ist der Konzern-Gigant

GASPROM, dessen Kopf als internationaler Multi im globalen Kapitalmarkt agiert, während seine Füsse tief im Geflecht kommunaler Subsistenz- und Tauschwirtschaft stecken.

Was sich heute in Russlands sozio-ökonomischer Entwicklung zeigt, ist eine Symbiose, in der sich industrielle Produktion mit Selbstversorgung, Lohnarbeit mit unbezahlter Arbeit, Geld- mit Tauschwirtschaft, öffentliche mit privaten Formen der Arbeit, also sehr unterschiedliche, einander entgegengesetzte Elemente, zum gegenseitigen Nutzen und auf längere Dauer zusammenfügen. Ist dieses Zusammentreffen allein schon eine erstrebenswerte soziale Alternative? Oder wird damit, wie das gängige Verständnis von Symbiose nahe legt, eher eine Notgemeinschaft beschrieben, die sich bei Eintreten besserer Verhältnisse auflösen wird und auflösen sollte? Ist es eine Lebensform, die den Menschen einfach nur unter dem gnadenlosen Modernisierungsdruck aufgezwungen wird, eine Form der Abhängigkeit, der Verelendung und der kulturellen Degradierung?

Die gewachsene Bedeutung der Selbstversorgung im gegenwärtigen Russland ist eindeutig aus der Not entstanden. Das gilt auch für andere Gebiete im nachsowjetischen Raum. Bleiben wir zunächst in Russland: Die Privatisierung, die mit Perestroika einsetzte, hat die gewachsenen kollektiven Strukturen desorganisiert. Nur eine Minderheit der Gesellschaft konnte sich durch schnelle private Aneignung der Ressourcen, Vermögen und Beziehungen, die bis dahin im Kollektivbesitz waren, als neue Oberschicht etablieren, die den Geldverkehr für sich monopolisierte. Die übrigen Menschen wurden vom Druck des Überlebens auf das Niveau der privaten Zusatzwirtschaft gedrängt. Gleichzeitig sahen sie sich veranlasst, die Kollektive – Kolchosen und Sowchosen ebenso wie Betriebskollektive – als Schutz zu erhalten oder nach dem ersten Privatisierungsboom sogar wieder zu restaurieren, selbst da, wo das nur widerwillig und nur auf niedrigstem Niveau geschah.

Dieser Vorgang folgt einem Muster, das sich aus wiederholten Vorgängen gleicher Art in der Vergangenheit Russlands herausgebildet hat: Bei Versagen des allgemeinen Wirtschaftskreislaufs waren die privaten Zusatzwirtschaften im

Rahmen einer kollektiven Dorfbewirtschaftung schon immer die einzigen Überlebensgrundlagen für die mehrheitlich bäuerliche russische Bevölkerung. Diese Organisation des Lebens versagte immer dann und nur dann, wenn ihre Grundstruktur zerstört wurde – zum Beispiel vor und nach der Agrarreform von 1851: Vorher, weil das Land durch die Reformen Peter I. vom Staat wirtschaftlich und personell weit über jenes Mass ausgepresst worden war, welches durch die Selbstversorgung der leibeigenen Bauern in den Dörfern noch aufzufangen war, nach der Reform, als die kollektive Fürsorge der Leibeigenschaft entfiel und die befreiten Bauern mit schlechter Ausrüstung und zu kleinen Feldern auf die Selbstversorgung reduziert wurden.

Gefährdet wurde der Zusammenhang auch dort, wo die Vermögensverteilung innerhalb der Kollektive nach Aufhebung der Leibeigenschaft der Bauern zu sozialen Differenzierungen in den Dörfern führte, die das Zusammenspiel von gemeinschaftlicher Produktion und Selbstversorgung aufspaltete. So monopolisierten die Dorfreichen, die sich nach der Bauernbefreiung in den neu entstehenden freien Dorfgemeinden herausbildeten, die Produktionsmittel und selbst die Möglichkeiten der privaten Selbstversorgung für sich, indem sie ihre Tagelöhner exzessiv ausbeuteten, während der Dorfarme nicht mehr behielt als seine Arbeitskraft. Die musste er als Tagelöhner verdingen, ohne noch in der Lage zu sein, sich durch eine private Zusatzwirtschaft seine Unabhängigkeit zu erhalten. Kurz gesagt, Krisen bis hin zu den grossen Hungerkatastrophen traten dort ein, wo der Zusammenhang zwischen den beiden Seiten der Symbiose, der kollektiven Produktion hier und der Selbstversorgung dort, zerrissen wurde – aus welchen Gründen auch immer.

Andererseits ist die Symbiose zwischen Selbstversorgung und kollektiver Produktion im russischen Raum immer wieder die Basis gewesen, auf der Krisen überwunden oder auch nur einfach ausgehalten werden konnten. Das gilt bis heute. Die Symbiose bildet einen Puffer, in dem wirtschaftliche Notlagen oder auch Misserfolge eines Teils oder einer Gruppe der Gesellschaft auf Basis der Selbstversorgung über lange Zeiten abgefedert werden können. Sie bildet einen Schutzraum gegen den Sog und den Druck des Marktes, genereller, gegen das Auf und Ab des Lebens. Zugespitzt formuliert: Was im Westen die Vorsorge der Vorratswirtschaft bis hin zu der Fetischisierung des Geldes als Lebensversicherung schlechthin ist, das ist in der russischen Tradition die Gemeinschaft – Absicherung für schlechte Zeiten.

Träger der Gemeinschaften ist die Familie, durch die der Einzelne mit dem Kollektiv und über das Kollektiv mit dem Markt verbunden ist, die ihn aber auch vom Markt und einem zu starken Druck des Kollektivs abschirmt. Dabei spielt die Form der Familie nur eine untergeordnete Rolle, entscheidend ist ihr Charakter als Versorgungsgemeinschaft. Traditionell ist der Mann das Haupt der russischen Familie. In Not- oder Kriegszeiten, auch wenn die Familie aus zufälligen Gründen ohne Männer verblieb, rückten jedoch immer wieder die Frauen an ihren Platz. Dieses Modell der in die Gemeinschaftsproduktion eingebetteten familiären Selbstversorgung hat sich immer wieder als äusserst dehnbar erwiesen: Es enthält über die wirtschaftlichen Mechanismen hinaus, die geeignet sind, Markt-Konjunkturen lokal auszugleichen, die Möglichkeiten, selbst noch in der Stadt arbeitende und wohnende Verwandte einzubeziehen. In der Vergangenheit war das die Regel, mehr noch, oft fungierte die Gemeinde als kollektiver Arbeitsvermittler, der eine ganze Gruppe junger Männer auf Rechnung und zum Nutzen der Gemeinde auf diese oder jene Arbeitsstelle schickte. Kern dieses sozialen Modells, dessen eigentlicher Lebensnerv ist das Prinzip der gegenseitigen Hilfe, die Obschtschina. Ihre Facetten reichen von blanker Nothilfe, die aus dem Überlebenskampf in einer harten Umwelt entstand, bis hin zur staatlich und klerikal überhöhten gottgewollten Gemeinschaft.*

Aus dieser Geschichte erklärt sich übrigens ein beliebtes russisches Sprichwort: Der echte Russe, der Muschik, ursprünglich Bauer, spannt lange an, aber wenn er einmal fährt, dann ist er nicht mehr zu bremsen. Anders gesagt: Es dauert lange, bis der Puffer der Obschtschina aufgezehrt ist, der den Einzelnen davor bewahrt, vom Auf und Ab des Lebens unge-

* Mehr zur Geschichte und Form der Obschtschina in: Ehlers, Kai, ›Herausforderung Russland‹, Stuttgart, 1997

schützt hin und her gerissen zu werden. Hier liegt die Quelle für die sprichwörtliche russische Geduld. Wenn es aber einmal geschehen ist, dann vollzieht sich alles Folgende äusserst abrupt und radikal, dann ist die Katastrophe oder auch die Revolte nicht mehr zu stoppen. Die russische Geschichte ist voll von Ereignissen, die diesem Muster folgen. Nur vor dem Hintergrund dieser Realität ist zu verstehen, wieso die russische Bevölkerung fast zwanzig Jahre die Dauerkrise der Transformation übersteht, ohne zu verhungern oder zu revoltieren.

Aber auch der Zwang ist Pate der Obschtschina. Aktuell gehen die Strukturen der Sowchosen und Kolchosen, die heute als Aktiengesellschaften, Kooperativen oder Genossenschaften diese Symbiose wiederherstellen, direkt aus dem Zwang der staatlichen Kollektivierung hervor. Bis zum Einsetzen der Perestroika brauchte der Bauer eine spezielle Erlaubnis, wenn er sein Dorf verlassen wollte. Das Regime unter Stalin wiederholte damit einen historischen Vorgang, mit dem fünfhundert Jahre vor ihm schon die Moskauer Fürsten des 14. und 15. Jahrhunderts ihr Imperium strukturiert hatten, als sie die bäuerliche Obschtschina zum Grundstein ihrer Verwaltung machten. Dies war keineswegs ein freiwilliger Akt, wenn er auch auf einer durch die Verhältnisse gegebenen materiellen und sozialen Basis, den gewachsenen Dorfgemeinschaften aufbaute: Die Zaren verboten den Bauern, sich von der Scholle fortzubewegen. So wurde die Obschtschina bereits im Stadium ihrer Entstehung zur Zwangsgemeinschaft. In dem Wiederspruch zwischen autoritärer Struktur und Selbstverwaltung hat die für manche so mystisch erscheinende ›russische Seele‹, die zwischen Unterwürfigkeit und Rebellion schwankt, und die russische Arbeitsmoral, die nur tut, was unbedingt notwendig ist, eine ihrer durchaus realen Wurzeln. Marx und Engels sprachen deshalb vom Doppelcharakter der Obschtschina.

Kein Wunder also, dass viele Menschen nach der Privatisierung von 1990 gar kein Verlangen nach der angebotenen Freiheit des Marktes hatten, die aus ihrer Sicht, nachdem die kollektive Lebensweise durch die Re-Privatisierung seit 1991 ihres Zwangscharakters entkleidet war, für sie offensichtlich keineswegs so begehrenswert erschien, wie die russischen Reformer und wie insbesondere ihre Ratgeber aus dem westlichen Kulturkreis sich das gedacht hatten. Die Mehrheit der Privatbauern kehrte deswegen nach kurzen Ausflügen zur Selbstständigkeit in den Schoss der Kollektive zurück, weil sie ihnen nicht nur das wirtschaftliche Risiko abnehmen, sondern auch den sozialen Rahmen bieten, in dem sie ihre eigene kleine Hofwirtschaft betreiben können. Die eigentliche Privatisierung hat sich nicht in der Entstehung einer entwickelten selbstständigen Bauernschaft, sondern in der Intensivierung der privaten Hof- und Gartenwirtschaft vollzogen, während die Kollektive in Aktiengesellschaften umgewandelt wurden, welche die Anteile ihrer Mitglieder gemeinschaftlich bewirtschaften und ihnen dafür – wo nicht betrogen wird – Dividenden auszahlen, beziehungsweise in Form unterschiedlicher Vergütungen zukommen lassen.

Heute gelten im landwirtschaftlichen Bereich die Betriebe als gesund, in denen sich gemeinschaftliche Produktion mit privater Selbstversorgung verbindet. Diesen Gemeinschaften werden Chancen auf reale Entwicklung eingeräumt. Das betrifft – auf unterschiedlichem Niveau – gut ein Drittel der landwirtschaftlichen Betriebe Russlands; ein weiteres Drittel ist halb desorganisiert, der Rest ist zerstört. Das Potential der zweiten, besonders aber das der zuletzt genannten Kategorie ist im Zuge der programmatischen Entkollektivierung der nachsowjetischen Reformjahre in den allgemeinen Bestand der nationalen Subsistenzwirtschaft übergegangen, das heisst, diese Menschen versorgen sich nur noch selbst. Ihre Anbindung an kollektive Versorgungswege muss sich erst wieder neu herausbilden. Das kann sehr lange dauern.

Für Industriebetriebe gelten andere, aber vergleichbare Kriterien. Ein besonderes Licht auf den gegenwärtigen und absehbar möglichen Gang der Entwicklung, das die Beziehung zwischen landwirtschaftlichem und industriellem Bereich beleuchtet, werfen die Modernisierungsabsichten im Bereich der ›natürlichen Monopole‹ – Energiewirtschaft, Wasserwirtschaft, Transportwesen, Eisenbahn. Hier herrscht – aus Sicht des Buchhalters – das blanke Chaos. Aus der Sicht der Transformationsforschung dagegen liegen die Verhältnisse klar und offen zutage: GASPROM, der Gasgigant, RAOUES, der Energiegigant, die Bahn, die Wasserversorgung. Betriebe, die durchaus auch Produktionseinheiten einschliessen, sind finanzielle Riesen, die auf den oberen Etagen allesamt nach Prinzipien funktionieren, die in der globalisierten Weltwirtschaft kompatibel mit anderen Giganten sind. Real stecken sie bis zum Gürtel in den extrapolaren, informellen Geflechten der kommunalen Strukturen, die in der Regel in den symbiotischen Strukturen von Kollektivwirtschaft und Selbstversorgung organisiert sind. Sie sind damit nicht nur die grössten symbiotischen Zusammenhänge Russlands, sie sind zugleich die natürlichen Vermittler zwischen den nationalen Ressourcen, einschliesslich der an ihr hängenden Verarbeitungs-Industrie, und dem globalen Markt.

Bleibt schliesslich noch darauf hinzuweisen, dass die Reduzierung der Industrie-Produktion auf unter 50% und die der industriell betriebenen Landwirtschaft auf 60% des sowjetischen Niveaus nur möglich war, weil das Land in demselben Zeitraum eine staatlich geförderte Explosion der Datschen- und Hofgartenwirtschaft erlebt hat. Dies bedeutet, wenn man es der üblichen polit-ökonomischen Dogmatik entkleidet, nichts anderes, als dass Russland in den letzten zwanzig Jahren der Transformation nur deswegen überleben und sich trotz allem weiter entwickeln konnte und kann, weil es auch aufs Ganze gesehen in einer Symbiose zwischen Industrieproduktion und Selbstversorgung existiert, wobei die vom Staat geförderte Selbstversorgung die Ausbeutung der natürlichen Ressourcen Öl, Gas, Wald, Wild, Fisch, bis hin zur Duldung des privaten, auch mafiotischen Raubbaus und der Inkaufnahme schwerer ökologischer Schäden mit einbezieht.

Die Symbiose von gemeinschaftlicher Produktion und Selbstversorgung ist also, sofern sie aus Not und Zwang geborenen ist, an und für sich erst einmal ebenso wenig eine Alternative wie die blosse Tatsache, dass die Modernisierung der Industrie möglich ist, weil mehr als 50%, in manchen Bereichen bis zu 80%, der russischen Landwirtschaft von Selbstversorgung getragen werden.

Ähnliche Einschränkungen gelten für die Eigentumsstruktur, in der sich die Mehrheit dieser Gemeinschaften organisiert hat. Mehrheitsverhältnisse, wie sie in der AO IRMEN herrschen, in der 51% der Aktien dem Direktor gehören, sind selbstverständlich noch kein alternatives Modell, das über die heute üblichen Eigentumsverhältnisse der Industriegesellschaften hinausgeht. Für städtische Betriebe gelten vergleichbare Überlegungen: Die Moskauer Stadtverwaltung beispielsweise steuert die Tarifpolitik ihrer Betriebe offenbar seit Jahren in der Weise, dass die Löhne und Gehälter zusammen mit den von ihr durch Landzuteilung ebenfalls geförderten Datschenerträgen ausreichen, die Versorgung auch der weniger vermögenden Teile der Moskauer Bevölkerung mit dem Nötigsten zu sichern.

Ansätze zu einer Alternative werden in den beschriebenen Strukturen dort erkennbar, wo man sieht, dass die Steuerung der Löhne und Gehälter eine Reaktion auf den Versuch ist, die Gemeinschaftsstrukturen aufzulösen, das Gemeinschaftseigentum, Land und Produktionsmittel zu privatisieren und sozialistische Utopien zu liquidieren. Die jetzt entstehende Symbiose aus Marktorientierung und Selbstorganisation ist eine spontane Antwort derer, die davon direkt betroffen sind. Der andere Teil der Welt ist indirekt betroffen, indem er erfährt, dass seine Gesellschaftsform als Reparaturmodell für die in die Krise geratene sowjetische Gesellschaft nicht taugt, geschweige denn als verbindliches Modell für eine zukünftige globale Entwicklung geeignet ist.

In den sozialen Strukturen des nachsowjetischen Raums restaurieren sich weder einfach die Sowchosen und Kolchosen der Sowjetzeit, noch die traditionellen Obschtschinas der Zarenzeit, es etablieren sich in ihnen aber auch nicht die privatkapitalistischen Strukturen, die sich nach dem Willen der Radikal-Reformer durch die Privatisierung entwickeln sollten. Was aus der Wechselwirkung von Gemeinschaftswirtschaft russisch-sowjetischen Herkommens und Privatwirtschaft westlichen Typs hervorgeht, sind sozial-ökonomische Mischformen. In ihnen verbinden sich beide Elemente zu neuen, zu unerwarteten, manchmal paradoxen, im Prinzip jedoch lebensfähigen Formen der Koexistenz von Marktwirtschaft und Selbstorganisation.

All dies geschieht nicht von oben, sondern von unten,

nicht als staatliches Programm, sondern im Gegenteil im spontanen Widerstand dagegen, und zwar im doppelten Sinn. Mit der Privatisierung befreit man sich vom Trauma der Zwangskollektivierung. Die Resistenz gegen die Totalprivatisierung setzt der zwangsweisen Individualisierung und sozialen Desorganisation westlicher Provenienz Grenzen. In der neuen Gemeinschaftsbildung wird nicht Gemeinsinn und Eigensinn zur Volksgemeinschaft zusammengepfercht, weder in ihrer staatsgelenkten, noch in ihrer faschistischen Form. Hier verbinden sich die Menschen aus eigenem Entschluss und zum eigenen Nutzen zu einem Lebensstil, der einen Ausweg aus der gegenseitigen Lähmung von ›Sozialismus‹ und ›Kapitalismus‹ weist. Kurz: Die Mischformen von Gemeinschaftsproduktion und Selbstversorgung, die heute in Russland entstehen, sind keine Utopie, sondern Ausdruck der wirklichen Entwicklung.

Zu befürchten ist aber auch, dass die Zerstörung der bisherigen Gemeinschaftsstrukturen in Russland noch weiter voranschreitet und weitere Opfer kostet. Um so nachhaltiger, das ist allerdings sicher, wird das Pendel zurückschlagen – wenn es gut geht, dann nicht als Restauration von ›Sozialismus‹, auch nicht als Kapitulation vor dem ›Kapitalismus‹, sondern als Impuls für ein neues Verständnis von Demokratie, die aus dem selbstbestimmten Raum zwischen Markt und Eigenversorgung hervorgeht. Das macht Russland zu einem gewichtigen Faktor der globalen Transformation.

Einige wesentliche Elemente, die dabei auf den drei Ebenen – familiäre Selbstversorgung, Gemeinschaft, Netz der Gemeinschaften, beziehungsweise Gesamtgesellschaft – zu beobachten sind, sind hier noch zu skizzieren:

Erstens: Im Zusammenwirken von Gemeinwesen und familiärer Versorgungseinheit entsteht eine neue Form der Arbeitsteilung, in der Lohnarbeit und Selbstversorgung sich ergänzen. Diese Arbeitsteilung garantiert der Versorgungsgemeinschaft eine Grundexistenz, die sich aus Lohnarbeit einiger und unbezahlter Tätigkeit anderer Mitglieder im Bereich der Selbstversorgung und des Tauschs zusammensetzt. Hier liegt eine Antwort auf die Krise der Lohnarbeit, insofern die Lohnarbeit nur ein Aspekt der Tätigkeit ist, mit dem sich die

Familie oder andere, neuere Formen der Basisgemeinschaften erhalten und entwickeln.

Zweitens: Auf der mittleren Ebene organisieren sich die Gemeinschaften so, dass sie in der Lage sind, mit einem Bein im Markt zu stehen und mit dem anderen im Bereich der Selbstversorgung und des Tauschs, um so einen inneren Raum des geldlosen oder zumindest geldarmen Verkehrs zwischen den Menschen innerhalb einer Gemeinschaft zu ermöglichen. Die Grosswirtschaften gehen mit ihren Produkten auf den Markt und suchen Austausch mit anderen Produktionsbereichen, um Geld für Investitionen in die eigenen Betriebe, für Löhne und für mögliche Ausschüttungen von Dividenden an ihre Mitarbeiter, die zugleich Aktionäre sind, hereinzuholen. So können diese über die vom Gesamt-Betrieb an sie gezahlten Löhne am allgemeinen Warenverkehr teilnehmen. Dieser Vorgang wird in Russland Komplex-Wirtschaft genannt. Entscheidend ist, dass hier ein gesamtwirtschaftlicher Zusammenhang besteht, in dem der Austausch über Geld funktioniert; andererseits bemühen sich diese Gemeinschaftsbetriebe, den Anteil der Lohnarbeit innerhalb des eigenen Bereichs so weit zu minimieren, dass den familiären Versorgungseinheiten genügend Raum für die private Bewirtschaftung bleibt, die sie unabhängig von der Geldwirtschaft wie auch vom Gemeinschaftsdruck im Inneren des Kollektivs macht.

Drittens: Auf der gesamtwirtschaftlichen Ebene entwickeln sich Produktion und Verteilung von Gütern jeglicher Art so, dass die Betriebe die Vergütung für die in ihnen geleistete Arbeit zu gleichen Teilen in Geld wie in Service für die gesellschaftliche Infrastruktur und sonstigen kommunalen Dienste ableisten können. Die Ergebnisse der Putinschen Modernisierung, der urbane Korporativismus Juri Luschkows, die resistenten Strukturen von GASPROM, die Kooperation von agrarischer Grossproduktion und Selbstversorgungswirtschaft lassen jene Mischung aus formaler und informeller Wirtschaft als Grundmuster der russischen Wirtschaft erkennen, in der sich Geldverkehr und kommunale, betriebliche oder private Vergütungen gegenseitig ergänzen – und stabilisieren.

Am Ende dieser Leiter steht die städtische Familie, welche

die gebührenpflichtigen Teile kommunaler Dienstleistungen und den notwendigen Konsum aus ihrem Einkommen bar bezahlen muss, an anderen kommunalen Leistungen aber immer noch unentgeltlich partizipiert und über ihre Mitgliedschaft in einer Datschenvereinigung die Möglichkeit der Selbstversorgung hat, auch wenn sie diese vielleicht aus persönlichen Gründen nicht wahrnimmt oder an andere abtritt. In der Stadt nehmen die agrarischen, lokalen oder regionalen Gemeinschaften die spezielle Form urbaner Gemeinwesen an, in denen die zersplitterten Interessen eines Bezirks auf der Basis von Nachbarschaftshilfe, Tausch- und sozialen Serviceleistungen zusammenkommen. Es gelten aber auch in der Stadt im Prinzip die gleichen Gesetze: Ein oder mehrere Mitglieder der städtischen familiären Versorgungseinheit, die in der Regel mehr als eine Kleinfamilie umfasst, nimmt an der Lohnarbeit teil, während der Rest sich im Netz der Selbstversorgung betätigt. Hier ist sogar noch einmal darauf hinzuweisen, dass zu diesem Netz neben der Oma auf der Datscha auch ländliche Verwandte selbst in weit entfernten Regionen des Landes gehören.

Der Charme dieser Entwicklung, der über die Not- und Zwangsgemeinschaft hinausweist, liegt in der Chance, Lohnarbeit und Selbstversorgung, die Freiheit des Geldverkehrs mit der Geborgenheit des Tauschverkehrs so miteinander zu verbinden, dass dadurch nicht nur wirtschaftliche Sicherheit, sondern auch soziale Wärme und Raum für die Gestaltung sozialer Phantasie entsteht. Der soziale Körper dafür ist die in eine Gemeinschaftsstruktur eingebundene soziale Basiseinheit; traditionell die Familie, inzwischen immer öfter eine selbstgewählte Versorgungsgemeinschaft.

Neue Arbeitsteilung – von der Familie zur selbstgewählten Gemeinschaft

Die wichtige Rolle der Familie in dem Puffer zwischen Eigenversorgung und kollektiver, beziehungsweise industrieller Produktion wirft die Frage nach einer neuen Arbeitsteilung zwischen Alten und Jungen, Kopf- und Handarbeitern, insbesondere aber natürlich zwischen Männern und Frauen auf. Erste Elemente einer neuen Etappe können heute erkannt werden. Die äusseren Anzeichen erscheinen eher banal: Der Eintritt der Frauen in die Produktion hat die Frau zwischen Herd und Arbeitsplatz gestellt. Das hat zu einer nachhaltigen Lockerung traditioneller Familienstrukturen, insbesondere der traditionellen Frauenrolle darin geführt.

In der Sowjetunion hatte sich dieses Verhältnis äusserst widersprüchlich entwickelt: Frauen und Männer standen gleichermassen im Produktionsprozess, der Anteil der Selbstversorgung war durch die betriebliche Versorgung und die öffentlichen Sozialdienste, angefangen bei der kollektiven Kinderbetreuung bis hin zum kollektiv organisierten Kulturleben, auf ein Minimum reduziert: Gegessen wurde im Betrieb, dort wurde auch das Notwendige für den Abend eingekauft, Kindergarten, Schule, medizinische Versorgung konnte man als Dienstleistung in Anspruch nehmen, die aus den Lohnfonds der Betriebe gezahlt wurde. Diese öffentliche Fürsorge glich Männer und Frauen einander an, sie gab den Frauen einen grösseren Freiraum, auch wenn sie – vom Gebären ganz abgesehen – diejenigen blieben, welche die Hauptlast der familiären Verantwortung trugen.

Heute sind es fast überall die Frauen, die in Russland die Last für das Überleben der Familien tragen. Viele Männer sind entlassen oder tragen einen Lohn nach Hause, von dem die Familie nicht leben kann. Auch viele Frauen sind entlassen, im Bereich der Schwerindustrie sogar mehr als Männer. Zwischen 1990 und 1997 verloren nach Angaben der UNICEF zwei Millionen Männer, aber sieben Millionen Frauen ihren Arbeitsplatz.* Männer und Frauen gehen jedoch sehr unterschiedlich mit der Arbeitslosigkeit um: Die Männer verlieren ihre Rolle als Ernährer und Haupt der Familie, die sie unter sowjetischen Verhältnissen inne hatten, auch wenn die Frauen ebenfalls in Lohnarbeit standen. Auch jetzt noch stehen sie unter dieser Rollenerwartung, der sie nicht gerecht werden können. Viele verlieren unter diesem Druck ihre Selbstachtung. Der Weg in Apathie und Suff ist vorgezeichnet. Oft liegen sie den Frauen wie ein zusätzliches Kind auf der Tasche. Frauen dagegen konzentrieren ihre Kräfte auf die Versorgung der Kinder – das bedeutet, auf den eigenen Hofgarten, die Datscha, den Tauschring, den Frauen untereinander organisieren. Es sind vorwiegend die Frauen, welche die Verantwortung für die Bewirtschaftung der Datschen tragen, oft die Grossmütter, welche die Gärten bearbeiten oder auch bei Wind und Wetter zusammen mit den Enkeln draussen wohnen. Grossväter sind selten im Garten zu sehen, nicht zuletzt auch deswegen, weil die durchschnittliche Lebenserwartung russischer Frauen mit 72,2 Jahren fast um fünfzehn Jahre über jener der Männer liegt, die – statistisch gesehen – mit 59,9 Jahren sterben.

Frauen tragen die Hauptlast der Krise, indem sie mehr als die Hälfte der Volksernährung in unbezahlter Arbeit organisieren, und dies Jahr für Jahr, nunmehr schon fast seit einer Generation. Aber sie sehen sich nicht als Opfer, sie sehen sich als Gewinnerinnen, weil ihre Stellung in der Familie durch diese Entwicklung gestärkt wird. Für westliches Verständnis von Emanzipation nur schwer zu begreifen, erlebt die Mehrheit der russischen, man sollte in dem Fall besser sagen, nachsowjetischen Frauen ihr Ausscheiden aus der Produktion als Entlastung, als Möglichkeit, sich der Pflege der Familien und der Kinder, der Ausbildung der Jugend, der Kultur wieder zuzuwenden, die sie als »eigentliche weibliche Aufgaben« begreifen. Viele, auch frauenrechtlich organisierte Frauen, orientieren sich deshalb auf die Stärkung der Familien.

Gleichzeitig ist die traditionelle Familie in Russland, nicht anders als in anderen industrialisierten Staaten, in der Krise, das trifft sowohl die teils noch ethnisch gewachsenen Grossfamilien als auch die typische sowjetische Kleinfamilie. Die

* Pressemitteilung der UNICEF vom 22. September 1999

Scheidungsraten schnellten nach 1989 in die Höhe. 1997 kamen in Russland auf hundert Eheschliessungen sechzig Scheidungen.*

Andere Quellen behaupten zwar das genaue Gegenteil: Von 1992 bis 2000 sei die Scheidungsrate um ein Fünftel gesunken, heisst es in einem Bericht des Deutschen Wirtschaftsinstituts Berlin; gleichzeitig wird allerdings ein »verändertes generatives Verhalten« von Frauen und Männern konstatiert, das die klassische Ehe in Frage stelle, deren Sinn die Aufzucht von Kindern gewesen sei: »Von kinderlosen Frauen im gebärfähigen Alter, wünschen ein Viertel keine Kinder«, heisst es da, »41% ein Kind, weniger als ein Drittel zwei Kinder und nur 3% drei und mehr Kinder… Das den Bestand sichernde Niveau wurde damit nur gut zur Hälfte erreicht.«**

Widersprüchliche Angaben dieser Art lassen ahnen, in welch chaotischem Prozess sich die Familie in Russland seit Beginn der Transformation befindet. Was die Statistik nicht erfasst, das führt der Alltag vor Augen: Viele junge Frauen, auch auf dem Land, leben allein mit ihren Kindern, während die Männer sich abseits der Frauen bis zu Bandenbildung organisieren. Was daraus entstehen wird, ist offen. Sicher ist aber, dass neue Formen und ein neues Verständnis von Familie daraus hervorgeht.

Auch im Westen haben sich die Formen der Familie gewandelt. Einen starken Schub hinterliess die Kommunebewegung, von der die westlichen Industriestaaten in den sechziger Jahren erfasst wurden. Aus ihr ging am Ende die Wohngemeinschaft, die WG, als neue Form der Familienbildung hervor. Diese Form ist inzwischen so sehr zu einer alltäglichen, gesellschaftlich integrierten Erscheinung geworden, dass selbst die darauf folgende und bis heute anhaltende Singlebewegung sie nicht verdrängt, sondern eher als deren andere Seite erscheint: Man lebt gemeinsam und liebt allein – geschützt durch den Mantel der WG. In ihrer entwickelten Form nimmt die WG im Westen den Platz ein, den im sowjetischen Bereich die familiäre Versorgungsgemeinschaft besetzt.

Die Statistiken über diese Entwicklung sind im Westen ver-

* ebenda, UNICEF vom 22. September 1999
** Wochenbericht des Deutschen Wirtschaftsinstuts vom 31. Februar 2000

lässlicher, die einst als Provokation wahrgenommenen neuen Formen des Zusammenlebens haben sich schon längst in Themen für Workshops und Seminare und sogar in behäbige Verlautbarungen zu einer neuen Familienpolitik verwandelt; Begriffe wie ›Konsensualpartnerschaft‹, ›faktische Gemeinschaft‹, ›Lebensräume‹, ›familiale Netzwerke‹, und ähnliche »die nicht nur Kinder, sondern auch verschiedene Erwachsenengruppen einschliessen und verbinden« werden in offiziellen Berichten benutzt, wenn es darum geht, die »Familie im Wandel« zu beschreiben.* Ein einziger Blick in das aktuelle Zahlenangebot zeigt, dass sich hier allmählich und schon seit Längerem entwickelt, was sich in Russland und im gesamten Bereich des ehemaligen sowjetischen Einflusses seit Einsetzen der Perestroika unter extremer Beschleunigung vollzieht.

In Deutschland leben heute 18% der Bevölkerung in Einpersonenhaushalten, ganze 54% in Familienzusammenhängen, die Übrigen irgendwie. Wiegelt das Ministerium hier noch mit dem Hinweis ab, dass »immer noch« 54% der Deutschen in der ›Normalfamilie‹ lebten, kommt sie in ihrer Gesamtbewertung doch zu einem anderen Schluss: »Die partnerschaftlichen Lebensformen und ihre Verbreitung innerhalb der Bevölkerung unterlagen in den vergangenen Jahrzehnten einem starken Wandel, der unter anderem durch folgende Faktoren verursacht wurde: den Alterungsprozess der Bevölkerung, die Verlängerung der Ausbildungszeiten Jugendlicher und die Verzögerung des Auszugs der Kinder aus dem Elternhaus, die Zunahme von Scheidungen oder Trennungen; die weitgehende Akzeptanz ehelicher Lebensformen.«**

Der Vergleich mit den europäischen Daten zeigt zudem, dass es sich bei dieser Entwicklung nicht allein um eine deutsche, sondern um eine gesamteuropäische Tendenz, ja um generell die Tendenz entwickelter Industriestaaten handelt.***

---

* Datenreport des Bundesministeriums für Familie, Senioren, Frauen und Jugend ›Die Familie im Spiegel der amtlichen Statistik‹, April 2003 und Bericht des Schweizerischen Bundesamts für Statistik über ›Die Familien im Wandel‹, November 1997

** ›Die Familie im Spiegel der amtlichen Statistik‹, Engstler, Heribert und Menning, Sonja im Auftrag des Bundesministerium für Familie, Senioren, Frauen und Jugend, erweiterte Neuauflage, 2003

*** ebenda, Seite 58 folgende

Nicht von ungefähr stossen diese, von den Industrieländern des Westens ausgehenden, Lebensformen auf die Ablehnung bei traditionellen Gesellschaften und auch traditionell orientierten Gesellschaftsschichten in den Industrieländern selbst, in denen der Lebensunterhalt der Familien noch zu grösseren Teilen aus der Selbstversorgung gewonnen wird. Es ist aber unübersehbar, dass die Veränderung der Familienstrukturen in Richtung auf offene Lebens- und Versorgungsgemeinschaften auch diese Bereiche erreicht hat. Das geschah zunächst in der wenig erfreulichen Form, dass die traditionelle Basis der Selbstversorgung durch Einführung billiger industrieller Produkte in diese Länder oder Gegenden vernichtet und so eine Abhängigkeit von der Lohnarbeit hergestellt wurde. Männer und zunehmend auch Frauen zogen in die Städte, um dort Arbeit zu suchen. Ergebnis war und ist die Zerstörung der traditionellen Familienstrukturen, die vor allem auf der weiblichen Subsistenztätigkeit begründet waren.

Eine halbe Emanzipation könnte man diesen Vorgang nennen, der mehr und mehr Frauen in die Produktion zog, sie aber gleichzeitig der Basis beraubte, die ihnen ihren traditionellen Platz in der Familie gegeben hatte. Heute, da Arbeit ihren Stellenwert verändert, existenzsichernde Lohnarbeit proportional zur Anzahl der Menschen auf dem Globus abnimmt, kehrt sich dieser Prozess um: Wurden die Menschen mit Einsetzen der Industrialisierung aus ihrer tierwirtschaftlichen oder agrarischen Selbstversorgung herausgezogen und in die Lohnarbeit hineingezwängt, so werden sie nunmehr wieder aus dem Lohnarbeitsprozess in die Selbstversorgung hineingedrückt.

Die heutige Situation unterscheidet sich aber diametral von der Ausgangslage: Inzwischen sind die Strukturen, Ressourcen und Kenntnisse der früheren Selbstversorgungswirtschaft weitgehend zerstört. In dem Prozess der Neubewertung der Arbeit und Neuorganisation der Arbeitsteilung, der heute im globalen Massstab stattfindet, wird die bisherige halbe Emanzipation entweder gewaltsam reduziert, indem die Menschen, vor allem Frauen wieder in die Selbstversorgung zurückgedrückt werden, ohne dass die zerstörte Basis wiederhergestellt wäre – oder die halbe Emanzipation muss sich zu einer ganzen entwickeln. Eine ganze Emanzipation, das würde nichts anderes bedeuten, als den Bereich der Selbstversorgung bewusst wieder zu entwickeln, dies aber nicht auf der Basis der ehemaligen Rollenverteilung, sondern ausgehend von der Stellung der Frau, die sie durch die Industrialisierung erhalten hat.

Das ist keine Utopie, sondern harte Realität, denn bei der Art von Arbeit, welche die Industrie und Wirtschaft heute zunehmend anbietet – Feinmechanik, Elektronik, Computertechnologie, chemische und biologische Produktion, Technologie der Kommunikation – sind es häufig die so genannten weiblichen Fähigkeiten, die gefordert werden, so dass es auch die Frauen sein können, die den Lohn in die Familie bringen. Die statistischen Angaben, nach denen die Erwerbsbeteiligung von Frauen mit Kindern sich auf über 50% gesteigert hat,* Modelle einer »doppelten Berufskarriere oder Formen von gemeinsamer Teilzeitarbeit, Job Sharing« an die Stelle der klassischen Arbeitsteilung von berufstätigem Mann und kinderbetreuender Frau treten,** belegen diese Entwicklung aktuell. Im Zuge der weiteren Intensivierung und Minimierung von Industrieprodukten wird diese Tendenz noch zunehmen. Dass ›weibliche‹ Fähigkeiten gefordert sind, heisst nicht unbedingt, dass allein Frauen diese Tätigkeiten ausführen müssen, es heisst aber, dass sie es können und dass Männer solche Fähigkeiten entwickeln müssen, wenn sie auf gleichem Niveau bleiben wollen.

Für die Familie – in welcher Form auch immer – bedeutet die heutige Situation, dass erstens nicht mehr alle arbeitsfähigen Familienmitglieder auch Lohnempfänger sind, dass zweitens im Zweifelsfall nicht unbedingt die Männer der Familie die Ernährer sind, dass drittens innerhalb der Familie in gemeinsamer Beratung entschieden werden muss und auch kann, wer am effektivsten den Part der Lohnarbeit übernimmt, wer sich um die Eigenversorgung kümmert, wie lange diese interne Regelung erhalten bleibt, ob man sich ablöst, wechseln kann, überhaupt, in welchen Anteilen und in wel-

---

* Datenreport des Bundesministeriums, siehe Seite 142
** Schweizerisches Bundesamt für Statistik über ›Die Familie im Wandel‹ November 1997

chen Rhythmen Lohnarbeit und Arbeit für die Eigenversorgung in der jeweils gegebenen Lebensgemeinschaft aufgeteilt werden.

Historisch gesehen bedeutet das, dass die am Privateigentum organisierte patriarchale Familie, in welcher der Mann als Eigentümer oder Lohnempfänger das Haupt der Familie war, in eine gemeineigentümlich organisierte übergeht, in welcher Männer und Frauen keine Vorrechte auf Grund der bestehenden Eigentums- oder Einkommensverhältnisse voreinander haben, sondern sich nach ihren Lebensumständen variabel absprechen müssen. Eine solche Gemeinschaft sprengt zwangsläufig auch den Rahmen der heute üblichen Kleinfamilie; sie organisiert sich als selbstgewählte Versorgungsgemeinschaft. Man könnte sie auch als Wahlfamilie bezeichnen.

Nur eine derart organisierte Gemeinschaft wird in der Lage sein, den Strukturwandel der Arbeit – Abnahme der Lohnarbeit, Zunahme der Selbstversorgung und nichtproduktiven Arbeit – wie er sich heute entwickelt, so zu nutzen, dass daraus optimale, gerecht miteinander abgestimmte und variable Möglichkeiten der Entfaltung für alle Mitglieder der Gemeinschaft entstehen, die auch einen kulturellen Gestaltungsraum öffnen.

Aber wie verhalten sich Wahlfamilie und Liebe zueinander? Liebe, Ehe und Wahlfamilie werden sich ebenso ergänzen und einander stützen wie Lohnarbeit und die verschiedenen Tätigkeiten der Selbstversorgung. In Russland, wo die traditionellen Gemeinschaftsstrukturen heute so radikal in Frage gestellt werden, dass kein Stein auf dem anderen bleibt, wo sich die Familie in nur einem Jahrhundert von der traditionellen Grossfamilie, über die radikale Emanzipation der freien Liebe, zur Dogmatisierung der Kleinfamilie als Zelle des Staats bis zur Wiedergeburt der Grossfamilie in verwandelter Gestalt der jetzigen Not- und Versorgungsgemeinschaften entwickelte, lässt sich der grundlegende Wandel, dem die Familie heute unterworfen ist, besonders gut beobachten. Auch dies ist ein Grund, die Entwicklung im nachsowjetischen Raum mit höchster Aufmerksamkeit zu verfolgen.

Kapitel 6

Globalisierung und Identität – von der Selbstversorgung zur Selbstorganisation

Formen extrapolarer Wirtschaft auf Basis von Selbsthilfe und gegenseitiger Hilfe gibt es nicht nur in Russland und nicht erst heute. Sie sind – entgegen den Modellen von ›kapitalistisch‹, ›sozialistisch‹, ›dirigistisch‹ oder ›liberalistisch‹ die ursprüngliche Form des Wirtschaftens überhaupt und im Prinzip überall unter den jeweils geltenden Modellen real vorhanden. Sie heissen ›Beziehung‹, ›Lobby‹, ›Seilschaft‹, ›Vetternwirtschaft‹, ›irreguläre Geschäftsführung‹, Wirtschaftskriminalität, bei Kritikern der herrschenden Verhältnisse auch soziale oder solidarische Wirtschaft, Gemeinwesenarbeit, lokale Ökonomie.

Gleich, von welcher Seite man es betrachtet, in allen diesen Sichtweisen wird von der Fiktion eines Kapitalismus ausgegangen, der bestimmten, quasi natürlich begründeten Gesetzen gehorche. Tatsächlich wissen alle, dass die Übergänge von informeller Wirtschaft über Kriminalität zu seriösem Geschäft bis hin zu sozialer Wirtschaft fliessend sind, dass ›Kapitalismus‹ ebenso wie dessen Spiegelbild ›Sozialismus‹ fixierte Modelle, Abstraktionen sind, die nur mühsam den realen Filz überdecken.

Wo man sich nicht verpflichtet glaubt, die Sprachregelung der ›zivilisierten Länder‹ einhalten zu müssen, wo man also nicht mit Gleichstarken oder doch wenigstens annähernd Gleichstarken zu tun hat, wird derselbe Tatbestand, der hierzulande Lobby heisst, hochfahrend als Clanwirtschaft, ›Korruption‹, oder auch ›Mafia‹ gebrandmarkt. Tatsächlich zeigt der tägliche Blick in die Presse, wie fliessend die Übergänge von solchen Gesellschaften, in denen die ›Korruption‹ die anerkannte Form des Wirtschaftens ist, zu den entwickelten kapitalistischen Ländern ist.

Letztlich ist der Kern aller wirtschaftlichen Aktivitäten da wie dort die informelle Gruppe, die als Initiativ-, Umverteilungs- und Verbindungsstück zwischen den verschiedenen Bereichen agiert. Die Unterschiede tragen eher folkloristischen

Charakter. Keines der Modelle hat den informellen Sektor je aus der Welt geschafft. Nicht eine Wirtschaft, gleich ob ›Kapitalismus‹, ›Sozialismus‹, Dirigismus oder Liberalismus könnte existieren, wenn sie nicht von der realen Ökonomie des informellen Sektors, letztlich von der unbezahlten Familien-, Haus- und Pflegearbeit getragen würde, ganz zu schweigen vom geistigen und kulturellen Bereich. Wie ist da formell von informell noch zu unterscheiden?

Dennoch kennzeichnet das, was seit Karl Marx und Friedrich Engels Kapitalismus, beziehungsweise danach auch Sozialismus heisst, selbstverständlich ein neues Stadium der Entwicklung der menschlichen Gesellschaft und die Versuche, einen Dritten Weg zwischen den beiden Seiten dieser neuen Realität zu beschreiben, sind so lang wie der aus diesen beiden Seiten bestehende Industrialisierungsprozess selbst. Sie beginnen bei Saint Simon und Proudhon, die sich dafür die Charakterisierung als Utopisten eingehandelt haben. Sie setzen sich fort mit Iwan Illich, den Geld-Theorien Silvio Gesells und so weiter. Gemeinsam ist allen diesen frühen Versuchen, dass sie einen utopischen Gegenentwurf gegen die Realität setzen, indem sie einen Dritten Weg zwischen zwei Modellen beschrieben, dies aber zu einer Zeit, als diese noch ein sich gegenseitig ausschliessendes, aber festes System bildeten und ihre Definitionskraft noch nicht erschöpft war.

Mit dem Ende des Kalten Kriegs und der Aufhebung dieser Teilung hat sich die Lage entscheidend geändert: Die Erfahrung einer systemgeteilten Stagnation, an der die Welt zu ersticken drohte, die Einsicht in die Notwendigkeit intensiver statt expansiver Entwicklung, die Gewissheit, dass eine Rückkehr in die bipolare Modell-Welt nicht möglich und auch nicht wünschenswert ist und schliesslich das Heranwachsen vielfältiger neuer Kräfte, die sich unter dem Schild der alten Ordnung entwickeln konnten, lässt aus dem, was bisher nur Utopie war, nunmehr eine dringende Tagesaufgabe werden. Jetzt muss nicht mehr nach einem Dritten Weg zwischen zwei starren Modellen gesucht werden, die jedes für sich absolute Gültigkeit beanspruchen, jetzt gibt es nur noch den Weg, der Freiheit und Gleichheit wieder zusammenführt. Das verbindende Element ist die Einsicht, dass weder Freiheit noch

Gleichheit überleben werden, wenn der Planet nicht in gegenseitiger Hilfe bewirtschaftet wird. Arbeit verändert ihren Charakter: Neben die Lohnarbeit, die menschliche Tätigkeit auf den Dienst an der Kapitalakkumulation verengte und vor unseren Augen weiter verengt, tritt die Arbeit zur Erhaltung und lebenswerten Gestaltung unseres Planeten – Selbstversorgung auf globalem Niveau.

Jetzt, nachdem die Systemgegensätze des letzten Jahrhunderts hinter uns liegen, können wir konstatieren: Widerstand gegen die Vergewaltigung des Menschen durch eine gewaltsame Industrialisierung entstand nicht nur auf sowjetischer Seite, sondern auch in den OECD-Ländern. Aber wenn es auf sowjetischer Seite Kräfte der Privatisierung waren, die sich unter dem Zwang der Kollektivierung herausbildeten, wie im letzten Kapitel gezeigt, so waren es auf westlicher Seite die Kräfte der organisierten Selbsthilfe, die aus dem brüchigen Konsens der ›freien Welt‹, aus der Verödung der kommunalen Gemeinwesen, aus dem Elend der aus ihrer Selbstversorgung gerissenen Menschen des Trikonts (Länder Afrikas, Asiens und Lateinamerikas) immer wieder als Alternativen hervorbrachen. Das sind Genossenschaften, Landkooperativen, Stadtkommunen, die der Vereinzelung des Individuums in der Marktgesellschaft entgegenzuwirken versuchen. Selbstversorgung und Selbstorganisation ist auch ihr Grundimpuls.

Immer, wenn die alten ›Systeme‹ kriselten, zeigten sich auch in der OECD Ansätze eines ›Dritten Wegs‹, bis sie integriert wurden wie die Revolten der Sechziger in den Kernländern der OECD, oder niedergemacht wie in Chile 1973, in Portugal 1974. Mit dem Aufbrechen der bipolaren Ordnung, mit der Entwicklung der Globalisierung schiessen solche Ansätze weltweit wie Pilze aus dem Boden. In vorderster Linie stehen, nicht viel anders als im östlichen Raum, in der Regel die Notgemeinschaften, in denen sich Globalisierungsopfer rund um den Erdball ihr Überleben zu sichern versuchen. In Brasilien etwa entstand nach der grossen Krise von 1981–1983 eine Bewegung von Kooperativen, bei denen Arbeiter bankrotte Betriebe in ihre Verwaltung nahmen. Der Gedanke war, von Schliessung bedrohte Unternehmen in so genannte ›solidarische Unternehmen‹ zu überführen, in denen alle gleichermassen Eigentümer sind und sich so gemeinsam die Lebensgrundlage erhalten. Die Bewegung entstand ausserhalb der Gewerkschaften, wurde dann aber 1994 als ›Nationale Vereinigung der Arbeiter in Betrieben mit Selbstverwaltung und Aktienbeteiligung‹ ANTEAG, von gewerkschaftlicher Seite aufgegriffen. Im Jahr 2001 wurden hundertsechzig Betriebe verschiedenster Art in ganz Brasilien von der ANTEAG betreut.

Parallel zur ANTEAG entwickelte sich – ebenfalls in Brasilien – die Bewegung der Landlosen, die in den Jahren 1979–1984 aus der Besetzung von Latifundien entstand. Auf Basis von Familienwirtschaften schloss man sich in selbstverwalteten ländlichen Produktionsgenossenschaften zusammen, die allerdings in die Krise kamen, als sie sich 1989 vor der Herausforderung sahen, zugleich für die Subsistenz der Familien und für den Markt zu produzieren. Sie versuchten das Problem durch Zusammenschluss der Einzelgrundstücke, einen gemeinsamen Produktionsplan und die Schaffung von regionalen Vermarktungsgenossenschaften zu lösen.

Es gab Ansätze, diese Genossenschaften nach kubanischem Vorbild strikter staatlicher Leitung zu unterstellen. Das Scheitern dieser Ansätze war jedoch seit 1993 nicht mehr zu übersehen, als die Genossenschafter die Kollektive zu verlassen begannen. Heute, unter weitgehender Autonomie, entwickeln sie sich wieder.* Vergleichbare Entwicklungen werden heute aus allen früher so genannten Entwicklungsländern beschrieben.**

Eine Erscheinung vom anderen Ende derselben Leiter sind die Strukturen, die in den Metropolen des Kapitals selbst entstehen, insbesondere in den USA. Verursacht durch die Verarmung der Kommunen und die dadurch bedingte Verelendung ganzer Stadtviertel, geht die ansässige Bevölkerung seit Jahren dazu über, die Organisation der kommunalen Angelegenheiten – von der Müllabfuhr bis über die Betreuung Arbeitsloser und hin zur Erwachsenenbildung – in die eigenen Hände

---

* Singer, Paul, ›Solidarische Ökonomie in Brasilien heute – eine vorläufige Bilanz‹
** Siehe: Thilo Klöck; Wahl und Schulte; Theodor Schanin; Internet unter: Informelle Ökonomie

zu nehmen. Was dabei entsteht, ist ein Raum der gegenseitigen Hilfe, in dem Service gegen Service, Gefälligkeiten gegen Gefälligkeiten ausgetauscht werden. Im Wesen läuft das letztlich auf nichts anderes hinaus, als das, was in Russland Nothilfe, Selbsthilfe, Gunstwirtschaft ist, nur dass diese Phänomene im Herzen des Kapitalismus entstehen.

Die US-Verwaltung, unfähig die Krise der Kommunen zu bewältigen, hat dieses Phänomen schon Ende der 1990er Jahre als ›tertiären Sektor‹ in ihre Verwaltungsstrukturen aufgenommen. ›Tertiärer Sektor‹ heisst er, weil er weder dem produktiven Bereich, noch dem konsumtiven der staatlichen Vorsorge zuzuordnen ist, sondern sich zwischen beidem bewegt. Auch politisch schwankt er zwischen zwei Polen, staatliche Kontrollversuche hier, demokratische Selbsthilfe dort, ähnlich doppeldeutig wie die russische Obschtschina, die zwischen autoritärer Abhängigkeit und gegenseitiger Hilfe vor Ort stand. Viel hängt in diesen Konstellationen von den persönlichen Qualitäten der dort handelnden Personen ab.*

Eine europäische Variante dieser Entwicklung sind die englischen LETS-Gruppen (LETS = Local Exchange Trading Schemes), die Ricarda Buch in einem Aufsatz über Zeitbörsen und Tauschringe beschreibt: »*In England, wo die Bewegung der Zeitbörsen weiter fortgeschritten ist als hier bei uns, unterstützen immer mehr lokale Verwaltungen diese Initiativen. Aus ihrer Sicht wirken die LETS-Gruppen dem sozialen Ausschluss entgegen, da sie gegenseitige Hilfe stimulieren und Nachfrage und Absatz im verarmten Gemeinwesen ankurbeln.*« (Mehr dazu in: Klöck, Thilo, ›Solidarische Ökonomie und Empowerment‹; Ricarda Buch und andere AutorInnen schildern dort noch vielfältige weitere, auch deutsche Spielarten.)

Bemerkenswert ist das in Frankreich konzentrierte ›Experiment des Netzwerks für eine alternative und solidarische Wirtschaft‹ REAS, das seit 1992 unter diesem Namen geführt wird, aber aus weit davor liegenden Traditionen einer ›Freiwilligen Wirtschaft‹ ›Wirtschaft von unten‹, ›Volkswirtschaft‹, ›Gemeinwirtschaft‹ hervorgeht. Einen Entwicklungsschub bekam diese Bewegung in der ›Ölkrise‹ 1971 und folgende, das

* Ehlers, Kai, ›Bilanz der Privatisierung‹, Stuttgart, 1994

heisst, dem ersten ernsthaften Entwicklungsknick Europas nach 1945. Als ALDEA (Agence de Liaison De l'Economie Alternative) organisieren sich seitdem Initiativen der verschiedensten Art. Man findet sie* in verwüsteten Vorstädten, verwahrlosten Landzonen, über-industrialisierten Landzonen, wo alternative Bauern um ihre Existenz kämpfen, in Gebieten mit traditioneller Mono-Industrie, unter Arbeitslosen und Sozialarbeitern. Die Kooperative REAS stützte zur Zeit des Berichts – also 1996 – 1400 verschiedene Initiativen zur Finanzierung von Mikrounternehmen. Sie fördert heute örtliche Vernetzungen zur Arbeitsbeschaffung, initiiert Sozialexperimente und hält Beziehungen zu Banken. REAS ist damit zweifellos ein klassischer Ausdruck informeller Wirtschaft.

In der REAS gehen Notgemeinschaft und weltanschaulich begründeter utopischer Entwurf einer alternativen Lebensweise bereits ineinander über. Noch darüber hinaus gehen solche Initiativen, die mit dem Anspruch gestartet wurden, nicht nur den Markt und nicht nur den Dirigismus der Staatswirtschaft, sondern den gesamten Industrialismus, gleich ob Kapitalismus oder Sozialismus, in eigenen Lebens- und Gesellschaftsentwürfen hinter sich zu lassen.

Einer dieser Ansätze ist die von dem Begründer der Anthroposophie, Rudolf Steiner, Anfang der zwanziger Jahre des letzten Jahrhunderts eingeleitete Bewegung der Dreigliederung, deren Ausläufer heute bis in die biologische Landwirtschaft, die Waldorfschulen und soziale Pflegetätigkeit führen. Den Vorgaben der französischen Revolution folgend schlug Steiner eine Gliederung der Gesellschaft in die drei Bereiche Wirtschaft, Recht und Geistesleben vor, in denen er Freiheit, Gleichheit und Brüderlichkeit konkretisiert sah. Die drei Bereiche sollen in gegenseitiger Kooperation und Kontrolle die Gesellschaft bilden. In den zwanziger Jahren näherte Rudolf Steiner sich mit seinen Initiativen zur Dreigliederung vorübergehend der Arbeiterbewegung an und lehrte zeitweilig an der Parteischule der KPD, bis man sich – nach wenigen Jahren – wieder trennte. Mit der Kulturrevolte der sechziger Jahre ging der Dreigliederungs-Ansatz in den Strom der alternativen Bewegungen Deutschlands ein und strahlt von dort über

* In Zeitschrift ›Les Peripherique‹, Nummer 4, 1995/96, Seite 66 bis 69

Europa auch in andere westlichen Länder aus.* Aus dem Impuls der Sechziger entwickelte sich im übrigen in den Metropolen, ausgehend von den USA, dann aber auch in Europa eine Land- und Stadtkommunebewegung, die vom Wunsch getragen war, ein Leben jenseits der Zwänge der ›Konsumgesellschaft‹ zum einen und des ›Zwangskollektivismus‹ zum anderen in selbstbestimmten Lebensformen zu entwickeln. Viele der seinerzeit gegründeten Kommunen hatten experimentellen Charakter, zerfielen nach wenigen Jahren, spätestens mit zunehmendem Alter ihrer Mitglieder, die Mehrheit allerdings ging schlicht in Wohngemeinschaften über, die heute zum selbstverständlichen Lebensstil der Metropolen gehören.

Mit der Verwandlung der Kommunen der Experimentalzeit in Wohngemeinschaften, die in den deutschen Sprachschatz inzwischen als WGs eingegangen sind, könnte man dieses Thema für erledigt halten. Bei genauem Hinsehen erkennt man jedoch, dass sich in dieser Entwicklung auf einfachem, alltäglichem Niveau eine Essenz der Kommunebewegung realisiert, die zukunftsweisenden Charakter hat, nämlich der Übergang von der traditionellen Gross-, beziehungsweise Kleinfamilie zur Wahlgemeinschaft.

Unter den Landkommunen haben sich einige in ihrer ursprünglichen Anlage erhalten. Manche existieren bereits in der zweiten Generation. Ein herausragendes europäisches Beispiel dafür ist die deutsch-französische Gruppe ›Longo Mai‹. Sie ist eine Land-Kooperative mit Niederlassungen in Frankreich, der Schweiz, Österreich und – seit dem Fall der Mauer – auch in Ostdeutschland, wie Mecklenburg. Einen Ableger gibt es in den ukrainischen Karpaten und in Costa Rica. ›Longo Mai‹ bemüht sich um autarke Wirtschaft auf der Basis von kollektiver Selbstversorgung, geht aber mit seinen Produkten (zum Beispiel Fleisch im Mecklenburger Ulenkrug) auch auf den Markt, wenn auch auf den spezifischen Markt für Bio-Fleisch.**

Ansätze mit utopischem Charakter haben sich selbstver-

---

* Steiner, Rudolf, diverse Schriften zur Dreigliederung und aktuelle Schriften der Dreigliederungs-Gesellschaft, Stuttgart

** Veröffentlichungen in der ›Kommune‹ unter: www.tippelei.de/ulenkrug

ständlich auch ausserhalb der Metropolen gebildet. Die Zahl solcher Gruppen und Bewegungen ist unübersehbar, zumal die Motive ihrer Gründung, soweit sie nicht als blosse Nothilfe entstanden sind, in der Regel weit in kulturelle oder religiöse Bereiche übergehen. Den Dimensionen dieses Zweigs nachzugehen würde den Rahmen dieses Buches sprengen.

Die fortschreitende Globalisierung treibt die Entstehung informeller Strukturen immer weiter voran. War es in der Vergangenheit meist das Elend ausbeuterischer Lohnarbeit, das die Menschen zwang, nach Alternativen zu suchen, so ist es inzwischen in zunehmendem Mass die blanke Arbeitslosigkeit.

In vertrauten polit-ökonomischen Kategorien ausgedrückt, heisst das, etwa bei Joachim Hirsch: »*Die gängige Durchsetzung des kapitalistischen Produktionsverhältnisses und die Trennung des Produzenten von den Produktionsmitteln ist generell mit der Zerstörung von Produktionsformen verbunden, die auf lokaler und familiärer Selbstversorgung beruht haben.*

Im Fordismus hatte diese Entwicklung ihren Höhepunkt erreicht. Die aktuellen gesellschaftlichen Umbruchprozesse scheinen insgesamt darauf hinauszulaufen, die fordistische Entwicklung in gewisser Weise wieder rückgängig zu machen: Weil der Fordismus darauf beruht hatte, die Produktions- und die Reproduktionsarbeit möglichst weitgehend in die Waren- und Lohnarbeitsform zu bringen, und diese zugleich zu regulieren und zu standardisieren, wurden die Kosten der Arbeitskraftreproduktion in den Kapitalkreislauf direkt einbezogen und insoweit ›internalisiert‹. Jetzt scheint es darum zu gehen, viele Bereiche der gesellschaftlichen Arbeit wider zu peripherisieren und gleichzeitig reproduktionsnotwendige Dienstleistungen in schlecht oder überhaupt nicht bezahlte Arbeitsverhältnisse abzudrängen.

Dies ist der Grund für die Zunahme des ›informellen Sektors‹, nicht zuletzt auch der (Schein-) Selbstständigkeit. Diese Entwicklung nimmt unterschiedliche Formen an: In den Orten, Regionen und gesellschaftlichen Bereichen, die vom globalen Akkumulationsprozess abgekoppelt werden, ist er die Voraussetzung des materiellen Lebensunterhalts über-

haupt, in den durchkapitalisierten Metropolen eher eine den formellen Lohnarbeitssektor ergänzende und kompensierende Ressource von billigen Dienstleistungen. Im globalen Massstab findet also eine Neukombination unterschiedlicher Arbeitsformen und Produktionsweisen statt, zu denen auch solche gehören, die nicht die formellen Charakteristika von Lohnarbeit aufweisen.
Schon immer hat das Kapital seinen Mehrwert nicht allein durch bezahlte Lohnarbeit, sondern auch durch Ausbeutung anderer Arbeitsformen (zum Beispiel Hausarbeit, agrarische Subsistenzproduktion) erzeugt. Die aktuelle Tendenz besteht in einer Wiederausweitung der Subsistenzproduktion, das heisst der Herstellung von infrastrukturellen, natürlichen und sozialen Produktionsvoraussetzungen einschliesslich der Reproduktion der Arbeitskraft durch un- und schlechtbezahlte Arbeit; ›Bürgerarbeit‹, informelle Ökonomie, real life economics sind die geläufigen Stichworte für diese Entwicklung.« *

Mit Recht mahnt Hirsch: »*Wenn heute auf ›informelle Ökonomie‹ und ›Subsistenzproduktion‹ als Ansatz für emanzipative Gesellschaftsveränderungen gesetzt wird, muss berücksichtigt werden, dass diese Formen im Zuge der kapitalistischen Restrukturierung derzeit ohnehin massiv durchgesetzt werden.*«

Engagierte Autorinnen und Autoren tragen die Fakten zu dieser Entwicklung seit langem mit akribischer Empörung zusammen, so beispielsweise im ›Jahrbuch der Gemeinwesenarbeit 6‹ von 1998, in dem in beeindruckender Weise beschrieben wird, wie die Globalisierung erst die Grundlagen der Selbstversorgung zerstört, um die Menschen anschliessend in eben diese zerstörte Selbstversorgung zurückzudrücken.** Es kann also nicht reichen, dem neue Fakten hinzuzufügen, vielmehr geht es darum, aus der Not eine Tugend zu machen und eben diese Neukombination, die vom globalen Kapital ausgeht, nicht schicksalsergeben als individuelle Verelendung zu ertragen und bestenfalls abzumildern, sondern zur Schaffung,

---

* Hirsch, Joachim, ›Geht die Arbeit wirklich aus?‹, in: ›Jungle World‹ vom 9. Juni 1999
** Klöck, Thilo, ›Solidarische Ökonomie und Empowerment‹, in: ›Jahrbuch der Gemeinwesenarbeit 6‹

Erweiterung und Verteidigung gesellschaftlichen Freiraums zu nutzen. Das klingt paradox – ist es auch: Es wendet sich gegen die einfache Fortschreibung bisheriger wirtschaftlicher, sozialer und auch kultureller Paradigmen dessen, was Fortschritt und Wachstum bisher war. Es bedeutet, sich dem Markt, dem Kapital nicht mehr individuell auszusetzen, sondern Arbeit, Konsum, schlechthin das individuelle Leben gemeinschaftlich mit anderen so zu organisieren, dass die gemeinschaftliche Organisation, dem russischen Impuls folgend, als Puffer zwischen dem Einzelnen und dem Markt wirken kann. Das heisst, den erreichten epochalen Bruchpunkt in der Beziehung zwischen Kapital und Arbeit für die Durchsetzung einer anderen, menschenfreundlichen Wirtschaftsordnung zu nutzen. Die materiellen und sozio-ökonomischen Voraussetzungen dafür sind herangewachsen. Von selbst wird das jedoch nicht geschehen. Es muss erkämpft werden.

Die globalisierungskritische Bewegung, die Weltsozialforen, die aktiv daran arbeiten »eine andere Welt möglich zu machen«, geben dieser Tendenz bereits eine mächtige Stimme. Eine Vielzahl aktiver Tausch- und Solidargemeinschaften versuchen Netzwerke von unten aufzubauen. Solange allerdings nur die »Zusammenarbeit zwischen Norden und Süden« in den Blick genommen wird und solange die traditionellen Gewerkschaften ihre Klientel nur in den organisierten Industriearbeitern, nicht aber in den freiberuflich Tätigen aller Sektoren, Gemeinwesenarbeitern, Arbeitslosen und erst recht nicht in ›Schwarzarbeitern‹ aller Arten sehen, sondern diese Kräfte ausgrenzen, von der Organisation des Widerstands ausschliessen oder sogar zu deren Illegalisierung beitragen, wird man wohl noch oft und sehr deutlich wiederholen müssen: Es ist gut, wenn ›Norden und Süden‹ zusammen wirken, es ist auch richtig, um gute Tarife in der Lohnarbeit zu kämpfen. Aber auch in den Osten muss der Blick gehen und auch in den Bereich der informellen, der nicht bezahlten gesellschaftlichen Arbeit, die ausserhalb von Lohnverhältnissen geleistet wird. Erst wenn über die Kritik am westlichen Liberalismus hinaus auch die Privatisierung des realen Sozialismus aktiv in den Blick genommen wird, kann daraus der Impuls für eine Wirtschafts- und Lebensweise erwachsen, in welcher die Arbeit so organisiert wird, dass sie über die bisherige Polarisierung von Kapitalismus oder Sozialismus hinausführt und nicht die Selbstverwertung des Kapitals, sondern die nachhaltige Gestaltung des sozialen Raums, das heisst, die Förderung allseitiger Beziehungen des Menschen zu seiner Mitwelt, in den Mittelpunkt stellt.

Im Zentrum dieser Organisation des Lebens steht die Symbiose von Lohnarbeit und Selbstversorgung in einer Versorgungsgemeinschaft, sei es noch die traditionelle Familie, sei es eine Wahlgemeinschaft, die jedem Mitglied ein Grundrecht auf Leben garantiert, gleich ob es in Lohnarbeit steht, sonst einer nützlichen Tätigkeit nachgeht oder einfach nur zur Erheiterung der Gemeinschaft beiträgt.

Ausblick: Brache, Feld und Garten – drei Beispiele für die Rückkehr der Natur in die Stadt

Schauen wir uns die globalisierende Welt an, dann könnte eine Vision vor uns auftauchen; statt Kampf der Kulturen beinhaltet sie den Kampf um Kultur: Re-Kultivierung der Brachen, die die Industriegesellschaften hinterlassen haben, Altes zu neuem Leben bringen, das einst umbrochene, später vergessene Feld wieder bestellen, das gebrochene Wort neu zusammenfügen, die Fantasie wiederbeleben. Dann wird die Brache wieder der Ort, wo gepflügt, wo gesät, wo geerntet, wo Leben geschaffen wird – allerdings nicht mehr im ursprünglichen ersten Umbrechen des Bodens, sondern in einer lebendigen Verschmelzung von industriell-technischem Fortschritt und sozialer, kultureller und spiritueller Vielfalt. Diese Welt wird keine ursprüngliche, keine natürliche sein, es ist eine künstliche Welt, aber es ist nicht die der Natur gegenübergestellte, sondern die mit ihren Gesetzen und Kreisläufen aufs neue bewusst und schöpferisch verbundene, es ist eine im ursprünglichen Sinn dieses Worts kultivierte Welt. Um diese Welt zu schaffen, müssen wir heutigen Industrie- und Kulturbrachen als Herausforderung, als Anlass und Voraussetzung zum schöpferischen Handeln im sozialen Gestalten begreifen.

Das Beispiel Tokio

Auf einem Kongress unter dem Titel ›Die Wiederkehr der Gärten‹, auf dem die unterschiedlichen Formen alter und neuer Gartenwirtschaft dargestellt wurde, berichtete eine Gruppe japanischer Gäste von einem faszinierenden Vorgang.

In Tokio, mitten im Chaos einer alles fressenden Urbanität, die vielen Menschen zum Synonym der planlosen Vernichtung von Lebensraum durch Industrialisierung geworden ist, schliessen sich Anrainer der in der Stadt üblichen Brachflächen zusammen, um diese Flächen gemeinsam zu kultivieren. Natur wird wieder in die Stadt geholt, aber nicht im

Rückgriff auf vermeintliche ursprüngliche Naturzustände oder heile Welt Vorstellungen, sondern als Verwandlung von Stadtbrachen durch gemeinschaftliche Kultivierung, bewusste ökologische Pflege, Intensivierung.

Es geschieht in der Form der Wiederkehr von Selbstversorgung seitens der Industriearbeiter, Büroangestellten, Arbeitslosen, Sozialhilfeempfänger, die der Natur und Gewohnheiten der Selbstversorgung bereits gänzlich entfremdet sind und den Boden, die Erde nur noch als ungenutzte Brachfläche erleben, nicht selten als stinkenden Müllplatz. Aus dem Überdruss mit dieser Situation entsteht der Impuls, die Brache zu kultivieren, den Müll zu gestalten, um sich Luft, eine ästhetisch erträgliche Umgebung, letztlich eine neue Beziehung zu Boden und Pflanze und eine Unabhängigkeit zum industriellen Arbeitsprozess zu schaffen.

Dabei ist Selbstversorgung durchaus materiell zu verstehen – Versorgung mit gesunden, ökologisch kultivierten Produkten und Selbstversorgung für die eigene körperliche und seelische Gesundheit: die Freude am Garten. Darüber hinaus verwirklicht sich in der ökologischen Re-Kultivierung der Stadtbrache die Wiederherstellung der Beziehung des durch die Industrialisierung vom Naturkreislauf entfremdeten Menschen auf dem Niveau des industriellen Lebens. Der ganze Vorgang ist nur als gemeinschaftliche Aktivität möglich, in der die Menschen die durch die Urbanisierung, im weiteren Sinn die Industrialisierung, verursachte gesellschaftliche Vereinzelung und Zersplitterung in gemeinschaftlicher Aktion überwinden.

Hier verbindet sich privates Wirtschaften mit einem kollektiven Rahmen. Möglich ist das auf der Basis einer funktionierenden urbanen und industriellen Infrastruktur, nicht jedoch durch deren Abschaffung. Nicht der Mensch kehrt zur Natur, sondern die Natur zum Menschen zurück. Hier wird ein möglicher Weg sichtbar.

Initiativen wie die der Tokioter Gartengemeinschaft finden sich auch in anderen Metropolen, Stichwort: City-Gärten.*

* Mehr dazu: Meyer-Renschhausen, Elisabeth und Holl, Anne: ›Die Wiederkehr der Gärten‹, 2000 und American Community Gardening Association: http://userpage.fu-berlin.de~garten/Termine.html

Das Beispiel Terra Nova

Die Kohlekrise in den siebziger Jahren, danach die Stillegung der Braunkohlegebiete in der ehemaligen DDR, hinterliess grossflächige Industriebrachen mitten im dicht besiedelten Deutschland, für die seitdem die unterschiedlichsten Re-Kultivierungskonzepte entwickelt worden sind. Die meisten davon begnügen sich mit oberflächlicher Sanierung – sprich Abriss von Förderanlagen, Planierung oder Wässerung der Gruben, schnelle Umwandlung in Freizeitparks. Der Aktions-Künstler und Landschaftsgestalter Herman Prigann hat ein Konzept entwickelt, das darüber hinaus geht: Seine Arbeit, besonders die unter dem Stichwort ›Terra Nova‹ laufenden Projekte, sind der Versuch, die Industriebrachen in einem ästhetischen Prozess als neue Landschaft ökologisch und sozial nachhaltig zu gestalten, indem industrielle Produktion und selbstversorgende Pflege zu einem Gesamtkonzept der Landschaftsplanung zusammengeführt werden.

Auch für ›Terra Nova‹ gilt: Die Natur kehrt in die Industriegesellschaft zurück. Die Industrie wird nicht verteufelt, sondern in einen nachhaltigen ästhetischen und sozialen Lebenskreislauf eingebettet. Was heute im Kleinen in Deutschland probiert wird, ist morgen im Grossen für die globalen Brachen angesagt, die aus der kolonialen Ausbeutung in anderen Teilen der Erde entstanden sind und immer noch entstehen, allen voran die ökologischen Wüsten in Russland und den Ländern Afrikas, Asiens und Lateinamerikas (Trikont).*

Das Beispiel Mongolei und Altai

Das grösste Brachgebiet, das die Industrialisierung zurückgelassen hat und sich zur Zeit anschickt, noch weiter zu verwüsten, ist die nomadische Wirtschaft, vornehmlich der Mongolei, des Altai. In Zentralasien und China setzt sich dieser Prozess fort. Die Sowjetunion hat die nomadische Wirtschaftsweise mit Gewalt zerstört. Aus 80% nomadischer Bewirtschaftung wurden 40% und weniger; aus gewachsener, den Verhältnissen angepasster Fünftierhaltung* wurde sepa-

* Mehr dazu: Terra Nova: www.terranova.ws/terral.htm

rierte industrielle Massentierzucht. Nach der Auflösung der Sowjetunion blieb ein beschädigtes Ökotop zurück, das jetzt entweder zum Naturpark für Touristen degradiert wird oder einer realen Re-Kultivierung entgegengeht, die industrielle Entwicklung (Urbanisierung und technische Modernisierung) und Selbstversorgung verbindet.

Nalgor Erdenetzogt, Leiter der ökologischen Universität in Ulaan Baator,** hat ein Konzept für eine Re-Kultivierung des nomadischen Wirtschaftens entwickelt, für das er den grossen Verdienstorden der Mongolei bekam, allerdings ohne dass seine Vorstellungen deswegen *von oben* real, das heisst auch finanziell gefördert würden. Sein Konzept ist einfach; es basiert auf der Wiederherstellung der nomadischen Wirtschaftsweise in der Formation kleiner Kooperativen, die aus drei oder drei-mal-drei Jurteneinheiten*** bestehen. Das ist faktisch ein Familienzusammenhang, der sich mit anderen Jurteneinheiten zu einem Verband der gemeinsamen Weiterverarbeitung und -verwertung zusammenschliessen und über diesen Weg mit örtlicher Industrie zusammenarbeiten kann. Das ist ein Weg, das Ökotop Mongolei nicht nur als Reservat zu konservieren, sondern auf dem Niveau der modernen Industriegesellschaft weiter zu entwickeln – Selbstversorgung in der Steppe bei gleichzeitigem Anschluss an die Industrie und

---

* Die mongolische nomadische Wirtschaft basiert auf dem Leben mit fünf Tierarten: Pferd, Rind oder Yak, Ziege, Schaf, Kamel; die Kultur des nomadischen Wirtschaftens liegt bei den Mongolen darin, allen fünf Tierarten gleichermassen und zu gleicher Zeit die notwendigen Lebensbedingungen zu verschaffen. Mit dieser Organisation des Lebens ist die mongolische Art des Nomadentums die am höchsten entwickelte unter den nomadischen Kulturen.

** Vize-Präsident der Akademie der Agrarwissenschaften, Direktor des Instituts für Ökologie und technische Entwicklung der mongolischen Agrar-Universität und Vorstand des Hygienischen Labors und Leiter des wissenschaftlichen Projekts im Veterinär-Insitut der Mongolischen Republik.

***Jurte, mongolisch: Ger, ist das traditionelle Rundzelt der Nomaden gestützt von einem Kranz aus Scherengittern, überzogen von einer Aussenhaut aus hellem Filz, mit Feuerstelle und Öffnung zum Himmel, die bei Regen geschlossen werden kann. Es gibt Jurten in verschiedenen Grössen. In der Regel lebt eine Familie in einer Jurte. Wenn Nachkommen eine Familie gründen, beziehen sie eine eigene Jurte.

den globalen Markt. Das Bild dafür ist die Jurte mit Sonnenkollektor.*

Was sich an diesen drei Beispielen in Ansätzen zeigt, ist eine Modernisierung, welche die Selbstversorgung als Form der persönlichen Absicherung und zugleich Einbindung in natürliche Kreisläufe mit der industriellen Lebensweise verbindet. Dabei verändern sich beide: Die Selbstversorgung löst sich aus der vorindustriellen Phase, sie wird zur Ergänzungsproduktion und zur Kraftquelle für die Kulturentfaltung von Mensch und Umwelt; Stadt und Industrie konzentrieren sich auf die Produktion und Bereitstellung dessen, was über die Selbstversorgung hinaus für eine globale Kommunikation und Interaktion notwendig ist.

---

* Weiterführende Informationen zu diesem Thema beim Autor: www.kai-ehlers.de

Die geistige Dimension:
Pyramide, Labyrinth, Selbstorganisation

Die geistige Dimension, die aus der neueren Geschichte Russlands hervortritt, lässt sich in einem Dreischritt beschreiben, der als Ansatz zu einer Wissenschaft der Transformation gelten kann: Krise der Pyramide, Erinnerungen an das Labyrinth, Aufbruch in die selbstgewählte Gemeinschaft.

Die Krise der Pyramide ist das Bild, in dem die russische, besser die nachsowjetische Bevölkerung das Ende der Sowjetunion, die Agonie des realen ›Sozialismus‹ und die Auflösung traditioneller Gemeinschaftsvorstellungen erlebt. Es offenbart sich die Unhaltbarkeit der Utopie einer wissenschaftlich-technisch konstruierbaren Gesellschaft. Darüber hinaus kommt die patriarchal ausgerichtete Organisation menschlichen Zusammenlebens an ihre Grenzen, ohne dass die männliche Seite der Wirklichkeit deswegen an Existenzberechtigung verlöre – so wenig wie die ägyptischen Pyramiden einfach verschwinden. Jedoch wird erkennbar, unter welchen Bedingungen und nach welchen Gesetzen eine zu starre Ordnung in Chaos übergeht und was dabei aus ihrem Innern hervortritt – das Labyrinth.

Die Erinnerung an das Labyrinth beginnt mit der Entdeckung, dass die Vorstellung vom Labyrinth als Irrgarten eine historische Verfälschung der ursprünglichen Bedeutung des Labyrinths ist, welches in seiner klassischen Gestalt das genaue Gegenteil eines Irrgartens ist, nämlich der rote Faden durch das Chaos. Die Erinnerung an diese ursprüngliche Bedeutung des Labyrinths steht für die Wiedergewinnung der Fähigkeit zur Selbstbesinnung auf Kräfte des Leibes, des Gemütes und der Seele, die im Zuge der Patriarchalisierung, Hierarchisierung und Verwissenschaftlichung der Welt, im Verlaufe der Unterwerfung der Natur unter die wissenschaftlich-technische Zivilisation, in den gesellschaftlichen Untergrund oder das kollektive Unterbewusstsein abgedrängt wurden. Die Wiederentdeckung des Labyrinths als Figur der Selbstfindung und der sozialen Einbindung des Einzelnen in eine Gemeinschaft ist Ausdruck dieser Entwicklung.

Der Aufbruch in die selbstgewählte Gemeinschaft ist der Schritt über die Krise der Pyramide als Gesellschaftsmodell wie auch über die Erinnerung an das Labyrinth als andere Form der Gemeinschaftsbindung hinaus zur frei gewählten und variablen Wechselwirkung zwischen diesen beiden Polen. Das Prinzip dieser Gemeinschaft ist nicht die Symmetrie der Pyramide oder die Asymmetrie des Labyrinths, nicht Synthese oder Konflikt zwischen beiden, nicht männlich oder weiblich, nicht Freiheit, nicht Gleichheit oder Menschlichkeit, sondern Freiheit und Gleichheit durch Menschlichkeit.

Vermutlich gibt es nur diesen Weg: Pyramide, Labyrinth, Selbstorganisation. Er ist aber immer wieder neu und immer wieder anders. Ist die Krise der Pyramide als Modell erforscht, ist die Erinnerung an das Labyrinth durchschritten, dann geht es um die Bewegung zwischen ihnen, um die sozialen Kräfte, um Beziehungen, um den Ort in der selbstgewählten Gemeinschaft, um Ökologie.

Ökologie – das sind Beziehungen der Menschen untereinander (Geschlechter, Völker, Individuen), Beziehungen der Menschen zu anderen Lebewesen, zur belebten Natur (Tier, Pflanze, Mikrobe); Beziehungen der Menschen zur unbelebten Natur (Erde, Sonnensystem, Kosmos) und schliesslich als Quintessenz aus allem: Beziehungen der Menschen zu den Kräften, die diese Beziehungen gestalten (Religion, Kultur, Wissenschaft – Ethik). Letztlich, das sei hier nun endlich verraten, geht es um Erotik, um Lebenskraft, um Fantasie und Poesie in ihrem Bezug zur Realität, um die Verwandlung des toten Kapitals der Industriegesellschaft und der Geschichte in Impulse für die lebendige Gestaltung unseres gegenwärtigen Lebens und unserer Zukunft. Der Raum dafür ist die Wahlfamilie und ihr Umfeld. Wir müssen einen grossen Sprung machen, einander zuhören, miteinander wirken, Fremde wieder als Gast zu uns einladen. Das Andere ist immer eine Bereicherung. Gemeinsam sind wir lebendig.

Exkurs:
Globalisierung, Umverteilung, Alltägliches

Die Zeiten wandeln sich schnell: Schon geht es nicht mehr allein nur um den Gang der Privatisierung – die ist zu weiten Teilen bereits Geschichte, auch wenn noch Einiges nachhängig ist. Wichtig ist bereits das Ergebnis – nämlich die neue Mischung aus kollektiven und individuellen Elementen, die sich aus der Privatisierung des Sozialen, aus der Ent-Sozialisierung ergibt. Am nachsowjetischen Prozess wird erkennbar, worum es heute geht – um eine neue Beziehung zwischen Gemeinschaft und Individuum, zwischen kollektiver Produktion und individueller Lebenserhaltung, zwischen einer sich global ausbreitenden Industriekultur und lokalen, traditionell gewachsenen Kulturen – um eine Neuordnung der kulturellen Vielfalt auf Grundlage einer vereinheitlichenden Industriezivilisation. Dabei stellt sich das Grundproblem der Globalisierung aus westlicher Sicht anders dar als aus östlicher. Das benennt, als Buchautor, sogar Joschka Fischer, obwohl deutscher Aussenminister; welche praktischen Konsequenzen er daraus zieht, ist eine andere Frage.*

Aus westlicher, speziell europäischer, im Besonderen sogar aus deutscher Sicht stellt sich Globalisierung selbst in offiziellen Verlautbarungen als Verlust von sozialer Homogenität, als Zerfall, sogar als Demontage des Sozialstaats, als soziale und kulturelle Desintegration dar, in der die historisch gewachsenen Gemeinschaftsbindungen, wie auch der ideelle Zusammenhang des Sozialstaats als gesellschaftlicher Lebensentwurf sich auflösen – ohne dass sich bisher ein adäquater Ersatz böte: Eine Erweiterung individueller Freiheitsräume ist im Westen kaum noch möglich. Der Eintritt anderer – früher so genannter unterentwickelter Länder – in den globalen Prozess führt gleichzeitig zu einer Einschränkung der individuellen Entfaltungsmöglichkeiten. Der 11. September 2001 hat effektiv zu weiteren Einschränkungen der westlichen Freihei-

* Fischer, Joschka: ›Für einen neuen Gesellschaftsvertrag. Eine politische Antwort auf die globale Revolution‹, Kiepenheuer & Witsch, 2001

ten geführt, etwa des Tourismus, der Freizügigkeit, des Schutzes der Person vor staatlichem Zugriff et cetera. Hier liegt das Problem für die herrschende Schicht: Wesentliche und dauerhafte Beschränkungen der bisherigen Freiheitsräume werden von der Bevölkerung hingenommen, solange es den Regierenden gelingt, die Schuld für diese Entwicklung den ›Feinden der Freiheit‹ ausserhalb und deren Sympathisanten innerhalb der eigenen Gesellschaft anzulasten und die Frustration über den Verlust der Freiheit auf diese Weise in nationalistische Kanälen abzulenken. Dies wird erst dann nicht mehr funktionieren, wenn die so entstehende Festungsmentalität als untauglicher Gemeinschaftsersatz und die vermeintlich so gewonnene Sicherheit als verlorene Freiheit erkannt werden. Dies wiederum wird nur möglich sein, wenn der ideologisch errichtete Bannkreis der ›zivilisierten Gesellschaften‹ verlassen und eine bewusste gegenseitige Hilfe mit anderen Völkern im globalen Massstab hergestellt wird.

Aus östlicher Sicht, aus Sicht der früheren Sowjetunion, aus Sicht von Ländern der früher so genannten Dritten oder auch Vierten Welt ist Globalisierung ebenfalls mit dem Verlust bisheriger traditioneller Gemeinschaftsstrukturen verbunden, dem steht aber der Gewinn an persönlicher Bewegungsfreiheit als Positivum gegenüber – dies allerdings abhängig von den Zugehörigkeiten zu begünstigten sozialen Schichten und wirtschaftlichen Möglichkeiten. Grob gesagt: Armut bleibt Armut. Globalisierung differenziert diese Gesellschaften in die, die Gemeinschaft verlieren, aber Initiative, Freiheit, Beweglichkeit gewinnen und jene, die mit der Zerstörung der traditionellen Gemeinschaften alles verlieren.

Können daraus neue Kombinationen von kollektiven Traditionen und individueller Emanzipation im globalen Massstab hervorgehen? Könnten diese dazu führen, den Verlust der (Werte-) Gemeinschaften mit dem Zugewinn an individueller Bewegungsfreiheit schöpferisch zu neuen, bisher noch nicht gekannten sozialen Formen zusammenzufügen? Wie trifft der Verlust von Freiheit in OECD-Ländern mit deren Anwachsen in anderen Ländern zusammen – als pure Konfrontation, als globaler Krieg von waffenstarrenden Metropolenzivilisationen gegen ›unterentwickelte Gesellschaften‹, Anarchien, Terrorismen, mit dem möglichen Ergebnis der globalen Zerstörung? Oder gibt es eine Brücke, welche die beiden Seiten der Globalisierung – Gemeinschaftsverlust hier, Freiheitsverlust dort – miteinander verbinden könnte? Die einzige Brücke ist vermutlich die bewusste Einführung privater Strukturen in traditionelle Gemeinschaftsformen und umgekehrt die bewusste Wieder-Einführung bewährter Solidar- und Gemeinschaftsstrukturen in die industrialisierten westlichen Gesellschaften. Aber wie? Zum Einen deutet sich die Einführung privater Wirtschaftselemente in die Strukturen des kollektiven Wirtschaftens nach dem Prinzip der Symbiose von kollektiver, gemeineigentümlich organisierter Wirtschaft und privater Selbstversorgung an, zum anderen die Einführung nicht allein an den Markt gebundener Selbstversorgung als erster Schritt einer Kollektivbewirtschaftung (Teambewirtschaftung et cetera) in die Struktur kapitalistischer Produktionsprozesse. Beide Prozesse laufen der brutalen ›Kapitalisierung‹ des heute herrschenden neo-liberalen Typs, der einfachen globalen Akkumulation entgegen. Sie zielen auf höhere Formen der Wirtschaft, in denen blosse Akkumulation von Kapital schon nicht mehr das alleinige Ziel des Wirtschaftens ist. Man könnte diese Wirtschaftsform die solidarische oder nachhaltige nennen, eine vernetzte Wirtschaftsweise, insofern sie auf Entwicklung eines Netzes ökologisch orientierter Wirtschaftseinheiten zielt, die ihre Grundversorgung selbst gewährleisten und nur für Güter des höheren Bedarfs und der globalen Kommunikation gemeinsame kollektive Produktions- und Verteilungsbeziehungen miteinander eingehen. Grundfragen der Versorgung müssen neu – direkt von den Bedürfnissen der Menschen, Tiere und ihrer Umwelt her – gestellt werden. Der Zusammenhang von Autonomie, Autarkie und Austausch muss neu erfasst, von Grund auf neu gestaltet, in seinen lebendigen Kreisläufen auf neuer Ebene wieder hergestellt werden. Der einzelne Mensch ist als lebender Organismus und geistiges Wesen eine geschlossene Einheit gegenüber der Aussenwelt um leben zu können – zugleich existiert er durch den Metabolismus, den biologischen Stoffaustausch, den Handel, den sozialen Stoffaustausch und die Kommunikation, den geistigen Austausch. Er braucht das Kollektiv als Kontinuum, in dem er sich entwickeln kann und das Kollektiv lebt von seiner Entwicklung. Ein Kollektiv ist ebenso eine selbstständige Einheit, die ihre Existenz autark und autonom von den Mitteln bestreiten kann, die ihr direkt, geografisch, biologisch und geistig zur Verfügung stehen. Hierzu gehört aber auch der Austausch mit anderen Kollektiven, und zwar in materieller, geistiger und in kultureller Hinsicht.

Im Lauf der Geschichte haben sich Kollektive verschiedenen Typs entwickelt; dabei haben sich zwei Pole gebildet: der despotische und der demokratische, wobei die Pole sich gegenseitig bedingen und im Übergang vom einen zum anderen unbestimmbar viele Zwischenstufen gibt. Eine besonders folgenreiche ist die russische Obschtschina, in der sich die Doppelstruktur aus gemeineigentümlichem Kollektivismus (Allmende) und selbstversorgender Privatheit anders als im westlichen Weg, auf dem die Allmende vollkommen privatisiert wurde, in einem über 400-jährigen Prozess zur staatserhaltenden Struktur und schliesslich sogar zum Prinzip staatlicher Organisation (Sowchos, Kolchos, Betriebskollektiv) verbunden hat.

Aus der Privatisierung dieser verstaatlichten Gemeinschaftsstrukturen, das heisst, von der Zurückdrängung des Staats aus diesen Strukturen, geht heute eine Verbindung zwischen kollektiver Produktion und Zugewinn an individueller Freiheit aus, die als entscheidender Impuls für die Neugestaltung sozialer Beziehungen im globalen Massstab wirkt. Paradoxerweise vollzieht sich dieser Prozess heute über den Umweg der vorübergehenden Hyperindividualisierung im nachsowjetischen Raum, in dem das Wort ›Kollektiv‹ in der öffentlich geführten Sprache nachgerade den Charakter eines Schimpfworts angenommen hat, ganz so wie Pjotr Kropotkin es seinerzeit voraussagte.* Aber man lasse sich durch solche vorübergehenden Verwerfungen nicht täuschen: Der aktuelle Anti-Kollektivismus reisst zwar verkrustete Strukturen der Gleichmacherei in Russland auf und dies zum Teil in kruden, ins Asoziale gehenden Formen, anderseits beschleunigt der antikollektivistische Pendelschlag durch eben die sozialen Kruditäten, die in seinem Gefolge entstehen, die Notwendig-

---

* Siehe dazu das Gespräch mit Alexander Nikulin auf Seite 66 folgende

keit, neue Gemeinschaftsformen zu finden, die den Erfordernissen und Erkenntnissen von heute entsprechen, enorm. Das gilt nicht nur für Russland selbst, sondern für den gesamten Prozess der Privatisierung, der seit dem Ende der Sowjetunion den Globus erfasst hat.

Wir leben, kann man sagen, in einer gefährlichen, aber auch höchst aufregenden Zeit, in der die Menschheit und mit ihr der ganze Planet, zu einem entscheidenden neuen Sprung ihrer Entwicklung ansetzt. Aufgabe der Politik ist es, diesen Sprung zu ermöglichen, indem sie die neuen Formen des Arbeitens, Wirtschaftens und Zusammenlebens, die gegenwärtig als Reaktion auf die zunehmende Arbeitslosigkeit und den globalen Bedeutungswandel der Lohnarbeit entstehen, volle Unterstützung angedeihen lässt, statt weiter die Mär von ›Wachstum und Vollbeschäftigung‹ zu verbreiten und den Bereich informeller Arbeit bürokratisch zu behindern, zu marginalisieren und sogar zu illegalisieren.

Kapitel 7

Ortsbestimmung: Betrachtungen zur neuen Unordnung in unserer Welt

Der 11. September 2001 gilt inzwischen als historisches Fanal: Nichts werde mehr sein, wie es war, heisst es. Von neuer Zeitrechnung ist die Rede, von neuem Bewusstsein. Real hat sich allerdings in der herrschenden Politik bisher nichts Prinzipielles geändert, ausser, dass nach den neuen Sicherheitsdoktrinen der USA Krieg in Zukunft wieder führbar sein soll. Auch der Terrorismus ist keine neue Erscheinung; es gab ihn vor dem Anschlag und es gibt ihn jetzt. Krieg und Terror sind bedauerlicherweise ständige Begleiter der Geschichte. Europa hatte sich daran gewöhnt, die Aufteilung der Welt in zwei Lager nach 1945 für normal und das Gleichgewicht des Schreckens für Frieden zu halten. Doch diese Ordnung war schon lange vor dem 11.9. Geschichte.

Erste Anzeichen des Umbruchs konnte man noch auf den ›kranken Sozialismus‹ schieben. Die kapitalistische Welt erschien als die eigentliche Gewinnerin, der Westen fühlte sich als Sieger. Der Japan-US-Amerikaner Francis Fukuyama verstieg sich dazu, den Sieg der USA als das ›Ende der Geschichte‹ zu interpretieren. Inzwischen warnt er generell vor dem Ende jeglicher Entwicklung. Samuel P. Huntington dagegen erfand mit der islamischen Bedrohung einen neuen Feind. Tatsächlich hat der 11. September 2001 lediglich offenbart, dass auch der Westen in der Krise ist. Die Supermacht USA hat sich übernommen. Je drohender sie heute in der Welt auftritt, umso klarer wird ihre innere Schwäche.

Die neuen Verhältnisse, die jetzt zum Durchbruch drängen, haben sich im Gewand der alten Ordnung entwickelt. Die bipolare Teilung der Welt in Ost und West war schon seit 1964, als sich das östliche Lager in die chinesische und die sowjetische Linie aufspaltete, eigentlich gar keine zweiseitige mehr. Im Grunde gab es bereits eine Dreiteilung: In der Konkurrenz zwischen den Sowjets und dem Westen spielte China zunehmend den Part des lachenden Dritten. Seit Deng Hsiao

Ping 1978 die Liberalisierung der chinesischen Wirtschaft einleitete, beschleunigte sich diese Entwicklung. Heute ist China das Land mit dem am schnellsten wachsenden Bruttosozialprodukt der Welt, das sich anschickt, als Führer des asiatischen Entwicklungsraums zur neuen Weltmacht aufzusteigen. Die gegenwärtige globale Krise markiert das Ende der Hegemonie der westlich geprägten Zivilisation vor dem Hintergrund eines globalen Entwicklungsdrucks der früheren Kolonien, die heute selbstständige Staaten sind und das Weltgeschehen mitgestalten wollen. Die Bedingungen für einen grundlegenden Wandel der nachkolonialen Verhältnisse haben sich verstärkt und drängen auf Beseitigung der spätkolonialen Ordnung, so wie seinerzeit die bürgerlichen Kräfte Frankreichs und dann ganz Europas auf eine Beseitigung der Feudalordnung drängten. Offen ist, ob die herrschenden Kräfte, die sich eben zu neuer imperialer Grösse aufschwingen, diese Umwandlung zulassen oder ob sie versuchen, sie zu verhindern.

Mit dem Zusammenbruch der Sowjetunion brach die Krise am schwächsten Kettenglied der entwickelten Industriestaaten aus.

Aber die neoliberale Gewaltkur, die Boris Jelzin zusammen mit dem Internationalen Währungsfonds, der Weltbank und anderen seinem eigenen Lande aufdrängte, erwies sich als Krankheit, welche die USA – als die Führungsmacht dieses Prozesses – in den letzten Jahren zunehmend selbst in die Krise brachte. Der Wahlkampf zwischen George W. Bush und Al Gore Anfang 2001 stand bereits vollkommen im Schatten dieser Krise. Die Politik, die Bush vor dem 11. September 2001 betrieb: Zinssenkung, aussenpolitischer Protektionismus, Rückzug der USA aus internationalen Verpflichtungen – war ein Krisenmanagement, das von Bankrotterklärungen und Firmenzusammenbrüchen begleitet wurde. Gleich nach dem 11. September 2001 ist die US-Administration zu einer global angelegten Notstandsbewirtschaftung und -politik übergegangen: Milliarden für das Militär, Zurückfahren der Sozialpolitik, Schutzzölle für die US-Stahlindustrie. Einen günstigeren Anlass für diesen Kurs als den Anschlag auf die drei Objekte vom 11. September hätte niemand erfinden können.

Anders als die Sowjets, die auf die wirtschaftliche Krise und die Niederlage in Afghanistan mit der Überführung der expansiven in eine intensive Entwicklung antworteten, nutzten die US-Amerikaner die Gelegenheit zu weiterer Expansion: Von der so genannten ›allein übriggebliebenen Weltmacht‹ schritten sie nun zum Anspruch globale Führungsmacht zu sein, die ihren Einfluss jetzt in das riesige von ihr bis dahin noch nicht beherrschte Gebiet ausdehnt, nämlich das asiatische Zentrum des eurasischen Kontinents. Damit ist die Krise, die am schwächsten Glied losbrach, nunmehr in globale Dimensionen übergegangen. Anders als sie es selbst verstehen, haben Bush und seine Verbündeten recht, wenn sie von einer Bedrohung der Zivilisation sprechen: Es ist die Krise der westlich dominierten wissenschaftlich-technischen Zivilisation, die von den Abfallprodukten ihrer eigenen Dynamik, nämlich der Globalisierung, eingeholt wird.

Die Krise ist nicht nur eine politische, die durch Kabinettskompromisse an grünen Tischen entschieden werden könnte, sondern auch eine soziale: Der weitgehend verdrängte Klassenkampf kehrt in Form nationaler und nationalistischer Unabhängigkeitsbestrebungen wie auch als antiwestlicher religiöser Fundamentalismus aus den ehemaligen Kolonien in die Metropolen zurück. Es fehlt nur noch der organisierende Impuls. Zur Zeit flackert die Unzufriedenheit mit einer ungerechten globalen Ordnung in hilflosem Terrorismus auf. Langfristig aber ist die Revolte gegen die sozialen Folgen einer von den Metropolen ausgehenden Globalisierung weder aufzukaufen, noch als blosser Terrorismus zu denunzieren, und schon gar nicht mit Gewalt zu unterdrücken, wie die USA es gegenwärtig versuchen. Sie ist auch nicht durch verbale Bekundungen zur ›Bekämpfung der Armut in der Welt‹ wegzureden, wie man es von europäischer Seite, vor allem von der deutschen Bundesregierung zu hören gewohnt ist. Der Kampf gegen die Armut muss als konkrete, langfristig angelegte Entwicklungsförderung auch gegen die kurzatmigen Ziele und gegen die technizistische und von militärischen Gesichtspunkten bestimmte Politik der USA durchgesetzt werden. Die Auseinandersetzung um diese Fragen wird die Situation in Europa transformieren. Sie wird zur Rückkehr sozialer Konflikte im Alltag führen, zu einer Polarisierung zwischen denen, die Privilegien der Festung Europa gegen den Ansturm aus den ehemaligen Kolonien verteidigen und jenen, die sich als Partner in den weltweiten Kampf gegen Armut und Fremdbestimmung einbringen wollen, weil sie begreifen, dass ein Überleben heute nur noch in gegenseitiger Unterstützung möglich ist. Der Förderung dieses Impulses muss daher alles Bemühen gelten. Das ist die Moral einer anderen Globalisierung. Die Entwicklung dieser Moral hat heute oberste Priorität.

***

Es ist, als hielte die Welt den Atem an. Wir befinden uns in einem Energieknoten – Wendepunkt, Impulspunkt, Unentschiedenheit, Geschlossenheit und Offenheit zugleich, Stille. Auge des Taifuns. Was ist zu tun? Die Dimensionen der Entwicklung müssen neu ausgelotet werden: Die Beziehung als Mensch zu anderen Menschen, der menschlichen Gesellschaft zu anderen Wesen des Planeten, des ganzen Planeten zu den übrigen Gestirnen. Bisher galt: Entweder der Krieg oder die Kooperation sind der Ursprung aller Dinge. Die Wahrheit liegt wohl in der Bewegung zwischen diesen Polen; die Zeiten des Entweder-Oder sind vorbei, die Zukunft gehört der Drei.

Diese Erkenntnis ist nicht neu: Drei Elemente formulierte die französische Revolution: Freiheit, Gleichheit, Brüderlichkeit; das eine ist ohne das andere nicht möglich. Freiheit ohne Gleichheit führt ins Asoziale, Gleichheit ohne Freiheit in den Terror. In beiden Fällen fehlt das verbindende Element der Brüderlichkeit. Brüderlichkeit, das ist: Hilfe auf Gegenseitigkeit, Kooperation, die ihrerseits ohne Freiheit und ohne Gleichheit nicht möglich ist. Neu ist für uns heute aber die Erfahrung, wohin die Vereinseitigung der zusammengehörenden Elemente führt: Liberalismus statt Freiheit, Gleichmacherei statt Gleichheit, Verlust der Menschlichkeit.

Die Welt unseres Jahrhunderts hatte sich in der Polarität von Gleichheit und Freiheit als zwei einander ausschliessende Modelle verfestigt. Die sowjetische Perestroika hat die Auflösung dieser Polarisierung von der Seite der Gleichheit her eingeleitet. Die Kriege um den Kosovo, danach in Afghanistan, die Invasion in den Irak leiten durch ihren Anspruch, Freiheit mit Gewalt durchsetzen zu wollen, die Auflösung der Freiheit als Modell ein. Was technisch-wissenschaftlicher Fortschritt einer demokratischen Gesellschaft war, verwandelt sich in dessen blosse Sicherung, tendenziell in ein konservatives Element.

Zwei einander entgegengesetzte Bewegungen gehen daraus hervor, die heute gleichzeitig um den Globus laufen, Globalisierung und Anarchisierung: Hier Konsum-Konformismus, dort Hyperindividualisierung, hier Verlust von Identität, dort Suche nach neuer Identität in dem neu entstehenden globalen Zusammenhang.

Diese neue Identität ist aber nicht im Rückgriff auf nationale Ideen zu finden, nicht in neuen Polaritäten von Freiheit *oder* Gleichheit, dieses Mal vielleicht religiös begründet, sondern nur durch Besinnung auf das bisher vernachlässigte dritte Element der französischen Revolution. Allein bewusste Kooperation ermöglicht uns, die Zukunft unseres enger werdenden Planeten lebenswert zu gestalten.

Die Kooperation betrifft alle drei Sphären: die gesellschaftliche, die gesamtplanetarische und die kosmische. Ich sage ausdrücklich nicht global, sondern gesamtplanetarisch, weil es um mehr als die blosse Ausdehnung über den ganzen Globus geht, nämlich um die Existenz des ganzen Planeten Erde als lebendige Gesamtheit.

In der gesellschaftlichen Sphäre beinhaltet die Kooperation ein plurales, multizentrales Weltbild statt eines unipolaren. Regionen, Ethnien, Religionen sind darin wirtschaftliche und kulturelle, aber keine imperialen nationalen Grundeinheiten mehr. Die Verwandlung nationaler Ansprüche, die aus dem Zerfall der bipolaren Welt kommen, in Einheiten einer plural gegliederten Ordnung erleben wir heute. Sie geht nur langsam vor sich und nicht ohne, zum Teil auch schwere, Konflikte auf beiden Seiten des Prozesses, sowohl von der Globalisierung her als auch von der Seite solcher Ethnien, Religionen oder Regionen, die sich in diesem Prozess behaupten oder sogar erst finden wollen.

In der planetarischen Sphäre geht es um eine neue Beziehung der Industriegesellschaft zur belebten und unbelebten Natur, um den Übergang von der expansiven Entwicklung zu intensiven. Wir haben auf diesem Planeten nur eine Zukunft, wenn wir ihn als lebendiges Ganzes erkennen, dessen Teile organisch miteinander existieren. Wir sind gezwungen und haben zugleich die Möglichkeit, neu zu begreifen, dass wir selbst nicht nur Kopf, sondern auch Leib dieses Planeten sind – und umgekehrt, dass Tiere, Pflanzen und die Substanz des Planeten nicht nur Materie, sondern hochgeordnete, im homöopathischen Sinne hochgradig potenzierte Materie und darüber hinaus lebendiges, beseeltes Leben sind, das unsere Existenz erst ermöglicht.

In der kosmischen Sphäre geht es um den Ort unseres Planeten im All, darum, welche Kräfte unser Planet aus dem Kosmos zieht – und welche er abgibt und wie das geschieht. Es ist die Frage nach der Einzigartigkeit unserer Spezies, nach dem Sinn ihrer Existenz, nach Geburt und Tod, welche die Ahnenverehrung auf dem Niveau des wissenschaftlich-technischen Standards von heute wiederaufnimmt: Wiedergeburt als Erkenntnis der sich beständig erneuernden Variation von Individuen in einer Kette des Lebens, deren Anfang und Ende wir trotz aller Wissenschaft nicht bestimmen können; es geht um Verwandlung von Religion in Ethik, von Glauben in Einsicht, von Hoffnung in Wissen – und Wissen in Spiel.

Dies alles bedeutet: Der wissenschaftlich-technische Fortschritt der sich in die isolierten Modelle von Gleichheit und Freiheit gespalten hatte, befindet sich im Zustand seiner Verwandlung in Richtung eines ethischen Fortschritts, dessen Massstab nicht mehr allein die Verwirklichung des Ego oder andererseits die Eingliederung in ein über jeder Individualität stehendes Kollektivwohl ist, sondern der Einsatz, der füreinander aufgebracht wird, um sich und anderen ein Leben in Freiheit und Gleichheit zu ermöglichen.

Von selbst wird diese Verwandlung sich nicht vollziehen; der Mensch ist nicht nur ihr bewusster Bestandteil, sondern auch ihr handelndes Subjekt. Sich selbst überlassen, wird die anstehende Verwandlung mit dem Zerfall der alten Welt enden, ohne dass die mögliche neue entsteht. Wie die Zerfallsprodukte aussehen könnten, lassen die Kriege im Balkan, in

Afghanistan, die Invasion in den Irak so wie das Gemetzel in Tschetschenien ahnen: Bürgerkriege im ehemaligen sowjetischen Herrschaftsraum, Integrationskriege und gewaltsame Eindämmung der Zerfallsdynamik von westlicher Seite, letztlich Hineinschliddern in eine Eskalation von Terror und Antiterror als zeitgemässe Form eines dritten Weltkriegs oder ein globales Notstandsregime. Beides läuft auf das Gleiche hinaus, auf eine Verwüstung unseres Lebensraums.

Die Kenntnis von diesem drohenden Gang der Dinge ist die Basis für die Einsicht in die Notwendigkeit der gegenseitigen Hilfe. Da Angst aber erfahrungsgemäss kein ausreichendes Motiv für eine Änderung eingefahrener Weltbilder ist, eher deren Verhärtung provoziert, stellt sich die Frage, von wo die Kräfte kommen, die eine Orientierung auf die schöpferische Verwandlung unserer altgewordenen Weltbilder möglich machen. Die Antwort könnte lauten: In Russland ist es die Dynamik der Hyperindividualisierung, die aus einer ins Extrem getriebenen Tradition des Kollektivismus herausschiesst; im OECD-Raum ist es die Sehnsucht nach sinnstiftender Gemeinschaft, die aus der Inflation des Individualismus hervorgeht. Beides mündet in der Suche nach neuen Beziehungen zwischen dem Einzelnen und der Gemeinschaft zwischen der menschlichen Gesellschaft und der sie umgebenen Natur. Wie steht es mit der übrigen Welt? China? Asien? Afrika? Lateinamerika? Australien? Neuseeland? Diese Länder und Völker drängen durch ihre blosse Existenz, als Impulsgeber für eine plurale Ordnung, allein weil auch sie heute Entwicklungschancen für sich beanspruchen. Nicht Huntingtons Krieg der Kulturen, sondern deren gegenseitige Achtung und Förderung wird die Welt von morgen gestalten.

Nachlese
– vom Informellen zum Kooperativen

Transformationsforschung in Deutschland:
Kleiner Ausblick auf die transformierte Gesellschaft*

Transformationsforschung steht in Deutschland ganz unter dem Zeichen der gegenseitigen Durchdringung von westdeutschen und ostdeutschen Entwicklungslinien.

Einerseits erlebte die ostdeutsche Wirklichkeit seit der Öffnung der Mauer 1989 eine schockartige Unterwerfung aller sozialen Strukturen unter eine vom Westen dominierte Privatisierung, die von ostdeutscher Seite als Quasi-Kolonisation erlebt wurde und wird. Andererseits erfuhr die Debatte um informelle, nicht im Kapitalkreislauf der BRD-Wirtschaft erfasste Strukturen, die sich in der BRD schon in den 70er und 80er Jahren entwickelt hatte, durch die Vereinigung eine rasante Beschleunigung, von der die gesamte aus der Vereinigung hervorgehende deutsche Wirtschaft und Gesellschaft heute getrieben wird.

Eine Vielzahl sozial-ökonomischer Mischformen, die in der Folge der Vereinigung entstanden, werfen Fragen nach neuen Beziehungen von Privat- und Kollektivwirtschaft, von kommunaler, regionaler und gesamtstaatlicher Verantwortung, nach dem Verhältnis von individueller und kollektiver Zukunftplanung auf.

In Wahrnehmung dieser Entwicklung erleben Forschungen zu informeller Wirtschaft, zu neuen Formen der Arbeit, zur Rolle der Selbsthilfe im gesamtgesellschaftlichen Prozess bis

* Dieser Beitrag wurde vom Autor für ein von ihm initiiertes Arbeitstreffen verfasst, das in Moskau im November 2003 zu der Frage stattfand, welche sozialen Strukturen in Russland aus der Privatisierung des Kollektivismus entstanden sind und was weltweit in dieser Frage zu beobachten ist. Das Seminar wurde zusammen mit der ›Moskauer Hochschule für Wirtschaft und Soziales‹ und mit Unterstützung der ›Rosa Luxemburg Stiftung‹ durchgeführt. Dieser Text wird demnächst zusammen mit den anderen Beiträgen der Tagung in russischer und englischer Sprache als WEBsite und als Monografie erscheinen. (Zu beziehen über den Autor oder über die Stiftung und hier mit Genehmigung der Stiftung vorabgedruckt)

hin zu ökologischen Konsequenzen, welche aus den neuen sozio-ökonomischen Mischformen für die individuelle und gesellschaftliche Zukunftsplanung zu ziehen seien, einen gewaltigen Boom. Hunderte von Untersuchungsprojekten wurden seit 1989 initiiert – von Seiten des Kapitals nicht weniger als von gewerkschaftlicher, kapitalkritischer Seite, von Staats wegen nicht weniger als aus dem informellen Sektor selbst – die sich der Erforschung dieser neuen gesellschaftlichen Erscheinungen widmen.

Die Untersuchungen sind in der Regel als vergleichende, interdisziplinäre, transdisziplinäre Projekte angelegt. Das ist eine neue Form der Forschung, die sich nahezu zwangsläufig aus der Viel-Dimensionalität und Neuartigkeit der Phänomene ergibt.

Ein Beispiel, das für viele stehen kann, ist der Ansatz des ›Wissenschaftszentrums Berlin für Sozialforschung‹. Das Wissenschaftszentrum Berlin für Sozialforschung WZB ist seiner Selbstbeschreibung nach ein von der Bundesrepublik Deutschland und vom Land Berlin gefördertes unabhängiges Institut für problemorientierte Grundlagenforschung, das grösste seiner Art in Europa. Rund 140 Sozialwissenschafter und Sozialwissenschafterinnen untersuchen hier Entwicklungstendenzen, Anpassungsprobleme und Innovationschancen moderner Gesellschaften.* In so genannten ›Querschnittsgruppen‹ betreibt das WZB seit 1998 und 1999 ein Forschungsprojekt, das soziale und arbeitspolitische Aspekte in ihrer Wechselwirkung mit zentralen Elementen von unterschiedlich akzentuierten Nachhaltigkeitskonzepten zum Untersuchungsgegenstand hat.

Das Projekt wird in einem Forschungsverbund mit den Kooperationspartnern ›Deutsches Institut für Wirtschaftsforschung‹ DIW und ›Wuppertaler Institut für Klima, Umwelt, Energie‹ WI durchgeführt und von der gewerkschaftsnahen ›Hans-Böckler-Stiftung‹ HBS gefördert. Über die Arbeitsergebnisse wird fortlaufend in ›WZB-discussion-papers‹ in-

---

* Im Hause des WZB arbeitet auch die Geschäftsstelle des von der Bundesregierung eingesetzten ›Rats für nachhaltige Entwicklung‹. Ebenfalls hier angesiedelt ist die ›Irmgard Coninx-Stiftung‹, die in Kooperation mit dem WZB die Berliner Kolloquien zur Transnationalität organisiert

formiert, die auch über das Internet verfügbar gemacht werden.*

Eine der erhellendsten Arbeiten aus der Reihe dieser Studien steht unter dem Thema ›Die informelle Ökonomie als notwendiger Bestandteil der formellen Erwerbswirtschaft‹.** Darin wird der Ansatz wie folgt begründet: »*Erwerbsarbeit hat nach wie vor ihren wirtschaftlichen Stellenwert. Sie ist notwendige Voraussetzung für die personale und soziale Anerkennung, sie gewährleistet ein Einkommen, und sie garantiert durch ihre enge Anbindung an die Sozialpolitik soziale Sicherheit. Dennoch ist sie bereits heute kein bestimmender Faktor mehr für das Leben der Menschen, wenn man bedenkt, dass durch längere Bildungszeiten, verkürzte Arbeitszeiten und entsprechende Unterbrechungen aufgrund von Arbeitslosigkeit, Teilzeitarbeit und Phasen der Nicht-Erwerbsarbeit ihre tatsächliche Bedeutung rückläufig ist – eine Entwicklung, die sich in der individuellen und gesellschaftlichen Wahrnehmung noch nicht gleichermassen niedergeschlagen hat.*

Eine notwendige Abkehr von dieser Erwerbszentriertheit wird erst dann gelingen, wenn auf breiter Ebene deutlich wird, dass es eine wechselseitige Abhängigkeit zwischen formeller und informeller Ökonomie gibt und sich die Erwerbsarbeit stärker den Bedürfnissen im informellen Bereich anzupassen hat. Eine solche Debatte ist gegenwärtig (noch) nicht erkennbar, muss aber in allen gesellschaftlichen Gruppen intensiv geführt werden. Nach wie vor zählt in dieser Gesellschaft allein die Erwerbsarbeit.

Die Alternative für die Zukunft wird sein, dass sich Männer und Frauen sowohl in der formellen als auch in der informellen Ökonomie bewegen; die Erwerbsarbeit wird nur noch eine Quelle der Einkommenserzielung sein, die je nach Lebensphase eine unterschiedlich starke Bedeutung für den Einzelnen haben wird.«

* Unter: http://www.wz-berlin.de
** Querschnittsgruppe papers Arbeit und Ökologie P00-524. Die informelle Ökonomie als notwendiger Bestandteil der formellen Erwerbswirtschaft. Zu den ökonomischen, sozialen und ökologischen Wirkungen informellen Arbeitens, von Volker Teichert, Wissenschaftszentrum Berlin für Sozialforschung

Obwohl die deutsch-deutsche Vereinigung unbestritten Ausgangspunkt des aktuellen Forschungsansatzes ist, legt man Wert darauf, dass er bereits aus einer längeren Tradition hervorgegangen ist:

- die Frauenbewegung gegen Ende der 60er, Anfang der 70er Jahre kritisierte erstmals die Überbewertung der Erwerbsarbeit gegenüber der Hausarbeit,
- die wachsende Arbeitslosigkeit Anfang der 80er Jahre liess ein neues Verständnis von Arbeit entstehen, das sich in Begriffen wie ›Konsumarbeit‹, ›Beziehungsarbeit‹ oder ›Reproduktionsarbeit‹ und ›Erziehungsarbeit‹ widerspiegelte,
- der Bericht der ›Kommission für Zukunftsfragen‹ der Freistaaten Bayern und Sachsen von 1991 forderte, die Erwerbsarbeit durch eine Stärkung der Bürgerarbeit zu ergänzen.

Wert legt der Bericht auch auf eine Klassifizierung bisheriger Ansätze zur Erklärung informeller Strukturen. Zu unterscheiden sei zwischen ›*entwicklungstheoretischen Modellen*‹, die informelle Ökonomie als inneren Prozess von industrialisierten Gesellschaften verstünden, und ›*dualwirtschaftlichen Modelle*‹, die von einem Wandel der Industriegesellschaften ausgingen, der zu einer Trennung der Gesamtwirtschaft in formelle und informelle Ökonomie geführt habe. Davon zu trennen sei das enge Verständnis von informellem Sektor als Schattenwirtschaft. Vor diesem Hintergrund listet der Bericht die bisherigen Erklärungsansätze und Konzeptionen auf:

- die Theorie des tertiären Sektor von Jean Fourastié 1954;
- die ›Informationsgesellschaft‹ Daniel Bells von 1976;
- die ›Selbstbedienungsgesellschaft‹ Gershuny's 1981, der die formelle Produktion zunehmend von Eigenproduktionen der privaten Haushalte verdrängt sehe;
- die ›Prosumenten-Ökonomie‹ Alvin Toffler's 1980 als Verbindung von formeller und informeller Wirtschaft, in der ›Prosumenten‹ in Heimarbeit zunehmend Güter für den Eigenbedarf produzieren;
- die ›Dritte Industrielle Revolution‹ nach Jeremy Rifkin 1995, der zufolge immer mehr Menschen durch die Atomisierung ausser Lohnarbeit gesetzt werden;

- schliesslich noch die, wie der Bericht es nennt, ›marxistische‹ Variante, der zufolge sich eine notwendige Entwicklung zu einem ›universellen Markt‹ ergebe, in dem viele ursprünglich in den privaten Haushalten oder von der Familie geleistete Formen der Zusammenarbeit und Selbsthilfe in die formelle Ökonomie integriert werden.

Die eigene, aktuelle Definition wird mit Vorsicht vorgebracht: »*Als informell werden im Weiteren nur solche Bereiche der Volkswirtschaft charakterisiert, in denen gesetzlich erlaubte Aktivitäten stattfinden, nicht-monetäre Austauschprozesse dominieren, in denen die Autonomie und Motivation der menschlichen Arbeit betont wird und das subsistenzwirtschaftliche Kriterium überwiegt.*«* Eindeutigen Festlegungen, was heute in der BRD unter informeller Ökonomie verstanden werde, gebe es nicht. Das Statistische Bundesamt, so das WZB-Papier, zähle zur informellen Ökonomie (im Sinne von unbezahlter Arbeit) hauswirtschaftliche und handwerkliche Tätigkeiten, die Pflege und Betreuung von Kindern und Erwachsenen sowie ehrenamtliche und soziale Hilfeleistungen. Andere offizielle Autoren zählten Netzwerkhilfe und Haushaltsreproduktionsarbeit dazu. Die Netzwerkhilfe setze sich aus der vertraglich- formellen, vergüteten Netzwerkhilfe (nicht-gewerbliche Schwarzarbeit) und der vertraglich-formellen Netzwerkhilfe ohne Vergütung (Tauschringe) zusammen; zur Haushaltsreproduktionsarbeit gehören die informelle Eigenarbeit und ehrenamtliche Tätigkeiten. Im Einzelnen listet das Papier folgende informellen Tätigkeiten auf:

- Hauswirtschaftliche Tätigkeiten Pflege und Betreuung von Kindern und Erwachsenen Haushaltsreproduktionsarbeit (informelle Eigenarbeit, ehrenamtliche Tätigkeiten)
- Versorgungsarbeit (Beziehungsarbeit)
- Daseinsarbeit (Altenpflege, Kinderpflege, Einkaufen, Haushaltsorganisationen, materielle Hausarbeit)
- Selbstversorgungswirtschaft (Do-it-yourself-Aktivitäten, handwerkliche Eigenleistungen, Gartenarbeiten)
- Handwerkliche Tätigkeiten Informelle Eigenarbeit Eigenökonomie (Do-it-yourself-Arbeiten, handwerkliche Eigenleistungen, Gartenarbeit, Selbstbedienung)

* ebenda

- Selbsthilfeökonomie (Nachbarschaftshilfe, Aktivitäten in Selbsthilfevereinigungen, ehrenamtliche Tätigkeiten, Mitarbeit in umweltpolitischen und politischen Bürgerinitiativen)
- Ehrenamt, soziale Hilfeleistungen, ehrenamtliche Tätigkeiten (ehrenamtliche Eigenarbeit, altruistisches Ehrenamt)
- Netzwerkhilfe (vertraglich-formelle Netzwerkhilfe mit Geld; vertraglichformelle Netzwerkhilfe ohne Geld)
- gemeinwesenorientierte private Ökonomie (Nachbarschaftshilfe, Selbsthilfegruppen, Tauschringe)
- gemeinwesenorientierte öffentliche Ökonomie (ehrenamtliche Tätigkeiten, Aktivitäten in politischen Organisationen).

Es gibt einige markante Unterschiede zwischen West- und Ostdeutschland, die erkennbar mit der unterschiedlichen Rolle des Staats in der Vergangenheit zu tun haben, zum Beispiel eine geringere Beteiligung der älteren Bevölkerung an gemeinwesenorientierter öffentlicher Ökonomie. Das Gleiche gilt für Bürgerinitiativen und sogar die Beteiligung an öffentlich geförderten selbstverwalteten Seniorenzentren. Andererseits ziehen die Ostdeutschen im Bereich der Selbstversorgungswirtschaft, insbesondere im Bereich der Heimarbeit bei Do-it-yourself-Aktivitäten tendenziell mit dem Westen gleich. Im Bereich der Gartennutzung liegt Ostdeutschland gegenüber dem Westen sogar vorn: Knapp die Hälfte aller West- und Ostdeutschen besitzt einen Garten, aber nur 75% der Westdeutschen gegenüber 95% der Ostdeutschen nutzen den Garten für die Selbstversorgung.

Unterschiede gibt es auch bei den Selbsthilfevereinigungen. Im Osten verfügen sie durchschnittlich nur über halb so viele Mittel wie im Westen. Andererseits finanzieren sich 60% der Selbsthilfevereinigungen im Westen über Mitgliedsbeiträge; in Ostdeutschland lebt die Hälfte von kommunalen Fördermitteln, Mitgliedsbeiträge stehen erst an zweiter Stelle. Interessant ist die Entwicklung der Selbsthilfegruppen insgesamt: Waren es Mitte der 80er Jahre etwa 23'000, so waren es in den 90ern bereits 46'000; 1995 waren es 60'000 in den alten und 7'500 in den neuen Bundesländern. »Die Zahl der Selbsthilfevereinigungen«, so der Bericht »hat sich damit in den letzten zehn Jahren mehr als verdoppelt.« Damit ist, anderen Unterschieden zum Trotz, Entwicklung benannt, die den gemeinsamen Transformationsraum charakterisiert: Das Anwachsen von Selbsthilfegruppen. Der wachsende Anteil der Selbstversorgung am Bruttosozialprodukt des gesamten Landes ist das hervorstechende Merkmal auf beiden Seiten der ehemaligen Mauer.

In einem Bericht des ›Bundesministeriums für Familie, Senioren und Frauen‹ von 2003 wird dieser Sachverhalt, der in statistischen Erhebungen der Jahre 1992 und 1994 erstmalig offiziell thematisiert wurde*, zu der Feststellung zusammengefasst: »Jede Woche wendet die Bevölkerung mehr Zeit für unbezahlte Arbeiten auf als für die bezahlte Erwerbsarbeit.«** Der Wert der unbezahlten Arbeit, berechneten engagierte Frauen***, habe die Bruttolohn- und Gehaltsumme des produzierenden Gewerbes um 60% überstiegen.

Den Löwenanteil davon, so die WZB-Studie, trug die Haushaltswirtschaft, dem folgt an zweiter Stelle die Selbstversorgungswirtschaft mit 10% des informellen Arbeitsaufkommens.

Unter Überschriften wie »Die Notwendigkeit von Standards (›Professionalisierung‹) in der informellen Ökonomie« und »Informelle Eigenversorgung als Grundlage für eine nachhaltige Gesellschaft« fordert der WZB-Bericht Konsquenzen aus dieser Entwicklung zu ziehen:

- Anerkennung der Hausarbeit als gesellschaftlich notwendiger Arbeit
- Einbeziehung informeller Tätigkeit in die Rentenregelungen durch Ausgabe von Sozialversicherungsscheinen für gesellschaftlich nützliche Tätigkeit
- Einrichtung von Dienstleistungskonten, über die alle Dienstleistungen in Zeiteinheiten bewertet werden, beispielsweise nach dem Muster: Eine Stunde Geigenunterricht kostet eine Stunde Gartenarbeit.

* ›Wo bleibt die Zeit? Die Zeitverwendung der Bevölkerung in Deutschland‹, hrsg. vom Bundesministerium für Familie und Senioren und dem Statistischen Bundesamt, Wiesbaden 1994
** ›Die Familie im Spiegel der amtlichen Statistik‹, Bundesministerium für Familie, Senioren, Frauen und Jugend, 2003
*** Buch, Ricarda: ›Solidarische Ökonomie und Empowerment‹, in: Jahrbuch Gemeinwesen 6, 1998

Weiter sei langfristig in Erwägung zu ziehen:
- die Einführung einer ›*bedarfsorientierten Mindestsicherung*‹, das heisst eine von der Bedürftigkeit abhängige Sockelung von Sozialversicherungsleistungen,
- eine ›*negative Einkommensteuer*‹ und/oder ein ›*Bürgergeld*‹, denen zufolge jeder Steuerpflichtige, der zu wenig verdient, um Steuern zahlen zu können, stattdessen negative Steuern, also staatliche Transferzahlungen, erhält,
- darüber hinaus werden *lebensphasenspezifische Finanzierungssysteme* vorgeschlagen. Das wäre ein Erziehungsgehalt, mit der die Kindererziehung als gesellschaftlichnützliche Arbeit anerkannt würde. Das Gleiche gilt für kranke, behinderte oder alte Menschen, generell für jegliche Pflegearbeit.

Die informelle Ökonomie, schliesst der Bericht, werde sicherlich zu ganz neuen Bündnissen zwischen Kommunen, Unternehmen und privaten Personen führen, zum Beispiel:

- Kommunen könnten sich an regionalen informellen Initiativen beteiligen und deren Arbeit unterstützen, etwa in Form einer Beteiligung an Konsumgüter-Sharing-Initiativen, an öffentlichen Orten für die Eigenarbeit an Seniorengenossenschaften oder Tauschringen,
- Unternehmen, Kommunen und private Sponsoren könnten Selbsthilfevereinigungen unterstützen, etwa indem sie sich selbst finanziell an ihnen beteiligen oder indem sie sie durch infrastrukturelle Massnahmen mittragen,
- in Kooperation mit Kommunen und Unternehmen könnten Informations- und Kontaktstellen für Selbsthilfevereinigungen eingerichtet, Informationsbroschüren und Internet-Hinweise veröffentlicht sowie Vermiet- und Verleihführer erstellt werden.

»*Wir stehen also erst am Anfang, was die Verknüpfung von formeller und informeller Ökonomie angeht, und daher ist zu dieser Frage noch eine Vielzahl von Forschungsarbeiten, Modellprojekten und Experimenten notwendig. Wichtig ist allerdings, dass die in der Gesellschaft geführten Diskussionen um Beschäftigungsbündnisse um die Aspekte der informellen Ökonomie erweitert werden. Die Bemühungen können nicht mehr allein darauf gerichtet sein, für alle Erwerbspersonen eine Beschäftigung zu finden; sie müssen auch die Verflechtungen zwischen Erwerbsarbeit und Nicht-Erwerbsarbeit berücksichtigen und damit jene Optionen aufgreifen, die aus einer grösseren Durchlässigkeit zwischen der informellen und der formellen Ökonomie resultieren.*«

In weiteren Untersuchungen des WZB werden auch die ›Sozialen Dimensionen der Nachhaltigkeit‹* erforscht, darüber hinaus umfassende Quellenhilfe und Übersicht über den Stand der Forschung gegeben. Ähnliches gilt für Ansätze anderer Institute, vor allem solcher, deren alleiniger Zweck der Erforschung transformatorischer Entwicklungen gilt. All diese Bemühungen sind uneingeschränkt zu begrüssen. Anzumerken ist jedoch, dass das Gros der Untersuchungen der bisherigen Dualität von ›formell‹ und ›informell‹ nicht entkommt. Damit bleiben sie dem System der Lohnarbeit als herrschendem Paradigma letztlich verhaftet. Kaum berücksichtigt werden auch die Konsequenzen, die sich aus der Begegnung von ›formaler‹ und ›informeller‹ Wirtschaft im globalen Rahmen, konkret aus den Transformationsprozessen im ehemaligen sowjetischen Bereich ergeben. Die gegenwärtig in Deutschland geführten Debatten zum Umbau des Sozialstaats sind ein politischer Ausdruck dieser systemimmanenten Betrachtung.

Der letzte Schritt ist noch nicht getan, nämlich über die Beschreibung der Transformationsprobleme, über die richtige Forderung nach Verbindung von ›formeller‹ und ›informeller‹ Ökonomie hinaus die soziale Struktur herauszuarbeiten, in der sich dieses neue Verständnis von Wirtschaft und Leben schliesslich in der transformierten Gesellschaft realisieren kann. Dabei geht es, um eine These zu wagen, um die Herausbildung einer neuen Beziehung von Einzelnem und Gemeinschaft in der Form von selbstgewählten Versorgungsgemeinschaften, in denen ›formelle‹ und ›informelle‹ Elemente, Teilnahme an der Industrieproduktion und Selbstversorgung, Lohnarbeit und die verschiedenen Elemente gesellschaftlich

---

* Querschnittsgruppe papers Arbeit und Ökologie P00-523: Soziale Dimensionen der Nachhaltigkeit. Der ›Runde Tisch zur nachhaltigen Entwicklung in Berlin und Brandenburg‹, von Rückert-John, Jana; Wissenschaftszentrum Berlin für Sozialforschung

nützlicher, aber nicht per Lohnarbeit bezahlter Tätigkeiten sich in Symbiose gegenseitig stützen. Die Versorgungsgemeinschaft (Familie, Wahlfamilie, Netz) fungiert als kollektiver Lohnarbeiter, in der ihre Mitglieder die Arbeitsteilung variabel miteinander absprechen. In diesem sozialen Gestaltungsraum ist Lohnarbeit, ist Geld, ist der Anschluss an den lokalen und den globalen Markt nach wie vor wichtig – aber nicht mehr allein konstitutiv für das (Über)leben der Gruppe und der Gesellschaft insgesamt. Die Herausarbeitung dieses neuen sozialen Gestaltungsraums und die dazu gehörige Ethik muss in die Forschungen einbezogen werden, um die Grundlagen für institutionelle und staatliche Weichenstellungen zur Förderung solcher Entwicklungen zu ermöglichen.

Anhang
Glossar

11. September 2001 Auch: ›*9/11*‹; ›*Nine-Eleven*‹: Angriff von Al Kaida Kämpfer mit vier Linienflugzeugen auf die Twin Towers in New York, das Weisse Haus (vermutet) in Washington und das Pentagon, bei dem insgesamt gegen 3000 Personen starben

Aktiengesellschaft Die russische Privatisierung von 1991/92 kannte die offene und die geschlossene (belegschaftsgebundene) Aktiengesellschaft

Allmende Bäuerlicher Gemeinbesitz

ANTEAG Nationale Vereinigung der Arbeiter in Betrieben mit Selbstverwaltung und Aktienbeteiligung

AO Aktiengesellschaft (aktionernoe obschtschestwo)

AOST Aktiengesellschaft geschlossenen Typs (aktionernoe obschtschestwo sakritoto typa); das ist eine Gesellschaft, in die sich nur Mitglieder der Gemeinschaft einkaufen können

APK Agrar-Industrieller-Komplex (agro-promischlenni-kombinats)

Artel Handwerliches Kollektiv

Blat Beziehungen

Chan Mongolischer Herrscher um die Zeit nach der Jahrtausendwende

Deutschritterorden Deutsche christliche Ost-Kolonisten; von Lübecker und Bremer Kaufleuten 1190 gegründet wirkte er bis ins 16. Jahrhundert (siehe: Spiewok, Wolfgang, ›Die Ritterorden im Mittelalter‹)

Dorfgemeinschaft Traditionelle Form des russischen Lebens mit dem MIR, Dorfplatz als Zentrum. Die erweiterte Bedeutung von MIR im heutigen Russisch ist Welt und Frieden

Eiserner Vorhang Das politische Schlagwort stammt von Winston Churchill 1945: Bewachte Grenze zwischen dem Warschauer Pakt und dem Westen, die mit der Auflösung der Sowjetunion 1991 verschwand

Frankfurter Schule Philosophische Schule, die aus der nachfaschistischen Aufarbeitung deutscher Identität unter Theodor von Adorno in den Sechzigern in Westdeutschland entstand und von dort aus im Zug der Achtundsechziger grosse Bedeutung erlangte

G7 beziehungsweise ***G8*** Informelle Vertreter der sieben oder acht grossen Industriestaaten

GASPROM Gas-Industrieller-Komplex, einer der grössten Konzerne Russlands

Geldzarentum siehe Oligarchen

Gesell Silvio Finanztheoretiker, der Anfang des 20. Jahrhunderts die Lehre vom Schwundgeld und der Freiwirtschaft begründete. Gesell wird von Anhängern links bis rechts vereinnahmt. Stellvertretend für viele Bücher über Gesell: Onken, Werner, ›Silvio Gesell und die natürliche Wirtschaftsordnung: Eine Einführung in Leben und Werk‹, Lütjenburg, 1999;

Bartsch, Günter, ›Die NWO-Bewegung Silvio Gesells‹. Geschichtlicher Grundriss 1891–1992/93‹, Lütjenburg, 1994; Ditfurth, Jutta, ›Entspannt in die Barbarei. Esoterik, (Öko-) Faschismus und Biozentrismus‹, Hamburg, 1996 (alle aus: Bösch, Ina, ›Gegenleben‹, Seite 363, Chronos, Zürich, 2003)

GUS Aus dem Nachlass der Sowjetunion (15 Republiken) hervorgegangene Gemeinschaft Unabhängiger Staaten, bestehend aus: Weissrussland, Moldawien, Russland, Ukraine, Kasachstan, Kirgistan, Tadschikistan, Turkmenistan und Usbekistan, ohne: Armenien, Aserbeidschan, Georgien, Estland, Lettland und Litauen

Hitler, 1889–1945 Hier: Unternahm den dritten vergeblichen Versuch, ein eurasisches Imperium von Westen aus zu errichten (davor Karl V. und Napoleon)

IWF Internationaler Währungsfonds, von 29 Ländern am 27. Dezember 1945 gegründet; international zuständig für: Währungspolitik, Wachstum des Welthandels, Stabilität der Wechselkurse, Errichtung eines multilateralen Zahlungssystems, Zahlungsbilanzschwierigkeiten der Mitgliedländer. Aktiv seit: 1. März 1947

Kolchos, Kolchosnik Abkürzung aus: Kollektive Wirtschaft (kollektivnoe choschtschestwo), Kolchosnik: Mitglied dieser Gemeinschaft

Komplexwirtschaften Unter Chruschtschow der Versuch, eine gelenkte lokale Verbundswirtschaft in der Sowjetunion aufzubauen

KPRF Kommunistische Partei der Russischen Föderation, Nachfolgepartei der kommunistischen Partei der Sowjetunion (KPdSU)

Kriegskommunismus Zwangsbewirtschaftung nach der russischen Revolution von 1917

Kumis Gegorene Stutenmilch, Lieblingsgetränk der Nomaden

Longo Mai Konzept einer selbstverwalteten, gemeineigentumbezogen organisierten Agrarkommune. Vor allem europäisch mit einem Dutzend Kooperativen, die seit 1973 versuchen, Menschen ohne Land und Land ohne Menschen zusammenzubringen

LPCHA Persönliche Zusatzwirtschaft, (litschnoje podsobnoje choschtschestwo)

LUKOIL Einer der grossen Ölmultis, die in Russland nach der Auflösung der Sowjetunion entstanden

MARP Neuer allrussischer Verband der Unternehmer

MGS Allrussische Eisenbahngesellschaft

Moskowien Mittelalterliche Bezeichnung für das heranwachsende Russland

Narodniki Volkstümler, sozialromantische Bewegung des Sozialismus gegen Ende des 19. Jahrhunderts, in deren Verlauf Tausende von russischen Intellektuellen ›ins Volk‹ gingen, um es aufzuklären und zum Widerstand gegen den Zarismus zu befähigen

NATO Nordatlantisches Verteidigungsbündnis (North Atlantic Treaty Organization) wurde am 4. April 1949 auf Betreiben der USA von 12 Ländern in Washington gegründet (›freiwilliger Zusammenschluss von Ländern mit ähnlichen Werten‹) und umfasst mittlerweile praktisch alle OECD-Länder. Gegenpol dazu der Warschauer Pakt bis zirka 1990

Neue Ökonomische Politik NEP Im März 1921 beschloss der zehnte Parteitag der Kommunistischen Partei Russlands (Bolschewiki; KPR/B) ein Antikrisenprogramm: begrenzte Zulassung von Privatwirtschaft zur Ablösung des Kriegskommunismus und der Revolutionsfolgen

Obschtschina Siehe Bauerngemeinschaft

OECD Organisation für ökonomische Entwicklung und Zusammenarbeit (Organization for Economic Cooperation and Development): Die dreissig reichsten Länder der Welt sind Mitglied. Sie produzieren zwei Drittel der Weltproduktion. Entstand ursprünglich zur Verwaltung der Mittel des Marshallplans nach dem Zweiten Weltkrieg. Ziel: Stärkung der Wirtschaft der Mitgliedländer, Unterstützung von Marktwirtschaft und Freihandels in Industrie- und Entwicklungsländern

Oligarchen Russlands milliardenschwere Privatisierungsgewinnler nach 1991

Paupers Lateinisch für Arme, ein bei Karl Marx entlehnter Begriff

Perestroika Wörtlich: Umbau, Bezeichnung für die von Michail Gorbatschow (geboren 1931) seit 1984 eingeleitete Modernisierung der Sowjetgesellschaft

RAOUES Russischer allgemeiner Energie Konzern

REAS Experiment des Netzwerks für eine alternative und solidarische Wirtschaft

Revolution 1917 Unter Führung von Wladimir Iljitsch Uljanow (Lenin, 1870–1924) durchgeführte Oktoberrevolution von 1917, die zur Bildung der Sowjetunion führte

Rubel Russische Währung (2004: 1 Euro zirka 34 Rubel)

SIL Grösstes Autowerk Moskaus

Sobornost Übertragung der bäuerlichen Gemeinschaft auf die kirchliche Gemeinschaft und deren Erweiterung zur allgemeinen Gemeinschaft der Christen

Solidarnost Solidarität

Solschenyzins ›Archipel Gulag‹ Bekannteste Schrift des seinerzeit in der Schweiz und der USA lebenden Kritikers, der darin das Stalinsche Lagersystem geisselt

Sowchos, Sowchosnik Abkürzung aus: Sowjetische Wirtschaft (sowjetskoe choschtschestwo) = Staatswirtschaft, Sowchosnik: Mitglied dieser Gemeinschaft

Sowjetunion, UdSSR, CCCP Union der Sozialistischen Sowjetrepubliken, (CCCP = sojus sowjetskich sozialistitscheskich respublik): Ausgerufen durch Wladimir Iljitsch Uljanow (Lenin) nach der Oktoberrevolution von 1917, bestehend aus 89 so genannten föderalen Subjekten (Verwaltungsbezirke, autonome Republiken und autonome Kreise), geführt durch die Kommunistische Partei. Die Sowjetunion hat ihren Namen nach den Sowjets (Räte), die die Grundorganisation des Staats bildeten. Führungspersonen der UdSSR nach Lenin waren Stalin, Chruschtschow, Breschnjew, Tschernjenko, Andropow, Gorbatschow. Jelzin löste die UdSSR 1991 auf

Stalagmiten Von unten wachsende Topfsteine

Stalagtiten Von oben wachsende Tropfsteine

Steiner Rudolf (1861–1925) Begründer der Anthroposophie, hier insbesondere der Lehre von der Dreiteiligkeit der Gesellschaft (siehe auch Synarchie)

Stolypinsche Reform Versuch des Ministerpräsidenten Pjotr Arkadjewitsch Stolypin (1862–1911), den Zarismus durch eine radikale Modernisierungskampagne zu retten

Tertiärer Sektor Der Begriff entstand aus der Erklärung neuer Modelle der nachkapitalistischen Wirtschaft im Westen durch Jean Fourastié (1907–1990) in: ›Die grosse Hoffnung des zwanzigsten Jahrhunderts‹, Bund Verlag, Köln, 1954

UNICEF Abkürzung für: United Nations International Children's Emergency Fund. Eine Organisation der Vereinten Nationen UNO, die sich um Hilfe für Kinder und Familien kümmert

Vereinigung ›Sibirische Übereinkunft‹ Zusammenschluss von Wissenschaftern, Wirtschafsleuten und Politikern zu einem informellen sibirischen Machtzentrum

Weltsozialforum Internationaler Kongress globalisierungskritischer Gruppen (insbesondere gegen Neoliberalismus). Das erste Forum wurde am 25. Januar 2001 in Porto Alegre, im Bundesstaat Rio Grande do Sul, Brasilien, eröffnet und findet mittlerweile jährlich statt. Die Strömungen sind unterschiedlich, es geht um Formen der direkten Demokratie, unmittelbarem Widerstand und Reformismus

WG Wohngemeinschaft

Wiener Schule Von Wien ausgehende Bewegung der wissenschaftlichen und kulturellen Erneuerung vom Anfang des 20. Jahrhunderts

WTO Welt-Handels-Organisation (World Trade Organization) seit 1995. Sie ist aus dem 1948 gegründeten GATT hervorgegangen und umfasst neben Regierungsvertretern auch NGOs (Non Government Organizations) und Verbandsvertreter aus nun gegen 140 Ländern. Ihre Entscheidungen sind überstaatlich und nur vor einem Schiedsgericht anfechtbar. Führend sind die OECD–Länder. Sinn und Zweck sind die Liberalisierung des Welthandels zusammen mit IWF und Weltbank

Quellen, Bücher, Zeitschriften, Gespräche

- Bauman, Zygmunt: ›Moderne und Ambivalenz – das Ende der Eindeutigkeit‹; Fischer tb 12688, Frankfurt am Main, 1996
- Bolz, Norbert: ›Das konsumistische Manifest‹, Wilhelm Fink Verlag, München, 2002
- Brzezinski, Zbigniew: ›Die einzige Weltmacht‹, Fischer tb 14358, 2002
- Brockhaus in einem Band, Leipzig, 1998
- Buch, Ricarda, in: ›Solidarische Ökonomie und Empowerment‹, Seite 34, Jahrbuch Gemeinwesenarbeit 6, 2000
- Bundesamt für Statistik, Schweiz: Bericht ›Die Familie im Wandel‹, www.statistik.admin.ch, Stichwort Familie vom November 1997
- Bundesministerium für Familie, Senioren, Frauen und Jugend, Deutschland: Datenreport ›Die Familie im Spiegel der amtlichen Statistik‹, Kurzfassung, April 2003
- ›Das Ende des sowjetischen Entwicklungsmodells‹, Materialien Nr. 4, Schwarze Risse, Berlin, 1992
- ›Die Familie im Spiegel der amtlichen Statistik‹, Heribert Engstler und Sonja Menning im Auftrag des Bundesministerium für Familie, Senioren, Frauen und Jugend, Erweiterte Neuauflage 2003
- Callinicos, Alex: ›Die neue Globalstrategie des amerikanischen Imperiums‹, aus: International Socialism 97 (Vierteljahreszeitschrift der Socialist Workers Party), London, Dezember 2002
- Dugin, Alexander: ›Euroasiatismus – Theorie und Praxis‹, Broschüre der ›euroasiatischen Bewegung‹, Moskau, 2001 (russisch)
- Erdenetzogt, Nalgaryn: ›Biologisch-ökologische und wirtschaftliche Grundlagen für die Technologie der nomadischen Tierhaltung der Mongolei und die Gesetzmässigkeiten ihrer Entwicklung‹, Ulaan Baator, 1996 (russisch)
- Fischer, Joschka: ›Für einen neuen Gesellschaftsvertrag. Eine politische Antwort auf die globale Revolution‹, Kiepenheuer & Witsch, 2001
- Fukujama, Francis: ›Konfuzius und die Marktwirtschaft. Der Konflikt der Kulturen‹, Kindler, 1995
- Gorbatschow ist kein Programm: Begegnungen mit Kritikern der Perestroika, Konkret Literatur Verlag, Hamburg, 1990, leider vergriffen
- Gorz, André: ›Umbau der Arbeitsgesellschaft‹, 1998
- Handelsblatt, Tschajanow-Anzeige: http://www.witrans.uni-frankfurt.de/forschungsbericht/f3/i135/p392/p69.htm
- Herausforderung Russland: Vom Zwangskollektiv zur selbstbestimmten Gemeinschaft? Eine Bilanz zur Privatisierung, Stuttgart, 1997
- Göttner-Abendroth, Heide: ›Das Matriarchat‹, I und II, Kohlhammer; Stuttgart, Berlin, Köln, 1989
- Hirsch, Joachim: ›Zukunft der Arbeitsgesellschaft‹, Jungle World
- Hirsch, Joachim: ›Informelle Ökonomie‹, Jungle World, 9. Juni 1999
- Hofbauer, Hannes: ›Osterweiterung‹, Promedia Verlag, Wien, 2003
- IWF, Internationaler Währungsfonds: Eine Studie über die Sowjetwirt-

schaft, drei Bände, Head of publication service, Paris/Washington, 1991
- Jenseits von Moskau: 186 und eine Geschichte von der inneren Entkolonisierung. Eine dokumentarische Erzählung, Gespräche und Analysen in drei Teilen, Stuttgart, 1994
- Klöck, Tilo: ›Solidarische Ökonomie und Empowerment‹, Jahrbuch Gemeinwesenarbeit, Neu-Ulm, 1998
- Korth, Dart: ›Die Evolution der Kooperation‹, Graswurzelrevolution, Januar, 2002
- Kropiwnicki, Jerzy: In einem Beitrag auf dem Europäischen Kongress ›Familie als Beruf – Arbeitsfeld der Zukunft‹ vom 16.–17. November 2000 ›Familienarbeit als versteckter Faktor des Bruttoinlandprodukts‹ in www.familie-und-gesellschaft.org
- Kropotkin, Pjotr: ›Gegenseitige Hilfe in der Tier und Menschenwelt‹, Trotzdem Verlag, Grafenau, 1993
- Longo Mai, Publikationen: ›Archipel‹ und ›Ulenkrugbrief‹
- Les Périphérique, Nr. 4, 1995/96, Seite 66–69
- Mit Gewalt zur Demokratie? Im Labyrinth der nationalen Wiedergeburt zwischen Asien und Europa, Hamburg, 1991
- Prengel, Annedore: ›Pädagogik der Vielfalt‹, Opladen, 1995
- Putin, Wladimir: Erklärung im Internet, in Frankfurter Rundschau, 15. Januar 2000, FR-Dokumentation
- Rifkin, Jeremy: ›Das Ende der Arbeit und ihre Zukunft‹, Campus, 1996
- Saslawskaja, Tajana: ›Die Gorbatschowstrategie‹, Orac, Wien, 1989
- Schanin, Theodor: ›Informelle Wirtschaft in Russland‹, Hrsg. ›Moskauer Hochschule für Wirtschaft und Soziales‹, Moskau, 1999 (russisch)
- Schanin, Theodor: ›Die Botschaft Tschajanows: Erläuterungen, Missverständnisse und gegenwärtige ›Theorie der Entwicklung‹, Einleitung für Tschajanows ›Theorie der bäuerlichen Wirtschaft‹, Universitätspresse Wisconsin, 1986 (englisch)
- Schanin, Theodor; Nikulin, Alexander; Danilow, Viktor: ›Reflexive Soziologie und das russische Dorf – zehnjährige Erforschung des ländlichen Russland‹, Moskauer Hochschule für Wirtschaft und Soziales, Moskau, 2002 (russisch)
- Schmidt, Günther; Naum Jasny; Alexander Tschajanow; Sergeij Prokopowitsch und andere aus der Sowjetunion emigrierte Agrarökonomen: ›Ein vergessenes Kapitel der Geschichte der deutschen Agrarökonomie‹, Gesellschaft für Wirtschafts- und Sozialwissenschaften des Landbaues e.V., 42. Jahrestagung in Halle
- Seitz, Konrad: ›China im 21. Jahrhundert‹, Afred Herrenhausen Gesellschaft, Forum der Deutschen Bank, 2002
- Singer, Paul: ›Solidarische Ökonomie in Brasilien heute – eine vorläufige Bilanz‹; Jahrb. Lateinamerika, Analys. und Ber., Bd. 25, Beharren auf Demokratie, 2000; www.solidarische-welt.de/sw177/brasilien.html
- Steiner, Rudolf: ›Die Kernpunkte der sozialen Frage‹, Werke, Dornach 1919; dazu auch Rundbrief ›Dreigliederung des sozialen Organismus‹ des Instituts für soziale Gegenwartsfragen e.V.

- Tschajanow, Alexander: ›Zu Fragen der Theorie nicht-kapitalistischer Systeme‹, (russisch), in ›Informelle Wirtschaft in Russland‹ (s. Schanin)
- Tschajanow, Alexander: ›Reise in das Land der bäuerlichen Utopie‹, Syndikat/EVA 37, Ulm, 1984
- Tschubajs, Igor: ›Priemstwo/Akzeptanz – was mit Russland und mit uns sein wird‹, Verlag Bumaschnaja Galeria, in Zusammenarbeit mit der Friedrich-Ebert-Stiftung, Moskau, 2000 (russisch)
- Tschubajs, Igor: ›Russland auf dem Weg zu sich selbst – Wie wir die Ideenkrise überwinden?‹, Moskau, Verlag NOK, 1998 (russisch)
- UNICEF: Pressemitteilung vom 22. September 1999
- von Moos, Iren: ›Nun hausen Schlangen in den Aprikosengärten‹, Wuppertal, 1996
- Wahl, Achim: ›Ich will Euch eine Geschichte erzählen... Das Weltsozialforum 2003 in Porto Alegre und seine Zukunft. Dok. v. Weltsozialforum in Porto Alegre‹; www.weltsozialforum.de/Ausland/Weltsozialforum
- Wirtschaftsinstut, deutsches in Berlin: Wochenbericht vom 31. Februar 2000, www.rosaluxemburgstiftung.de/Bib/cd_wsf03/texte.htm-23k-Meyer-Renschhausen, Elisabeth; Holl, Anne (Hrsg.): ›Die Wiederkehr der Gärten‹, StudienVerlag, Insbruck–Wien–München, 2000

Links

Unter Stichworten ›solidarische Wirtschaft‹, ›informelle Wirtschaft‹, ›dritter Weg‹ und ähnlichen oder einfach nur unter Autorennamen und/oder Sachbegriffen wird man über die gängigen Suchmaschinen im Internet reichlich fündig. Diese Links können nicht alle angegeben werden; die Beschränkung erfolgt auf solche Links, die ihrerseits Umschlagplätze sind.

- Alternative Wirtschaft: ›Les Périphérique vous parlent‹, www.globe net.org/periph/journal/04/de0466.html
- DIW Berlin, Deutsches Institut für Wirtschaft Berlin: www.diw.de
- Dugin, Alexander, WEBsite, http://www.evrazia.org/
- Longo Mai: www.tippelei.de/ulenkrug/
- Gärten: http://userpage.fu-berlin.de~garten/Termine.html
- Gärten: www.cityfarmer.org
- Heinz-Nixdorf-Stiftung: ›Demografische Probleme in der Russischen Föderation‹, www.weltpolitik.net
- Informationsstelle Lateinamerika Ila: www.ila-bonn.de
- Institut für soziale Dreigliederung : www.dreigliederung.de
- Kropotkin: www.graswurzel.net
- Maecenate-Institut für Erfor. des dritten Sektors: www.maecenata.de
- Oeko-net: Zeitschrift Kommune und Ökohaus FFM: www.oeko-net.de
- ›Tausch-System Nachr. Das Tauschring Ar.‹, Hrsg. Sozialag. E. Kleffmann, Deut. Tauschring Ar., Lotte-Halen, archiv@tauschring-archiv.de
- Terra Nova: www.terranova.ws/terral.htm
- Weltsozialforum Porto Alegre: www.weltsozialforum.de/Ausland/Welt sozialforum

Namenregister

Alexander II. 19, 20, 69, 98
Andropow 106
Berendsohn, Martin 6,
Astran, Sakis 121
Bells, Daniel 180
Beresowski, Boris 31, 57, 58
Brzezinski, Zbigniew 119, 121
Bolz, Norbert 7
Buch, Ricarda 150
Bugakow, Juri 82ff
Bush, George W. 171
Breschnjew, Leonid 64
Darwin, Charles 35
Deng Hsiao Ping 169
Dordschi Lama 121
Dostojewski 105, 106
Dugin, Alexander 6, 109, 11, 119, 121ff
Ehlers, Kai 131, 150
Erdenetzogt, N. 160
Engels 132
Engstler, Heribert 142, 147
Fischer, Joschka 164
Fourastié, Jean 180
Franko 106
Fromm, Erich, 7
Fukujama, Francis 169
Gaidar, Jegor 24, 70
Gershuny 180
Gorbatschow, Michail 24, 39, 43, 80, 117, 118
Gore, Al 171
Gussinski, Wladimir 31
Hirsch, Joachim 153, 154
Hitler 15, 106
Holl, Anne 158
Huntington, Samuel P. 121, 169, 171
Jasny, Naum 113
Jelzin, Boris 24, 31, 43, 53, 61, 107, 171
Kagarlitzki, Boris 28, 56, 57, 97ff
Kalita, Iwan 103
Karamasow 106
Karamsin, 67
Kissinger 122
Klöck, Thilo 149, 150, 154
Kolganow, André 56, 60ff
Koran, Ari 121
Kowalewski, Christa 6
Kowalewski, Gisela
Kroiwnicki, Jerzy 115
Kropotkin, Pjotr 5, 12, 35, 27, 35ff, 71, 167
Lebed, Alexander 29, 30
Lenin 21, 71, 106
Lifschitz, Michael 65
Luschkow, Juri 29, 30, 61ff, 137
Nagaitzew, Michail 6
Napoleon 15
Nietzsche 105
Nikolaus II 20
Nikulin, Alexander 5, 66ff, 92, 112, 128, 167
Nikonow, Wjatscheslaw 60
Maenecke-Gyönyösi, Kriztina 116
Martynow, Wladimir 61
Marx 114, 132, 147
Menning, Sonja 142
Meyer-Renschhausen, Elisabeth 158
Mirojubow, Johan 121
Mussolini 106
Singer, Paul 149
Peter I. 19, 13
Prigann, Herman 159
Prochanow, A. 57
Prokopowitsch, Sergeij 114
Pugatschow, Jemeljan 19
Putin, Wladimir 5, 29, 30, 31ff, 54, 62, 73
Radke, Björn 6
Rasin, Senka 19
Rifkin, Jeremy 180
Rückert, Jana 180
Saslawskaja, Tatjana 39
Schanin, Theodor, 39ff, 58, 92, 112
Schmeljow, Gelii 90ff-
Schmidt, Günter 113
Selesnjow, Gennadij 122
Sergejew, Sergej 58, 59
Stalin 21, 106, 114, 132
Steiner, Rudolf 151, 152
Stolypin, Pjotr 20, 21, 23, 98
Solschenyzin, Alexander 111
Tadschuddin, Talgat 121
Teichert, Volker 180
Toffler, Alvin 180
Tschernomyrdin, Viktor 53
Tschubajs, Anatolij 61
Tschubajs, Igor 5, 10ff, 120
Tschajanow, Alexander 6, 41, 80, 111ff
Waraski, Alexander 121
Weber, Max 69
Wecherew, Rem 54, 57
Woloschin, Alexander 121
Woronin, Oleg 24